台 湾 研 究 系 列

# 戏仿与政治：
# 台湾电视综艺节目中
# 的政治人物形象研究

Parody and Politics: Study on Images of Political Figures in
Taiwan Television Variety Shows

叶秀端———— 著

九 州 出 版 社
JIUZHOUPRESS 全国百佳图书出版单位

图书在版编目（CIP）数据

戏仿与政治：台湾电视综艺节目中的政治人物形象
研究 / 叶秀端著. -- 北京：九州出版社，2020.1
ISBN 978-7-5108-8799-4

Ⅰ. ①戏… Ⅱ. ①叶… Ⅲ. ①电视节目－关系－政治
人物－人物形象－研究－台湾 Ⅳ. ①K827=7
②G229.275.8

中国版本图书馆CIP数据核字(2020)第010793号

戏仿与政治：台湾电视综艺节目中的政治人物形象研究

| 作　　者 | 叶秀端　著 |
| --- | --- |
| 出版发行 | 九州出版社 |
| 地　　址 | 北京市西城区阜外大街甲 35 号（100037） |
| 发行电话 | （010）68992190/3/5/6 |
| 网　　址 | www.jiuzhoupress.com |
| 电子信箱 | jiuzhou@jiuzhoupress.com |
| 印　　刷 | 北京捷迅佳彩印刷有限公司 |
| 开　　本 | 787 毫米×1092 毫米　16 开 |
| 印　　张 | 14.75 |
| 字　　数 | 257 千字 |
| 版　　次 | 2020 年 5 月第 1 版 |
| 印　　次 | 2020 年 5 月第 1 次印刷 |
| 书　　号 | ISBN 978-7-5108-8799-4 |
| 定　　价 | 52.00 元 |

# 目 录

# 绪　论

## 第一节　研究缘起

### 一、研究背景

大众传播时代的政治传播很大程度上是一种媒介化政治（mediated politics）。政治与大众传媒的关系密不可分。政治主体作为消息源，通过大众媒介传播政治信息，制造舆论，塑造政治人物形象，影响社会公众；大众传媒作为传播机构，对政治场域的信息资源进行选择、强调、排除和解释，传播给广大民众，最后反馈到政治场域，影响政治进程。在当今的民主政治和公共生活中，媒介化的政治传播已占据重要地位。

在媒介化的政治传播领域，学者更多关注新闻媒体对民主政治的影响。21世纪以来，传播学者和政治学者开始关注娱乐媒体（entertainment media）在政治传播中的作用，研究娱乐媒体与政治的关系。在已有政治娱乐媒体的研究中，受到关注的有脱口秀节目、政治讽刺节目（例如美国的《每日秀》《科尔伯特报告》）、娱乐新闻节目、情景喜剧以及戏剧类电视节目。[①] 关于娱乐媒体与公民政治参与的关系，学术界主要有三种观点：第一种观点认为，娱乐媒体是社会政治观点的培养皿，强化一些根深蒂固、支配性的观念；第二种观点认为，娱乐媒体分散公民政治参与的注意力，甚至使公民脱离政治参与；第三种观点认为，娱乐媒体和传统新闻、公共事务媒体一样，是公众学习的替代性信息来源和意

---

[①] R. Lance Holbert and Dannagal Goldthwaite Young, "Exploring Relations between Political Entertainment Media and Traditional Political Communication Information Outlets", http://onlinelibrary. wiley.com/doi/10.1002/9781444361506.wbiems127/abstract;jsessionid=C4DB049BAF7A76410214C343C 31B5BD9.f04t02.

见形成的场所，能够影响公众的政治知识、政治态度、政治意见和政治行为。[①]政治娱乐媒体是否能够影响公共政治议程，是否具有框架效应和说服效果，是否能够影响公众对政治议题和政治人物的评估，这些都是政治传播研究者所关注的问题。

在通俗文化与政治的关系方面，美国政治学者 John Street 认为通俗文化是政治传播的一个组成部分。他从文化研究的角度总结了通俗文化传播政治内容的四种方式：（1）再现政治，通俗文化成为新闻和时事的一种延伸，通过不同的叙事策略传播政治主题的内容；（2）揭露政治，通俗文化以隐喻的方式表达政治关切或焦虑，将政治作为意识形态进行传播，建立在持续进行的政治斗争中暗含的本身具有一定政治偏向的"常识"；（3）确定观众在政治传播中的位置，通俗文化将文本与观众联系起来，建立观众与政治权力之间的关系，通过文化再现形成集体认同；（4）使政治道德（political morality）戏剧化，通俗文化传播政治观念和政治价值，赋予政治活力，激发政治情感。[②]第一种和第二种方式关注通俗文化传播了什么样的政治内容和价值观念以及政治在文本中是如何被描绘的。第三种方式考虑现实是如何被建构的以及观众是怎样被定位的。第四种方式关注通俗文化促进集体行动的能力。Street 还探讨了通俗文化对政治传播研究的实际意义，认为在政治传播中使用通俗文化主要是影响受众对政治的情感维度，而不是理性维度，新闻时事与娱乐在实践中已难以维持泾渭分明的界限。政治传播研究者可以通过规范分析（normative analysis）和经验分析（empirical analysis），对通俗文化与政治的重合现象和相互作用进行研究。

在台湾，特殊的政治环境和媒体环境孕育了其独特的政治传播现象和政治娱乐媒体。1987 年台湾"解除戒严"，"宪政改革"开始，媒体也逐渐开放。1993 年，台湾有线电视合法化，有线电视与无线电视、卫星电视展开激烈的竞争。在台湾电视频道密度过大、市场容量有限的情况下，电视媒体将政治吸纳为自身的内容资源，政治选举成为媒体争相报道的焦点。政党则将电视媒体视为争夺政治资源的工具，媒体成为政党候选人争取选票的阵地。除了新闻媒体，

---

[①] Michael X. Delli Carpini, "Entertainment Media and the Political Engagement of Citizens", in Holli A. Semetko and Margaret Scammell (eds.), *The Sage Handbook of Political Communication*, Los Angeles, London, New Delhi, Singapore & Washington DC: SAGE, 2012, pp. 9-21.

[②] John Street, "Popular Culture and Political Communication", in Holli A. Semetko and Margaret Scammell (eds.), *The Sage Handbook of Political Communication*, Los Angeles, London, New Delhi, Singapore & Washington DC: SAGE, 2012, pp. 75-84.

娱乐媒体也成为政治传播的渠道。台湾电视综艺节目成为政治人物竞选期间争取年轻观众选票的宣传平台。邹振东将政治与媒体的结合称为"媒体政治",认为台湾的"媒体政治"经过了从"媒体政治化"到"政治媒体化"的转型,并向"媒体即政治"的方向发展。[①] 在他看来,"媒体政治化"意味着媒体成为被政治所同化控制的工具,"政治媒体化"指政治行为媒体化,"媒体即政治"则指媒体成为政治本身。

电视媒体作为一种视听媒体,与生俱来的娱乐属性使其成为政治与娱乐融合的场所。在尼尔·波兹曼(Neil Postman)所宣称的娱乐至死的电视环境中,政治与娱乐、新闻与综艺的边界逐渐模糊。波兹曼在《娱乐至死》中指出政治等严肃话语与娱乐的关系:"我们的政治、宗教、新闻、体育、教育和商业都心甘情愿地成为娱乐的附庸,毫无怨言,甚至无声无息,其结果是我们成了一个娱乐至死的物种。"[②] 他在麦克卢汉"媒介即信息"的基础上,提出"媒介即隐喻",即表达思想的形式影响所要表达思想的内容。作为一种视听媒介,电视更多是通过形象而不是文字语言表现会话内容。电视这种带有娱乐偏向的电子媒介对政治等公众话语模式产生了深刻影响。波兹曼认为电视把娱乐变成表现一切经历的形式,"娱乐是电视上所有话语的超意识形态"。[③] 在台湾言论逐步开放和媒体竞争越来越激烈的环境下,台湾电视综艺节目出现一种特殊的类型——政治模仿秀。讽刺政治、调侃政治人物,在台湾社会中成为一种独特的政治传播现象。

在台湾电视媒体中,政治与娱乐的结合具有不同的表现形式。一方面,在新闻节目中加入娱乐元素,包括报道题材、角度、风格等方面的娱乐元素,例如软新闻、戏剧化、故事化、娱乐化、冲突性等,体现为新闻的"感官主义"(sensationalism)倾向。另一方面,在娱乐节目中加入政治元素,政治信息和政治人物成为娱乐的对象。本书考察的是后者,即娱乐节目中政治内容的呈现和意义。

---

① 邹振东:《台湾舆论议题与政治文化变迁》,北京:九州出版社,2014年,第241—242、253、262页。

② [美]尼尔·波兹曼:《娱乐至死》,章艳译,桂林:广西师范大学出版社,2004年,第4页。

③ [美]尼尔·波兹曼:《娱乐至死》,章艳译,桂林:广西师范大学出版社,2004年,第114页。

## 二、研究对象

新闻和娱乐是电视媒体两大重要功能。新闻节目和娱乐节目具有不同的规则。澳大利亚文化研究学者约翰·哈特利（John Hartley）强调新闻和娱乐具有不同的"真实规则"（regimes of truth），这些规则决定节目提供什么信息以及观众如何解读信息。[①] 新闻节目提供给观众理解这个世界所需要的信息，并且让观众相信它是以一种"公正而平衡"的方式呈现这些信息；娱乐节目特别是诙谐电视节目则让观众产生怀疑态度。[②] 美国大众传播和媒体研究学者 Jonathan Gray 认为，根据电视节目的首要目标是娱乐、告知和教育或者销售，可将其大致分为三大类：（1）娱乐节目；（2）新闻、纪录片和教育节目；（3）广告。[③] 娱乐节目是以娱乐为首要目标的电视节目，是人们日常收视的一个重要组成部分，在娱乐大众之外，同样具有告知和教育的功能。娱乐节目不仅能够给观众带来欢乐，还能够改变、告知、赋权和教导观众，引发观众的政治情绪和政治行动，但同时也可能引起消极态度和冷漠情绪。娱乐节目作为一种大众化的节目类型，具有重要的社会、经济和政治意义。然而，以往新闻传播领域的学术研究更多偏重于电视新闻和广告方面，对娱乐节目的研究相对缺乏，特别是娱乐节目再现现实世界、连接政治领域的功能直到最近几年才引起学界关注。Jonathan Gray 认为娱乐节目与我们的日常生活经历结合得如此紧密，因此我们需要研究这种节目内容和形式，研究娱乐节目吸引观众的特殊原因，研究其背后的权力运作机制。[④]

和新闻节目一样，娱乐节目提供人们关于不能直接经验的公共世界的描述和评价，在政治传播中同样具有重要作用，但其作用经常被忽视。需要说明的是，娱乐节目和综艺节目这两个术语经常被互相替用。娱乐节目的概念是根据节目功能进行定义的，综艺节目的概念则是从节目形态的角度进行界定的。本书采用"电视综艺节目"这一概念进行论述。电视综艺节目的种类繁多，根据不同的节目形态可以分为晚会类综艺节目、谈话类综艺节目、歌舞类综艺节目、真人秀类综艺节目、益智类综艺节目、游戏类综艺节目、政治模仿秀类综艺节目等。

---

① John Hartley, *Tele-ology: Studies in Television*, New York: Routledge, 1992, pp. 45-63.

② ［美］亨利·詹金斯：《融合文化：新媒体和旧媒体的冲突地带》，杜永明译，北京：商务印书馆，2012 年，第 332 页。

③ Jonathan Gray, *Television Entertainment*, New York and London: Routledge, 2008, p. 3.

④ Jonathan Gray, *Television Entertainment*, New York and London: Routledge, 2008, p. 8.

　　目前，学界有关台湾政治与媒体互动关系的研究，主要是从新闻媒体入手，在台湾政治与娱乐媒体的互动以及娱乐媒体塑造政治人物形象方面，还未见成熟系统的研究。本书旨在从政治传播学的角度，考察台湾政治与电视综艺节目之间的互动关系。美国政治学家和传播学者哈罗德·拉斯韦尔（Harold Lasswell）认为传播具有三种功能：守望环境、协调社会各部门以回应环境、使社会遗产代代相传。[①]政治模仿秀节目是电视综艺节目与政治关系最为密切的一种类型，亦被称为"新闻综艺""政论类综艺节目"，因其时效性而具有守望政治环境和媒体环境的功能。以台湾地区中天电视的政治模仿秀节目《全民最大党》为例，该节目选取当时的政治热点、社会热点、媒体事件作为议题贯穿始终，进行场景设置、角色扮演和现场讨论。政治模仿秀作为一种融合政治和娱乐、新闻和综艺的节目类型，通过戏剧模仿的方式，以夸张、倒置、嘲讽等幽默技巧呈现政治信息、塑造政治人物形象，提供给观众认识政治人物和政治事件的不同视角，在笑声中潜移默化地影响观众。作为笑谑文化的一种形式，政治模仿秀通过喜剧方式所塑造的政治人物形象，所传播的政治信息，值得学界关注和研究。

　　政治模仿秀专门以政治事件和政治人物作为讨论的主题和模仿的对象，是台湾政治与娱乐融合的典型代表。因此，本书以台湾电视综艺节目中的政治模仿秀作为切入点，探讨台湾电视综艺节目与政治互动的具体情况，考察台湾电视综艺节目中的政治人物形象和政治信息娱乐化现象。由于媒介文本是政治人物形象的载体和外显形式，也是媒介内容分析的起点，因此，本书从具体的政治模仿秀节目文本出发进行考察。"媒介文本指的是大众媒介的产品，包括语言、图形、声音以及其他形式，以集合而非原子式个体的形式来表示特定意义。"[②]本书主要关注口头语言和视觉符号所呈现的政治人物形象。在样本选择上，本书以《全民最大党》2008年5月20日至2012年5月19日的节目作为研究对象，对抽样文本进行量化分析和质化解读。在政治人物选择上，本书选择样本节目中台湾地区国民党和民进党籍的政治人物马英九角色和蔡英文角色作为典型个案进行分析。

　　① ［美］哈罗德·拉斯韦尔：《社会传播的结构与功能》，何道宽译，北京：中国传媒大学出版社，2012年，第37页。
　　② 陈阳：《大众传播学研究方法导论》，北京：中国人民大学出版社，2007年，第297页。

### 三、研究目的和意义

本书的研究目的和意义在于：第一，探讨台湾新闻、戏剧和政治的交叉点，考察台湾电视综艺节目和政治的互动关系，研究政治喜剧所塑造的政治人物形象和所传播的政治信息。具体而言，分析台湾地区不同党派的政治人物马英九和蔡英文在政治模仿秀节目中的形象。第二，将政治模仿秀节目所塑造的政治人物形象与传记类纪实文本进行比较，验证政治模仿秀在反射（reflect）、折射（refract）和创造（create）政治现实方面的作用。第三，通过政治人物形象的研究，进一步发现台湾电视综艺节目中政治信息娱乐化的表现形式和功能，以此审视台湾的媒体文化和政治文化。第四，通过研究台湾综艺节目所呈现的政治事件和所塑造的政治人物形象，认识台湾的政治生态和主要政治人物的个性特征、政治哲学、两岸关系立场，探讨台湾电视综艺节目在两岸政治传播中的政治和文化意义，对娱乐媒体的政治传播功能进行有益的探索。第五，基于内容的台湾政治娱乐媒体研究，可以为后续相关的效果研究奠定基础。

两岸关于台湾娱乐媒体与政治互动关系的研究散见于一些期刊论文、硕士论文，尚未有系统深入的理论研究。本书的创新之处在于，关注台湾娱乐媒体与政治的互动情况，并对这一现象进行探索性研究。具体而言，本书尝试对台湾娱乐媒体中的政治人物形象和政治信息娱乐化现象进行量化的描述和质化的解读，并对这一现象的产生背景和原因进行探索，总结台湾政治文化与媒体文化的特点。有关台湾大众传媒塑造政治人物形象的研究，较多基于平面媒体的内容分析，基于电视媒体的内容分析较少，其中一个原因在于电视媒体的内容分析，若没有完整的文字稿，将面临把声音转成文字的繁琐过程，工作量大，难度较大。本书对台湾政治模仿秀节目所塑造的政治人物形象进行量化的内容分析和质化的符号学解读，为考察台湾电视娱乐媒体塑造政治人物形象、电视娱乐与政治信息的融合，进行创新性的探索。

### 四、概念界定

（一）电视综艺节目

电视综艺节目（TV variety show）是"综合艺术节目"，学界通常认为其来源于 20 世纪 50 年代美国全国广播公司（NBC）的大型广播节目 MONITOR。该节目将爵士乐、新闻、人物访谈、赞美诗、书评、座谈会等不同类型的节目内容混合在一起播出，产生了轰动效果。电视界借鉴这种节目模式，综合选用各类节目的精华和表现形式，创造出一种全新的节目制作形态——"综艺节目"。[①]

高鑫对电视综艺节目的定义如下："电视综艺节目主要是指：充分调动电子的技术手段，对各种文艺样式进行二度创作，既保留原有文艺形态的艺术价值，又充分发挥电子创作的特殊艺术功能，给观众提供文化娱乐和审美享受的电视节目形态。"[②] 从广义的角度看，新闻类节目、生活服务类节目、教育类节目、纪录片、电视剧之外的电视节目都可归入综艺节目，但是这样的概念界定过于宽泛；从狭义的角度看，电视综艺节目借助电子技术手段，运用声光效果、时空转换、视觉造型等独特的电视表现手法，融合音乐、舞蹈、戏剧、戏曲、小品、杂技、游戏、竞赛、竞猜、问答等元素为一体，满足观众艺术审美和消闲娱乐等多方面的需求。[③] 本书考察的是狭义的电视综艺节目。

从节目形态的角度看，电视综艺节目的显著特征是其综合性，即综合运用多种艺术元素和多种艺术表现手段。电视综艺节目的综合性和兼容并蓄，使其能够充分吸收其他艺术形式的精华，从而具有丰富多彩的节目样式。从本质上说，电视综艺节目的终极目的是娱乐，它强化感官刺激，突出游戏功能和娱乐功能，集中体现了电视的娱乐特性。[④]

在电视综艺节目诞生之初，台湾的电视台也引进这种节目形式，并进行台湾本土化的改造和创新。1962 年台视开播之际推出由慎芝、关华石制作的歌唱节目《群星会》，被认为是台湾电视综艺节目的起步。该节目以演唱普通话歌曲为主，具备了综艺节目的基本形态，但表现形式仍较为单一，每周安排固定时段播出，被称为台湾"第一个电视综艺暨现场直播节目"。[⑤] 初创时期的台湾电视综艺节目较为单一，随着科技的发展和节目形态的演变，综艺节目逐渐发展成为包含谈话、猜谜、问答、魔术、竞赛、杂耍、特技、观众参与等多种元素的节目类型和综合艺术形式。

（二）政治模仿秀

政治模仿秀（political parody）是对政治进行滑稽模仿的一种节目类型。从文本内容看，政治模仿秀通常是对政治人物和政治事件的戏仿；从文本形式

① 李献文：《台湾电视文艺纵览》，北京：中国广播电视出版社，1997 年，第 147—148 页。
② 高鑫：《电视艺术学》，北京：北京师范大学出版社，1998 年，第 382 页。
③ 陈旭光：《电视综艺节目的现状与对策》，《当代电视》，2001 年第 7 期，第 21 页。
④ 陈炜：《俗世之镜：台湾综艺节目研究》，北京：中国电影出版社，2013 年，第 4 页。
⑤ 李献文：《台湾电视文艺纵览》，北京：中国广播电视出版社，1997 年，第 148 页。

看，政治模仿秀是对新闻节目和政论节目等的戏仿。戏仿的英文为"parody"。Parody 源于古希腊文 parodia，意思是"相对之歌""模仿的歌唱"（beside the song）。公元前 4 世纪，戏仿（parodia）被用来描述对史诗作品的滑稽模仿或改写，后来其定义被延伸到文学领域和言说领域，指更多种形式的滑稽引用和模仿，以及修辞家演讲的例子。[①]英国英语文学教授 Simon Dentith 认为戏仿是一系列互相联系的文化实践活动，其中的每一种都是对其他文化形式的模仿，并带有不同程度的嘲弄和幽默。[②]从这个角度看，戏仿主要包含两种文本：原文本和模仿文本。苏联文艺学家、文艺理论家巴赫金（M. M. Bakhtin）认为戏仿是一种复调话语（double-voiced discourse）。[③]在巴赫金看来，戏仿既是一种复调形式，又是基于对比和不一致的形式，其话语具有双重指向（double-directed），既像普通话语一样指向话语的指涉对象，又指向另一个话语、另一个人的语言；巴赫金强调戏仿的"对话性"和"含混性"，同时也把戏仿描述为一种将复杂的事物简单化的技巧，或是对基本特征进行扭曲的技巧，一种破坏性的技巧。[④]作为一种技巧，戏仿的本质是强调事物或人物的某些特征而忽略其他元素，是对某些元素的强调和对其他元素的舍弃。政治模仿秀则专指对政治人物的滑稽模仿，是政治讽刺的一种特殊类型，通过狂欢戏仿的方式突出政治人物的外形特征和性格特点。美国传播学者 Jason T. Peifer 从传播学的角度将电视政治模仿秀定义为对政治人物进行模仿且提供独特评论的一种节目类型。[⑤]

综上所述，电视政治模仿秀是电视综艺节目中以政治信息作为主要内容的一种子类型，结合了脱口秀和戏剧表演的元素，通过重复、夸张、强调、倒置、讽刺等手法重新塑造政治人物形象，对政治信息进行富有创造性的编码，以达到娱乐政治的目的。以娱乐为主要目的的政治模仿秀具有讽刺政治人物、针砭时弊的特点。政治模仿秀按照不同传播媒介可分为广播政治模仿秀、电视政治模仿秀、网络政治模仿秀等。本书所探讨的政治模仿秀除特殊说明外，均指按

---

[①] ［英］玛格丽特·A. 罗斯：《戏仿：古代、现代与后现代》，王海萌译，南京：南京大学出版社，2013 年，第 286 页。

[②] Simon Dentith, *Parody*, New York: Routledge, 2000, p. 193.

[③] Michael Holquist (ed.), *The Dialogic Imagination: Four Essays by M. M. Bakhtin*, Austin: University of Texas Press, 1981, p. 324.

[④] ［英］玛格丽特·A. 罗斯：《戏仿：古代、现代与后现代》，王海萌译，南京：南京大学出版社，2013 年，第 126、129 页。

[⑤] Jason T. Peifer, "Palin, Saturday Night Live, and Framing: Examining the Dynamics of Political Parody", *The Communication Review*, vol. 16, no. 3 (2013), p. 159.

照电视艺术规律制作、以电视媒介为传播载体的电视政治模仿秀。

政治模仿秀为民众提供一种娱乐政治的方式，一种宣泄政治不满情绪的渠道。"台湾政治模仿秀提供了台湾政治生活的另一个空间。这个空间满足了观众窥视政治、介入政治、议论政治的另一个平台，而且是完全按照平民的立场、心态和价值判断来设计与展开的。"① 作为电视综艺节目的一种子类型，政治模仿秀的主要功能是提供娱乐。然而，以政治作为娱乐对象的政治模仿秀，在提供情绪宣泄出口和减压阀之外，对公民政治参与是否具有积极作用，值得进一步探讨。

（三）政治人物形象

在政治传播研究中，政治形象（political images）包括候选人形象、国家形象、政党形象、总统形象等。② 候选人形象（candidate images）是政治形象的一种，是形象研究和选举研究中的一项重要内容。候选人专指在某项政治选举活动中竞逐某个职位的政治人物。本书关注选举和非选举时期的政治人物形象（images of political figures）。

在界定政治人物形象的概念之前，我们首先需要理解政治的内涵。"伊士顿界定政治是'为社会从事价值的权威性分配'。政治是在社会中并为公共的价值分配而作出决策和将其付诸实施的活动。"③ 兰斯·本奈特和罗伯特·恩特曼将"政治"定义为"社会中对价值的权威分配"，"权威"指公众与政府之间的关系。④ 大陆学者对政治的定义如下："政治是人们围绕公共权力而展开的活动以及政府运用公共权力而进行的资源的权威性分配的过程。"⑤ 台湾政治传播学者彭怀恩认为政治是一种作出决策并付诸实施的活动，并总结了政治的三个特点：第一，政治具有能动性，随着时间的推移，以不同的方式发展演化；第二，政治是涉及权威性分配的决策过程；第三，政治发生于某个社会共同体之中，并为公共的价值进行分配。⑥ 从政治的概念进行推演，政治人物是通过社会合法手

———————

① 陈炜：《俗世之镜：台湾综艺节目研究》，北京：中国电影出版社，2013 年，第 141—142 页。

② Kenneth L. Hacker (ed.), *Candidate Images in Presidential Elections*, Westport: Pareger, 1995, p. XⅣ.

③ 彭怀恩编著：《政治学辞典》，台北：风云论坛出版社有限公司，2004 年，第 352 页。

④ ［美］W. 兰斯·本奈特、罗伯特·M. 恩特曼主编：《媒介化政治：政治传播新论》，董关鹏译，北京：清华大学出版社，2011 年，第 2 页。

⑤ 杨光斌主编：《政治学导论》，北京：中国人民大学出版社，2000 年，第 1 页。

⑥ 彭怀恩编著：《政治学辞典》，台北：风云论坛出版社有限公司，2004 年，第 352 页。

段去竞逐社会价值的权威性分配权力的人。政治人物形象则是一个复杂的概念。大众传播时代的政治人物形象离不开大众媒介的中介作用。从信息源的角度看，政治人物形象是政治人物或大众媒介所投射出的政治人物的各种属性，是政治人物的轮廓图；从感知者的角度看，政治人物形象是人们对政治人物个人特质、政见、立场所持有的一种认知或态度，是人们关于政治人物的一种主观知识和心理图像，包括认知（cognitive）、情感（affective）和意动（conative）三个维度。政治人物形象的概念包含以上两个方面。简言之，政治人物形象是政治人物（大众媒介）与公众信息互动的结果，是人们所感知的政治人物各种属性的组合，是人们关于政治人物的印象、态度和意见的综合体。有关形象的各种定义和政治人物形象的内涵详见下文。在媒介化政治中，本书考察的是台湾电视综艺节目所塑造的政治人物形象。那么，形象理论有哪些核心观点？我们应该采取什么样的理论视角和方法研究政治人物形象？

## 第二节　理论基础和文献综述

### 一、形象理论和形象研究

（一）形象的概念

形象是一个复杂的概念，涉及政治学、社会学、传播学、符号学、心理学等多个学科的问题，因此很难提出一个统一的、包罗万象的定义。关于形象的说法，也是众说纷纭。但我们可以通过对形象定义和形象理论的梳理，厘清形象在政治传播中的概念和内涵。

形象的英文为 image。英国经济学家肯尼思·E. 博尔丁（Kenneth E. Boulding）在 1956 年出版的《形象：生活和社会中的知识》（*The Image: Knowledge in Life and Society*）中认为，形象是个体关于客观世界的主观知识，支配个体的行为。[①] 博尔丁的形象概念是一个主观的心理概念。美国历史学家丹尼尔·J. 布尔斯廷（Diniel J. Boorstin）在 1962 年出版的《形象：美国梦发生了什么》（*The Image: Or What Happened to the American Dream*）中提出，image 一词从拉丁

---

① Kenneth L. Hacker (ed.), *Candidate Images in Presidential Elections*, Westport: Pareger, 1995, p. Xⅲ.

语 imago 及 imitari 转变而来，是模仿的意思（to imitate）。<sup>①</sup>布尔斯廷强调形象对客体的图像再现以及两者的相似性。约翰·C. 梅瑞尔（John C. Merrill）认为，形象是印象、主题、意见和态度的综合体，是态度和意见形成的基础，也是描述一个国家政府、人民特性或个人特征的简捷途径，其同义词有刻板印象（stereotype）、复合印象（composotype）、整体图像（generalized picture）等。<sup>②</sup>梅瑞尔研究的是墨西哥报纸中的美国形象。美国文化研究学者约翰·费斯克等人（John Fiske et al.）认为："形象（image）最初是指对现实的某种视觉性表述——或是实际的（就像在图画或照片中），或是想象的（就像在文学或音乐中）。现在一般是指为了吸引公众而非复制现实，人为创造的某种人工制品或公共印象：它意味着其中具有一定程度的虚妄，以至现实难同其形象相符。"<sup>③</sup>可见，形象可以是实际存在的物质实体，也可以是想象的，早期的形象概念强调其对现实的复制和视觉呈现，现在的形象概念强调其人为创造性、公共性和偏差性。

　　形象理论可以追溯到沃尔特·李普曼（Walter Lippmann）的刻板印象研究。李普曼在 1922 年的著作《公众舆论》中，开篇就提到"外部世界与我们头脑中的景象"。<sup>④</sup>"我们头脑中的景象"（pictures in our heads）就是刻板印象，也叫成见，是人们头脑中对于某事物的先入之见。通常情况下，人们按照自己文化中固有的方式认识外部世界，以简化、有组织的心理模式重新建构真实环境，这种事先存在于人们头脑中的典型、样板、观念、见解就是刻板印象。人们置身于外部世界，"并不是先理解后定义，而是先定义后理解"，倾向于按照自身文化所给定的、自己所熟悉的方式去理解外部世界。<sup>⑤</sup>刻板印象简化人们的认知过程，提供明确的参考框架。由于刻板印象经常被赋予负面意义，以形象来代替刻板印象，可以避免术语本身所带来的意义偏向。无论形象或刻板印象，都

---

　　① Dan Nimmo and Robert L. Savage, *Candidates and Their Images: Concepts, Methods, and Findings*, Pacific Palisades, California: Goodyear Publishing Company, 1976, p. 5.

　　② John C. Merrill, "The Image of the United States in Ten Mexican Dailies", *Journalism and Mass Communication Quarterly*, vol. 39 (1962), p. 203.

　　③［美］约翰·费斯克等编撰：《关键概念：传播与文化研究辞典》（第二版），李彬译注，北京：新华出版社，2004 年，第 132—133 页。

　　④［美］沃尔特·李普曼：《公众舆论》，阎克文、江红译，上海：上海人民出版社，2006 年，第 3 页。

　　⑤［美］沃尔特·李普曼：《公众舆论》，阎克文、江红译，上海：上海人民出版社，2006 年，第 62 页。

是对事物或人物重要特征的选择、描述和强调。

在现代社会中，形象一词被广泛应用于公关、广告、政治传播等领域，诸如品牌形象、公司形象、名人形象、政治人物形象等。关于通俗文化中的形象本质和特点，布尔斯廷认为，形象是"任何客体（特别是人物）外显形式的人为模仿或再现"，形象具有合成（synthetic）、可信（believable）、被动（passive）、生动（vivid）、简化（simplified）、模棱两可（ambiguous）的特点。[1] 具体而言，形象是合成的，是为了达到某种目的或形成某种印象而创造出来的；形象是可信的，人们在没有直接接触形象所代表的机构或个人时，依然相信形象就是它所代表的机构或个人；形象是被动的，有时候会固定下来，从而成为人们依循的刻板印象；形象是生动的，用具体的方式描绘现实；形象是简化的，不是它所代表的物体或人物，而是一个简单得多的描述；形象是模棱两可的，是有偏向和不完整的，是一个需要人们综合运用感知和想象去填充的轮廓图。

（二）形象的形成

在形象的形成方面，博尔丁强调形象与信息的互动关系，在学界具有重要影响。博尔丁基于"信息—形象关系"（message-image relationship）的观点，着重考察形象的形成过程，其关于形象形成的观念与米德的符号互动理论有些相似。他认为形象的形成是一个"信息—形象互动"（message-image transactions）的连续过程，新增加的信息会改变个体对既有形象的认知。[2] 博尔丁归纳了"信息—形象互动"的四种不同结果：从完全没有效果，对候选人认知逐渐加强，产生疑惑或不确定，到对其形象完全改观或重新建构。[3] 在博尔丁形象观点的基础上，学界一般认为信息—形象互动关系包括两个互相影响的维度：选民对选举信息的解读；候选人信息本身。从"信息—形象关系"的角度来看，政治传播中的信息是塑造政治人物形象的重要因素。

（三）政治人物形象的内涵

由于政治人物形象与民主社会中的选举密切相关，政治传播学者从 20 世纪 60 年代就开始研究政治人物形象的内涵和构成要素，特别关注总统大选以及各

---

[1] Dan Nimmo and Robert L. Savage, *Candidates and Their Images: Concepts, Methods, and Findings*, Pacific Palisades, California: Goodyear Publishing Company, 1976, p. 5.

[2] Dan Nimmo, "The Formation of Images in Presidential Campaigns", in Kenneth L. Hacker (ed.), *Candidate Images in Presidential Elections*, Westport: Pareger, 1995, p. 53.

[3] Dan Nimmo, "The Formation of Images in Presidential Campaigns", in Kenneth L. Hacker (ed.), *Candidate Images in Presidential Elections*, Westport: Pareger, 1995, pp. 53-54.

种选举中的候选人形象。美国学者 Joseph E. McGrath 和 Marion F. McGrath 对候选人形象的定义是：候选人为了影响选民所投射出的各种特质，这些特质会影响候选人在选民心目中的形象。<sup>①</sup>美国政治传播理论家丹·尼谋（Dan Nimmo）和罗伯特·萨维奇（Robert L. Savage）赞同博尔丁信息—形象循环互动的观点。他们使用美国密歇根大学调查研究中心 / 政治研究中心（SRC/CPS）的数据资料，结合 Q- 分类技术（Q-sort），考察了 1952—1972 年美国总统大选期间的候选人形象。尼谋和萨维奇认为形象是一种人类构念（human construct），是物体、事件或者人物所投射出的可感知属性的组合。<sup>②</sup>这一定义概括了尼谋和萨维奇的形象观点：形象是主观的、精神上的构想；形象影响事物如何被感知；形象受到客体投射出来的信息的影响。尼谋和萨维奇将约翰·唐宁（John Downing）的品牌形象定义应用于政治候选人形象定义，即形象是与政治人物相联系的"感情、想法和信念的一个集合体"。<sup>③</sup>因此，尼谋和萨维奇的政治候选人形象概念包含了认知（cognitive）、情感（affective）和意动（conative）三个层面。所谓的"意动"，尼谋和萨维奇也称为"活动"（activity）。换言之，候选人形象由选民的感知构成，而选民的感知是选民自身的主观知识和候选人投射的信息共同作用的结果。<sup>④</sup>Kenneth L. Hacker 持类似的观点，他认为候选人形象是选民感知和认知的结构，选民通过这一结构组织有关候选人的形象。<sup>⑤</sup>John E. Bowes 和 Herbert Strentz 认为候选人形象是选民对候选人所产生的心理图像，是公众所感知的候选人属性，候选人形象的定型体现在同质化、极端化、固定化、具体化、议题一致性几个方面。<sup>⑥</sup>Leonard Shyles 总结了学界对于候选人形象的两种定义：第一种指候选人的肖像或对候选人的图像再现，布尔斯廷的形象概

---

①　Joseph E. McGrath and Marion F. McGrath, "Effects of Partisanship on Perceptions of Political Figures", *The Public Opinion Quarterly*, vol. 26, no. 2 (Summer 1962), pp. 236-248.

②　Dan Nimmo and Robert L. Savage, *Candidates and Their Images: Concepts, Methods, and Findings*, Pacific Palisades, California: Goodyear Publishing Company, 1976, p. 8.

③　Dan Nimmo and Robert L. Savage, *Candidates and Their Images: Concepts, Methods, and Findings*, Pacific Palisades, California: Goodyear Publishing Company, 1976, p. 9.

④　Dan Nimmo and Robert L. Savage, *Candidates and Their Images: Concepts, Methods, and Findings*, Pacific Palisades, California: Goodyear Publishing Company, 1976, p. 14.

⑤　Kenneth L. Hacker (ed.), *Candidate Images in Presidential Elections*, Westport: Pareger, 1995, p. Xⅲ.

⑥　John E. Bowes and Herbert Strentz, "Candidate Images: Stereotyping and the 1976 Debates", in Brent D. Ruben (ed.), *Communication Yearbook 2*, New Brunswick, New Jersey: Transaction Books, 1976, pp. 391-406.

念属于这种；第二种指候选人的性格特征（character attributes），也就是候选人的气质（ethos）或可靠性（source credibility）。[①] Shyles 使用第二种形象定义研究电视竞选广告中的候选人形象。

（四）政治人物形象的构成

尽管形象具有复杂性、变动性和主观性，形象的构成仍然具有一定的规律性。西格尔（Roberta S. Sigel）认为组成候选人形象内容最主要的两个成分是：职务相关属性（job-crucial attributes），如诚实、智慧、独立等；个人属性（personal attributes），如口才、友善等。[②] 后续的一些研究参照这种二元分法，将候选人形象特征分为"与政治相关的个人属性"和"与政治无关的个人属性"。尼谋和萨维奇在众多政治候选人形象特征中提炼出共同属性。他们提出一个互动、多维的候选人形象构成，即候选人形象包括两种基本的角色：政治角色（political role）和风格角色（stylistic role）。政治角色包括候选人的政府官员属性（资格、履历等）和政党属性（政党领袖、利益代表等），与所在职位相关；风格角色（或政治风格）包括候选人的传播风格（媒体使用、演讲能力、引人注目的形象）和个人品质（年龄、外表、举止、诚实、可靠、正直、同情心等），与政治不直接相关。[③] 具体而言，政治角色和风格角色又可分为领导者（leader）、政党代表（partisan）、表演者（performer）和个人（person）四种角色；选民则主要从评价（evaluative）、能力（potency）和活动（activity）三种标尺诠释政治人物形象。[④] 选民所感知的政治人物形象可能同时包含政治角色和风格角色的特征，例如政治家这一角色主要由领导能力和个人属性组成，但有时也包含政党代表和表演者的某些角色特征。由于选民在认知、情感和意动方面的差异，选民所感知的某个政治人物的形象并不是单一的，而是复杂多样的。正如博尔丁的"信息—形象关系"模式所揭示的一样，候选人的相关信息与选民心目中的候选人形象是相互作用的。

关于形象和议题的关系，学界存在不同观点。在有关候选人形象的传统研

① Leonard Shyles, "Defining 'Images' of Presidential Candidates from Televised Political Spot Advertisements", *Political Behavior*, vol. 6, no. 2 (1984), pp. 171-181.

② Roberta S. Sigel, "Effect of Partisanship on the Perception of Political Candidates", *The Public Opinion Quarterly*, vol. 28, no. 3 (Autumn, 1964), pp. 483-496.

③ Dan Nimmo, "The Formation of Images in Presidential Campaigns", in Kenneth L. Hacker (ed.), *Candidate Images in Presidential Elections*, Westport: Pareger, 1995, pp. 56-57.

④ Dan Nimmo and Robert L. Savage, *Candidates and Their Images: Concepts, Methods, and Findings*, Pacific Palisades, California: Goodyear Publishing Company, 1976, pp. 46-48.

究中，候选人形象经常被定义为人物印象（persona impressions），候选人的议题立场被排除在候选人形象构成之外。持这种观点的研究将候选人的人物印象和议题立场一分为二，认为前者是候选人形象的构成内容，将后者视为影响投票行为的一个独立因素。Strouse 认为形象是候选人特质与其政见的综合体。[①] Kaid 认为形象和议题并不必然是一分为二的概念，Louden 主张形象和议题是相互联系的，反对形象—议题二分法的另一种观点认为，形象的构成应该同时包含议题和候选人个人属性。[②] Hacker 等人通过对同一组人在不同时间点的问卷调查，发现候选人的议题立场和人物印象是高度相关的，两者都可能影响候选人形象的形成。[③] 由相关研究可见，政治人物的政见和议题立场也应该被包含在其形象内容之内。

简言之，形象是个人对客观世界主观再现的结果，是信息—形象不断循环互动的过程。[④]"候选人形象是选民心目中对候选人个人特质、政见、立场所持有的一种认知或态度，或多或少具有一定程度的稳定性者。"[⑤] 关于候选人形象的形成，学界有两种不同的观点："认知者决定论"（perceiver-determined）和"候选人或刺激决定论"（candidate-or-stimulus-determined）。[⑥] 前者基于"认知平衡理论"（perceptual balance theory）发展而成，认为选民为了保持认知和谐，根据自己的政治倾向和偏好，形成与自己主观认知相符的候选人形象，尽管这种形象有时候是偏离现实的；后者基于"形象理论"（image theory）发展而成，认为候选人通过媒介传达外表、观点、议题立场等形象信息，影响选民对候选人的认知。这两种对立的观点还可细分为四种说法：（1）"认知者决定论"

① 转引自陈世敏：《候选人形象与选民投票行为》，《新闻学研究》，1992 年第 46 集，第 149—168 页。

② Kenneth L. Hacker, Walter R. Zakahi, Maury J. Giles and Shaun Mcquitty, "Components of Candidate Images: Statistical Analysis of the Issue-persona Dichotomy in the Presidential Campaign of 1996", Communication Monographs, vol. 67, no. 3 (September 2000), pp. 227-238.

③ Kenneth L. Hacker, Walter R. Zakahi, Maury J. Giles and Shaun Mcquitty, "Components of Candidate Images: Statistical Analysis of the Issue-persona Dichotomy in the Presidential Campaign of 1996", Communication Monographs, vol. 67, no. 3 (September 2000), pp. 227-238.

④ 黄秀：《政治人物在大众传播媒介中的形象研究——以台视、中视、民视及无线卫星电视台对陈水扁报导为例》，台北：台湾政治大学硕士论文，1999 年，第 21 页。

⑤ 陈世敏：《候选人形象与选民投票行为》，《新闻学研究》，1992 年第 46 集，第 149—168 页。

⑥ Roberta S. Sigel, "Effect of Partisanship on the Perception of Political Candidates", The Public Opinion Quarterly, vol. 28, no. 3 (Autumn, 1964), pp. 483-496.

（perceiver-determined）；（2）"候选人决定论"（candidate-determined）；（3）"刺激决定论"（stimulus-determined），也称为"媒介决定论"（medium-determined）；（4）"记者决定论"（journalist-determined）。[①]

尼谋和萨维奇的形象来源互动模式则强调，候选人形象的形成同时包括"刺激决定论"和"认知者决定论"。从这个角度看，大众传播媒介作为刺激来源，在政治人物形象塑造方面扮演着重要角色，其所投射出的政治人物形象属性影响公众对候选人的感知。政治候选人的形象和信息往往不是通过面对面的沟通方式，而是通过竞选活动工作者和传播媒介到达选民那里。事实上，候选人对选民来说，是一个寻求公众信任的具体人物的符号，而不是身边一个生动活泼的人。[②] 在媒介化政治中，大众传播媒介在"候选人信息—选民脑中形象"这一特殊信息—形象互动关系中起着中介作用，候选人通过大众媒介投射形象信息，选民通过大众媒介获取候选人信息，与脑中既有的刻板印象进行重组，形成候选人形象。形象是候选人和选民信息交换的结果。可以说，竞选活动中的候选人形象是大众传媒人为创造的产物。

（五）台湾政治人物形象研究

政治人物形象大致可分为三个方面：形象的构成、形象的改变、形象形成和改变的影响因素。从"信息—形象关系"的循环过程看，政治人物形象可分为两个大的方面：政治人物或媒体所传达的形象；选民对政治人物形象的感知。政治候选人形象的量化研究主要有三种路径：第一种是通过内容分析，测量由候选人或媒体所投射出来的候选人形象。

台湾中国文化大学硕士胡淑裕采用内容分析法，研究台湾《中央日报》《联合报》1978年6月至1984年5月期间的新闻评论所塑造的孙运璿、林洋港、李登辉形象。结果发现，两报都为三位政治人物塑造出正面而有利的形象；在形象特质方面，两报都相当重视政治人物"政策施行"层面的特质，但却较偏爱"个人属性"层面的特质；在照片方面，两报并没有发挥照片的功能。[③]

台湾政治大学硕士黄秀通过内容分析和符号学分析，以台视、中视、民视

---

[①] 李郁青：《媒介议题设定的第二面向——候选人形象设定效果研究》，台北：台湾政治大学硕士论文，1996年，第18页。

[②] Dan Nimmo and Robert L. Savage, *Candidates and Their Images: Concepts, Methods, and Findings*, Pacific Palisades, California: Goodyear Publishing Company, 1976, p. 59.

[③] 胡淑裕：《大众传播媒介塑造政治人物形象之研究——孙运璿、林洋港、李登辉之个案研究》，台北：中国文化大学硕士论文，1987年。

及无线卫星电视台晚间新闻对陈水扁的报道为例，考察政治人物在大众传播媒介中的形象；研究发现，各台对陈水扁的相关报道，在报道性质、报道形式、画面评论偏向、主控者等类目，未达显著差异，在声刺（台湾地区用语，这里指画面和声音同时出现的片段）/画面报道量、播出次序、新闻角色、文字评论偏向等部分，则有明显不同。①

台湾世新大学硕士连珊惠采用内容分析法研究《中国时报》《联合报》《自由时报》对1998年台北市市长三党候选人马英九、陈水扁、王建煊的形象呈现，采用深度访谈法了解三大报编辑所认知的三位候选人形象，以此检验报纸编辑的守门行为。②

台湾政治大学硕士胡馨云以马英九为研究对象，从历时和共时的角度，分析1998年和2002年台北市市长选举中，《联合报》《中国时报》《自由时报》所呈现候选人马英九的形象，检验候选人角色（挑战者/现任者）和报纸政治立场对候选人形象的影响。研究发现，马英九的形象的确因身份的不同（挑战者/现任者）有所不同：1998年，马英九作为陈水扁的挑战者首次参加台北市市长竞选，并获得胜利，报纸所呈现的马英九形象特质多集中在"政党代表因素""议题政见""品德""领导才能与魄力"与"能力"，整体上更强调其"与政治无关的形象"；2002年，马英九作为现任者，报纸所呈现的马英九形象特质多集中在"领导才能与魄力""能力""政党代表因素""品德"与"议题"，整体上更强调其"与政治相关的形象"。③

第二种是通过问卷调查，测量选民主观认知中的候选人形象。

台湾中兴大学硕士游秀龄通过问卷调查，研究台湾六所大学学生对台籍政治人物邱创焕、李登辉、林洋港的形象认知，结果发现，台湾大学生在评估政治人物时，偏重个人特质而非政治特质。④

候选人形象与选民投票行为的关系是台湾学者关注的一个重点。台湾新闻学者陈世敏采用问卷调查法对1989年台北三项公职人员选举进行研究，结果发

---

① 黄秀：《政治人物在大众传播媒介中的形象研究——以台视、中视、民视及无线卫星电视台对陈水扁报导为例》，台北：台湾政治大学硕士论文，1999年。
② 连珊惠：《从报纸呈现之候选人形象看编辑之守门行为》，台北：世新大学硕士论文，1999年。
③ 胡馨云：《报纸呈现候选人形象变化研究——以1998与2002年台北市长候选人马英九为例》，台北：台湾政治大学硕士论文，2004年。
④ 游秀龄：《大学生对"我国"新起政治人物的印象研究——以台籍政治人物邱创焕、林洋港、李登辉为研究对象》，台中：中兴大学硕士论文，1982年。

现，选民心目中对候选人形象的认知存在差异，选民心目中的候选人形象以及选民主观上对整个民意气候的体察，是影响投票行为的重要因素。[①]

台湾淡江大学硕士陈信助从"认知者决定论"的角度，采用问卷调查法，考察 2000 年台湾地区领导人选举期间，"九二一大地震"和"兴票案事件"发生前后，连战、陈水扁、宋楚瑜三位"总统"候选人在选民心目中的形象变化情况及影响因素，研究结果显示，选民在评估政治人物形象时较重视"与政治有关个人特质"。[②]

第三种是将内容分析法和问卷调查法结合起来，检验大众媒介所塑造的政治人物形象与选民心目中的政治人物形象之间的相关性。

台湾政治人物、新闻学者金溥聪以 1994 年台北市市长选举为例，检验报纸的形象设定效果。金溥聪对《联合报》《中国时报》《自由时报》在此次选取前四个月的新闻报道进行内容分析，研究三大报所呈现的黄大洲、陈水扁和赵少康形象；再通过对台北市选民的电话调查（选举投票日前一周内），了解选民对三位候选人形象的认知；结果发现，报纸对选民心目中候选人形象的形成具有显著的影响效果。[③]

台湾政治大学硕士李郁青从媒介议题设定效果的第二层面出发，研究大众媒介在候选人形象设定方面的效果。李郁青对 1994 年台北市市长选举中《联合报》《中国时报》《自由时报》所塑造的黄大洲、陈水扁和赵少康形象进行内容分析，结合电话问卷调查，考察媒介对候选人实质面向上的形象设定效果，以及影响候选人形象差异的选民个人因素。[④]

台湾淡江大学硕士梁心乔，借鉴金溥聪等人的研究成果，以 2002 年台北市市长选举为例，采用内容分析法和电话问卷调查法，研究《联合报》《中国时报》《自由时报》所塑造的马英九和李应元形象，以及民众心目中的二人形象，以此检验大众媒介的候选人形象设定效果。[⑤]

候选人形象的质化研究方法则主要包括深度访谈和符号学分析。政治人物

---

[①]　陈世敏：《候选人形象与选民投票行为》，《新闻学研究》，1992 年第 46 集，第 149—168 页。

[②]　陈信助：《候选人形象研究》，新北：淡江大学硕士论文，2000 年。

[③]　金溥聪：《报纸的形象设定效果研究》，《新闻学研究》，1997 年第 55 集，第 203—223 页。

[④]　李郁青：《媒介议题设定的第二面向——候选人形象设定效果研究》，台北：台湾政治大学硕士论文，1996 年。

[⑤]　梁心乔：《候选人形象设定效果——以 2002 年台北市市长选举为例》，新北：淡江大学硕士论文，2003 年。

形象和政党形象密切相关。台湾师范大学硕士林芳如以符号学分析方法，针对
2008 年台湾地区领导人选举中马英九和萧万长的电视竞选广告，研究广告如何
呈现政党形象，广告族群诉求所运用的元素，以及广告背后的深层价值观和隐
含的意识形态。[1] 台湾师范大学硕士钟知君以符号学分析方法，探究 2012 年台
湾地区领导人选举中民进党候选人蔡英文的影音竞选广告，分析广告所塑造的
女性候选人蔡英文的形象，广告族群诉求所运用的元素，以及广告中隐含的意
识形态。[2]

　　本书对形象的内容和构成进行研究，侧重大众媒介所传播的政治人物形象
信息，关注台湾政治模仿秀节目所塑造的政治人物形象。研究只探讨大众媒介
所呈现的政治人物形象内容，不涉及公众认知部分，借鉴以往政治人物形象研
究所归纳出的具有普适性的政治人物形象属性指标，通过外显的可测量的节目
内容，分析台湾电视政治模仿秀节目中所呈现的马英九角色和蔡英文角色形象。

## 二、框架理论和框架研究

### （一）框架的概念

　　框架理论是形象研究中的一个重要理论工具。潘忠党等认为，框架理论的
起源可以追溯到社会学家对真实的解释以及认知心理学家的基模（schemata of
interpretation）概念。[3] 在认知心理学领域，与框架相关的概念是"基模"，在计
算机化的知识再现中，框架则是模板或者数据结构。在社会学领域，1974 年，
美国社会学家、符号互动论的代表人物尔文·戈夫曼（Erving Goffman）出版
著作《框架分析：关于经验组织的一篇论文》（*Frame Analysis: An Essay on the
Organization of Experience*），框架理论自此受到关注，并逐渐应用于新闻媒体
的研究当中。戈夫曼的框架理论源自英国人类学家格雷戈里·贝特森（Gregory
Bateson）。贝特森认为，心理框架是一组信息或具有意义的行动。[4] 戈夫曼将框
架概念引入社会学，并应用于传播情景的分析。在《框架分析》一书中，戈夫

---

　　① 林芳如：《2008 年"总统"电视竞选广告符号学分析——以马英九和萧万长为例》，台北：
台湾师范大学硕士论文，2010 年。

　　② 钟知君：《2012 年"总统大选"影音广告符号学分析——以民进党"总统"候选人蔡英文
为例》，台北：台湾师范大学硕士论文，2014 年。

　　③ Zhongdang Pan and Gerald M. Kosicki, "Framing Analysis: An Approach to News Discourse",
*Political Communication*, vol. 10, no. 1 (1993), pp. 56-57.

　　④ 臧国仁：《新闻媒体与消息来源——媒介框架与真实建构之论述》，台北：三民书局，1999
年，第 27 页。

曼借鉴了贝特森的框架概念，从社会学和心理学的角度将框架定义为人们用来认识和解释社会生活经验的一种认知结构，旨在说明个人如何依据一套规则来管理自己的社会生活经验。[①] 这一定义体现了社会建构论的视角，即社会真实是社会事件通过各种符号和语言系统转换而形成的主观知识，具有多面性和可塑性。在戈夫曼看来，"框架代表了个人组织事件的心理原则与主观过程"，"是人们将社会真实转换为主观思想的重要凭据"。[②]

戈夫曼的框架理论强调符号的互动和意义的建构过程，框架存在于人们的日常生活经验中，并且是发展变动的。美国社会学家托德·吉特林（Todd Gitlin）发展了戈夫曼的概念，在分析 20 世纪 60 年代美国大众媒介对新左派学生运动的报道时，提出媒介框架的定义："媒介框架就是选择（selection）、强调（emphasis）和表达（presentation）的原则，由很多对存在、发生和发展的事物加以解释的细微理论构成。"[③] 吉特林认为媒介框架很大程度上是不可言说和超越认知的，为新闻工作者和依赖新闻报道的人们建构了世界。"大众媒介通过对信息的筛选和删除、强调以及运用语调等所有的处理方式来实现自己的作用和影响。"[④]

美国社会学家盖伊·塔奇曼（Gaye Tuchman）在 1978 年的《做新闻》（*Making News*）中，把新闻看作一种框架（news as frame）。"新闻是人们了解世界的窗口。"[⑤] 塔奇曼采用"窗口"的比喻，说明新闻是社会建构的产品。新闻框架不仅组织新闻，而且组织生活现实，赋予其秩序的作用。[⑥]

美国社会学者威廉·甘姆森（William A. Gamson）进一步发展了框架的概念。甘姆森认为，框架是媒体话语（media discourse）的"中心组织思想"（a

---

① 陈阳：《大众传播学研究方法导论》，北京：中国人民大学出版社，2007 年，第 314 页。

② 臧国仁：《新闻媒体与消息来源——媒介框架与真实建构之论述》，台北：三民书局，1999 年，第 27—28 页。

③ ［美］托德·吉特林：《新左派运动的媒介镜像》，张锐译，北京：华夏出版社，2007 年，第 13 页。

④ ［美］托德·吉特林：《新左派运动的媒介镜像》，张锐译，北京：华夏出版社，2007 年，第 15 页。

⑤ ［美］盖伊·塔奇曼：《做新闻》，麻争旗、刘笑盈、徐扬译，北京：华夏出版社，2008 年，第 30 页。

⑥ ［美］盖伊·塔奇曼：《做新闻》，麻争旗、刘笑盈、徐扬译，北京：华夏出版社，2008 年，第 2 页。

central organizing idea），为特定议题的相关事件提供意义。①坦卡德等（Tankard，Hendrickson，Silberman，Bliss & Ghanem）吸收了甘姆森等的框架思想，在1991年的会议论文《媒体框架：概念与测量的方法》中提出媒介框架是"新闻内容的一种核心组成思想，它能够提供一个背景，并通过选择、强调、排除和阐释方式来提示议题是什么"。②选择（selection）、强调（emphasis）、排除（exclusion）和阐释（elaboration）是框架建构的四种重要手段，其中"阐释"是坦卡德等的框架定义所特别提出的。

罗伯特·M. 恩特曼（Robert M. Entman）认为：框架主要包括选择（selection）和凸显（salience）；建构框架就是选择感知到的现实的某些方面，使它们在传播文本中变得更加突出，通过这种方式来强调特定的问题定义、因果解释、道德评判和（或）解决问题的方法建议。③从恩特曼的定义来看，媒介框架具有四种功能：定义问题、诊断原因、做出道德评判和提供补救办法。④潘忠党和科斯基（Zhongdang Pan & Gerald M. Kosicki）认为新闻话语是公共政策议题、形塑公共讨论过程中的重要组成部分，新闻报道中的主旨（theme）就是框架。

台湾学者臧国仁是中国较早对框架理论进行系统论述的学者。在1987年的《新闻报道与真实建构：新闻框架的理论与观点》中，臧国仁采取社会建构论的视角（the constructionist perspective），探讨新闻报道在再现社会真实的过程中如何受到框架的影响。在1999年的专著《新闻媒体与消息来源——媒介框架与真实建构之论述》中，臧国仁从框架（framing）概念出发，分析新闻媒体和消息来源如何通过自身的"世界观"，彼此协商，共同建构符号意义。⑤臧国仁在梳理戈夫曼的框架理论后，将框架的基本定义提炼为："人们或组织对事件的主观解释与思考结构"，新闻则是"新闻工作者与不同消息来源根据各自认定之社

①　William A. Camson, "The 1987 Distinguished Lecture: A Constructionist Approach to Mass Media and Public Opinion", *Symbolic Interaction*, vol. 11, no. 2 (Fall 1988), p. 165.

②　［美］赛佛林、［美］坦卡德：《传播理论——起源、方法与应用》（第5版），郭镇之、徐培喜等译，北京：中国传媒大学出版社，2006年，第240页。

③　Robert M. Entman, "Framing: Toward Clarification of a Fractured Paradigm", *Journal of Communication*, vol. 43, no. 4 (Autumn 1993), p. 52.

④　Robert M. Entman, "Framing: Toward Clarification of a Fractured Paradigm", *Journal of Communication*, vol. 43, no. 4 (Autumn 1993), p. 52.

⑤　臧国仁：《新闻媒体与消息来源——媒介框架与真实建构之论述》，台北：三民书局，1999年，第4页。

区利益，所共同建构的社会（符号）真实"。①

综上所述，框架既是动词，也是名词；既是过程，也是结果。作为动词，指的是框架建构的动作和过程，即对社会事件进行符号转换从而产生意义；作为名词，指的是媒介文本所呈现的框架，即框架建构的结果，对应英文的frame、framework，或框架的动名词形式framing，framing经常用于框架效果研究。框架存在于传播过程的传播者、文本、接受者和文化之中，通过选择和强调建构关于问题、原因、评价和解决办法的论述。②

（二）框架的类型

戈夫曼在《框架分析》中提出基础框架（primary framework）的概念。基础框架是最基本的框架，是人们认识和解释某一事件时所使用的框架（人们不需要回想更早的或原始的解释），它使本来没有意义的场景的某些方面变得有意义，"它能使它的使用者定位、感知、确定和命名那些看似无穷的具体事实"。③基础框架分为自然框架（natural frameworks）和社会框架（social frameworks）两种类型：自然框架标示在自然界中发生且完全未受人为活动影响的情况；社会框架则提供理解事件的背景，连接社会事件和个体。可以说，框架是一种世界观，"是个体认识世界的一种方式"，框架帮助人们组织繁杂的社会事件，赋予行为意义。④

甘姆森等把框架分为两类：一类指界限（boundary），代表取材的范围，引申为对社会事件的规范；另一类指人们解释社会现象的"架构"（building frame），显示与其他社会意义的连结，是一种观察事物的世界观。⑤从"界限"的定义来看，框架就像是人们观察世界的镜头，镜头之内的实景，都成为认知世界中的一部分；从"架构"的定义来看，人们通过框架建构意义，了解社会事件的发生原因和脉络。⑥

---

① 臧国仁：《新闻媒体与消息来源——媒介框架与真实建构之论述》，台北：三民书局，1999年，第17、32页。

② Robert M. Entman, "Framing: Toward Clarification of a Fractured Paradigm", *Journal of Communication*, vol. 43, no. 4 (Autumn 1993), pp. 52-53.

③ Erving Goffman, *Frame Analysis: An Essay on the Organization of Experience*, Boston: Northeastern University Press, 1986, p. 21.

④ 陈阳：《大众传播学研究方法导论》，北京：中国人民大学出版社，2007年，第314页。

⑤ 臧国仁：《新闻媒体与消息来源——媒介框架与真实建构之论述》，台北：三民书局，1999年，第33页。

⑥ 臧国仁：《新闻媒体与消息来源——媒介框架与真实建构之论述》，台北：三民书局，1999年，第33页。

美国政治传播学者艾英戈（Shanto Iyengar）在研究电视对公共舆论的影响时，把电视新闻框架（新闻形式）分成事件框架（episodic frame）和主题框架（thematic frame）两种主要框架。事件框架关注具体事件和情况，采取案例研究或事件导向的报道形式，通过具体例子描述公共议题；主题框架则将政治议题和事件放在大的背景环境中去解释，采取背景分析的报道形式，旨在归纳出一般性的结论或条件。[①] 两者的重要区别是，事件框架描述相关议题的具体事件，主题框架展现集合性或综合性的证据。艾英戈认为，电视新闻一般采取事件框架或主题框架报道政治议题，也可能同时采取两种框架。然而，事件框架在描述政治议题时占据主导地位，这不仅影响电视台的新闻选择，也影响公众对政治议题责任（包括原因和解决办法）的归因。电视新闻过度依赖事件框架，导致一些不局限于具体事件的抽象议题较少被报道。结果是，公众经常将政治议题的责任归因于特定事件中的个人，而不是社会因素和政治人物。

美国传播学者舒菲勒（Dietram A. Scheufele）认为框架是信息源和新闻机构、记者、受众三种不同因素互相作用的结果，是呈现和理解新闻的一套体系，因此可分为媒体框架（media frame）和受众框架（audience frame）两种类型。[②] 在政治传播中，媒体框架是嵌入在政治话语中的装置（devices），是新闻报道本身的属性；受众框架则是个体思想的内在结构，是个体的信息处理基模（information-processing schemata）。

（三）框架的结构和机制

媒体框架是如何形成的，具有什么样的内在结构和构成要素？甘姆森和莫迪利亚尼提出隐喻（metaphors）、典型（exemplars）、标语（catchphrases）、描述（depictions）和视觉图像（visual images）五种框架装置（framing devices）。[③] 所谓的"框架装置"指的是新闻框架的构成要素。[④] 潘忠党和科斯基将新闻话语的框架装置分为句法结构（syntactical structure）、脚本结构（script structure）、主题结构（thematic structure）和修辞结构（rhetoric structure）四个维度，以此

---

① Shanto Iyengar, *Is Anyone Responsible: How Television Frames Political Issues*, Chicago and London: The University of Chicago Press, 1991, pp. 2-5, 13-16.

② Dietram A. Scheufele, "Framing as a Theory of Media Effects", *Journal of Communication*, vol. 49, no. 1 (Winter, 1999), p. 106.

③ William A. Gamson and Andre Modigliani, "Media Discourse and Public Opinion on Newclear Power: A Constructionist Approach", *The American Journal of Sociology*, vol. 95, no. 1 (July, 1989), p. 3.

④ Paul D'Angelo, "News Framing as a Multiparadigmatic Research Program: A Response to Entman", *Journal of Communication*, vol. 52, no. 4 (December, 2002), p. 881.

建立新闻话语结构模型。[①] 甘姆森和莫迪利亚尼的上述五种框架装置在潘忠党和科斯基的分类中属于修辞结构。潘忠党和科斯基赞同新闻报道的框架是消息源、记者和受众共同作用的结果，认为新闻框架理论研究需要整合新闻生产、新闻话语和新闻效果三个领域。

舒菲勒在对政治传播领域的框架研究进行系统梳理和分类后，从社会建构论的视角提出一个综合的框架作用过程模型。该模型将框架作用过程分为输入、过程和结果。在输入与结果、媒体与受众之间，框架建立、框架设置、个体的框架处理、从受众到记者的循环反馈是四种主要关系。[②] 舒菲勒的框架过程模型归纳了媒体框架效果研究的一种范式，揭示了框架的来源、构成要素、作用过程以及结果。

臧国仁认为框架的内在结构包括高层次（事件的抽象意义或主旨）、中层次（主要事件、历史、先前事件、结果、影响、归因、评价）和低层次（语言或符号组成的表现形式，例如修辞、文法、譬喻）三种结构，框架的形成过程（或称机制）则包括选择与重组两种机制（重要手段）。[③] 客观世界中的真实社会事件，在媒介组织框架（包括记者个人框架、文本框架、编辑个人框架）和消息来源组织框架的共同作用下，转换成具有意义的符号真实。

（四）框架的识别

在如何发现媒体框架方面，坦卡德在 2001 年的《媒体框架的经验研究》中归纳了三种方法："媒体包裹"（media package）、"多维概念"（multidimensional concept）、框架列表（list of frames）。[④] "媒体包裹"方法由甘姆森和莫迪利亚尼提出。所谓"媒体包裹"是一个包含关键词、引语和解释等的段落，有助于识别媒体框架。"多维概念"方法认为框架包含多种元素和维度，例如作者的性别、文章的位置、使用的术语、道德评价等传统内容分析中考虑的变量。"框架

① Zhongdang Pan and Gerald M. Kosicki, "Framing Analysis: An Approach to News Discourse", *Political Communication*, vol. 10, no. 1 (1993), pp. 58-59, 63.

② Dietram A. Scheufele, "Framing as a Theory of Media Effects", *Journal of Communication*, vol. 49, no. 1 (Winter, 1999), pp. 103, 114-118.

③ 臧国仁：《新闻媒体与消息来源——媒介框架与真实建构之论述》，台北：三民书局，1999年，第36、45、51页。

④ James W. Tankard, Jr., "The Empirical Approach to the Study of Media Framing", in Stephen D. Reese, Oscar H. Gandy Jr. and August E. Grant (eds.), *Framing Public Life: Perspectives on Media and Our Understandnig of the Social World*, Mahwah, New Jersey: Lawrence Erlbaum Associates, 2001, pp. 99-101.

列表"方法由坦卡德等提出，包括11种框架机制（或指标）：主标题、副标题、图片、图片说明、新闻导语、消息源的选择、新闻引语的选择、引出引语、图标、统计数字和图表、结尾总结。①坦卡德认为识别"框架列表"是发现媒体框架重要的第一步。"框架列表"方法通过系统、量化、实证的方法识别媒体框架，因而更加客观，主要包括5个步骤：（1）明确可能框架的范围；（2）列出各种框架列表；（3）通过关键词、标语和符号发现每种框架；（4）使用列表中的框架（类似内容分析中的类目）；（5）编码员对文章或其他种类的内容进行编码。②可以说，框架理论研究最初从质化分析开始，后来政治传播学者艾英戈和西蒙（Iyengar & Simon）对框架理论的量化分析进行了有益的尝试，坦卡德的"框架列表"分析方法则确定量化分析在框架研究中的地位。

（五）框架研究和框架分析

框架理论并没有一套完整的理论典范，也没有统一的研究范式。保罗·迪安格罗（Paul D'Angelo）提倡多范式的框架研究，认为框架理论的相关研究至少存在三种不同的研究范式：（1）认知范式（cognitive paradigm），强调框架对个体信息处理过程的影响，认为新闻框架能够改变个体的思想系列，构成框架的文本符号为个体进入先前经验知识、更新和修改基模提供基础，使个体迅速对外界情境做出反应、解释和决定；（2）建构主义范式（contructionist paradigm），认为记者是信息处理者，为新闻提供者（消息源）的观点提供"解释套装"(interpretive packages)；（3）批判范式（critical paradigm），认为框架是新闻采编过程和精英价值作用的结果，新闻机构往往有意选择某些信息而忽略某些信息，记者则经常采取政治和经济精英的价值观报道议题和事件，这种范式在框架理论中占主导性地位。③经过40多年的发展，框架理论和框架分析在新闻学、传播学、政治学等学科中得到广泛应用。

---

① James W. Tankard, Jr., "The Empirical Approach to the Study of Media Framing", in Stephen D. Reese, Oscar H. Gandy Jr. and August E. Grant (eds.), *Framing Public Life: Perspectives on Media and Our Understandnig of the Social World*, Mahwah, New Jersey: Lawrence Erlbaum Associates, 2001, p. 100.

② James W. Tankard, Jr., "The Empirical Approach to the Study of Media Framing", in Stephen D. Reese, Oscar H. Gandy Jr. and August E. Grant (eds.), *Framing Public Life: Perspectives on Media and Our Understandnig of the Social World*, Mahwah, New Jersey: Lawrence Erlbaum Associates, 2001, pp. 101-102.

③ Paul D'Angelo, "News Framing as a Multiparadigmatic Research Program: A Response to Entman", *Journal of Communication*, vol. 52, no. 4 (December, 2002), pp. 875-878.

框架分析是对框架的来源、框架的建构、框架的要素和框架的效果等进行分析。大陆学者陈阳总结了框架分析在新闻生产、媒体内容、媒体效果三个领域的应用：在新闻生产领域，新闻框架是新闻工作者和各种权力机构共同作用的结果；在媒体内容领域，选择和重组是建构新闻框架的重要策略；在媒体效果领域，研究者关注媒体框架或特定媒体议题对受众框架的影响。[①]彭增军也将框架分析在传播学研究中的应用分为："（1）媒介生产——媒介框架如何被建构；（2）媒介内容——媒介框架是什么；（3）媒介效果——受众如何接收和处理媒介信息，即受众框架。"[②]媒介文本处于框架分析的中心，是连接媒介生产与消费、传播者与接受者的桥梁。本书关注第二类，即媒介内容框架，通过内容分析法考察台湾电视政治模仿秀节目所呈现的框架，所建构的政治事件和政治人物形象，以及影响节目框架的社会和文化因素。本书还将探讨以娱乐为目的的台湾政治模仿秀节目，作为对传统政论节目的模仿和反叛，所采取的内容框架与新闻节目和政论节目的内容框架有何不同。

在政治传播中，媒体和政治主体可以通过建构特定的框架，影响公众对政治事件的认知，或者通过选择和强调政治人物的某些属性特征塑造某种形象，影响公众的意见、态度或行为。政治传播中的媒介内容框架是研究大众媒介塑造政治人物形象的一个起点，也是推论前因和结果的一个重要环节。框架理论为研究大众媒介如何通过符号建构政治现实、塑造政治人物形象提供理论视角和分析方法。框架分析除了采用质化的文本分析方法，还可与量化的内容分析结合使用。框架理论为内容分析的类目建构提供依据，内容分析的结果又进一步验证或发现框架及其构成要素。框架分析是政治传播研究中常用的一种研究范式，但其在政治娱乐领域的应用还相对较少。

（六）政治传播和政治人物形象的框架分析

应用于大众传播领域的框架理论着重从社会建构论的视角，解释大众媒介如何组织社会事件和意义，提供关于社会现实的叙事框架。框架理论为我们发现电视节目的主导框架，解读电视节目所塑造的政治人物形象提供分析视角。形象是个人对物体或人物某些可感知的属性的主观知识。框架是个人组织社会事件的心理原则和主观过程，其机制是选择和凸显。形象和框架存在共通之处。

---

① 陈阳：《框架分析：一个亟待澄清的理论概念》，《国际新闻界》，2007年第4期，第19—23页

② 彭增军：《媒介内容分析法》，北京：中国人民大学出版社，2012年，第144页。

首先，两者都具有主观性，都是个体对客观世界的主观认知。其次，两者都是客体某些被选择和强调的属性的投射。再次，两者都是信息与形象／框架的循环互动过程。因此，本书试图借鉴框架理论和框架分析，探讨台湾电视政治模仿秀节目所塑造的政治人物形象。政治人物形象可以分为大众媒介所呈现的形象以及受众心理感知的形象。大众媒介所呈现的政治人物形象是我们研究的重点，它作为信息源影响受众个体层面上对政治人物的感知。

框架研究有质化和量化两种取向，在学界并没有形成统一的研究范式。Kuypers 从修辞的角度提出框架分析的 6 个要素：人物、思想和行动的关键词（keywords）、隐喻（metaphors）、概念（concepts）、象征符号（symbols）、视觉图像（visual images）和名字（names）。[①] 通过识别新闻叙述中的这些要素，研究者可以发现组织新闻文本意义的主导框架。

Jisuk Woo 从框架理论的视角考察韩国民主发展和媒体结构转型过程中，电视新闻如何框架 1987 年和 1992 年的总统大选。[②] Woo 选取这两次选举前韩国放送公社（Korean Broadcasting System，简称 KBS）和首尔广播公司（Seoul Broadcasting System，简称 SBS）在两次总统大选前 9 天的晚间电视新闻作为研究对象，分析其中有关这两次选举的新闻报道中所存在的主要框架。Woo 从框架的宏观结构 (macrostructural level)、微观结构（microstructural level）、修辞（rhetorical level）三个层面进行研究。宏观结构层面的框架将新闻事件或故事放在特定的语境中，从而影响对事件的解释；微观结构层面的框架通过选择和排除事件的某些方面，从而形成呈现新闻事件的特定角度或焦点；修辞框架指记者做出的语言风格选择，例如隐喻、典型、标语、描述、视觉图像，这些修辞影响受众的信息处理。Woo 在分析竞选新闻的上下文、选举在竞选新闻中的呈现以及竞选新闻中的口头语言和视觉符号之后，发现尽管 KBS 和 SBS 的所有权结构不同（KBS 是公营电视台，SBS 是私营电视台），两者在主要新闻框架方面却极为相似，并且与官方和执政党的框架保持一致。KBS 在 1987 年的总统大选中，采用"稳定对抗混乱"的框架报道竞选活动，将执行党与稳定相联系，将反对党与混乱相关联。在 1992 年的总统大选中，KBS 和 SBS 均采用"公

---

① Jim A. Kuypers, "Framing Analysis from a Rhetorical Perspective", in Paul D'Angelo and Jim A. Kuypers (eds.), *Doing News Framing Analysis: Empirical and Theoretical Perspectives*, New York: Routledge, 2010, p. 301.

② Jisuk Woo, "Television News Discourse in Political Transition: Framing the 1987 and 1992 Korean Presidential Elections", *Policical Communiction*, vol. 13, no. 1 (1996), pp. 63-80.

平对抗腐败"的框架报道选举新闻，其中腐败的竞选活动大多与反对党有关。KBS 和 SBS 通过情景化选举、定义选举含义、边缘化反对党、限制政治话语范围等方式，为民众提供一个维持现状和既有权力结构的主导性新闻框架，从而将其他可能的框架排除在外。

R. Lance Holbert 等人将政治传播领域的框架分析从新闻媒体延伸到娱乐媒体，采用框架理论和量化内容分析法，研究美国电视连续剧《白宫风云》（*The West Wing*）对虚构的美国总统 Bartlet 的描写。[①] Holbert 等人认为，《白宫风云》中有关 Bartlet 的主导框架是作为角色扮演的描写（depiction as role display），即对 Bartlet 作为国家元首（chief executive）、政治候选人（political candidate）和普通公民（private citizen）三种角色的描写，Barlet 的形象正是在这三种角色框架中呈现出来的。[②] 国家元首指 Barlet 担任美国总统的角色，政治候选人指竞选期间 Bartlet 作为总统候选人的角色，普通公民指 Barlet 作为丈夫、父亲或朋友的角色。Holbert 等人通过内容分析发现，Bartlet 在不同的角色中展现出不同的个性特征：在国家元首和政治候选人角色中，Bartlet 更多表现出诚实、值得信赖、努力工作、负责任和坚定等原则性的性格特点（principled character traits）；在普通公民角色中，Bartlet 则更多表现出可爱、温暖、具有幽默感和同情心等迷人的性格特点（engaging character traits）。

### 三、政治模仿秀研究

政治模仿秀是电视综艺节目的一种子类型。作为一种混合了新闻与娱乐的流行文化形式，政治模仿秀引起了新闻传播学者的关注。

（一）国外政治模仿秀研究

国外学界对政治模仿秀的研究可分为以下几类。

第一，政治模仿秀的全球流动研究。

美国媒体研究学者 Geoffrey Baym 和 Jeffrey P. Jones 将模仿新闻节目的政治讽刺电视称为"新闻模仿秀"（news parody）。Baym 和 Jones 从全球的视角回顾

---

① R. Lance Holbert et al, "The West Wing and the Depictions of the American Presidency: Expanding the Domains of Framing in Political Communication", *Communication Quarterly*, vol. 53, no. 4 (2005), pp. 505-522.

② R. Lance Holbert et al, "The West Wing and the Depictions of the American Presidency: Expanding the Domains of Framing in Political Communication", *Communication Quarterly*, vol. 53, no. 4 (2005), p. 511.

不同国家和地区的新闻模仿秀和政治讽刺的发展历程和节目形式，考察新闻模仿秀的全球流动以及新闻模仿秀适应不同政治、经济和监管语境的方式，探究新闻模仿秀在解构官方新闻和权威话语方面的努力，并讨论新闻模仿秀的政治意义及其在权力关系中的角色。[①]"新闻模仿秀"和"政治模仿秀"的概念有些差别。新闻模仿秀强调对新闻节目的戏仿，侧重形式层面；政治模仿秀强调对政治的戏仿，侧重内容层面。本书的政治模仿秀概念包括新闻模仿秀、皮偶模仿秀和真人模仿秀等形式。

新闻模仿秀已成为一种全球的、跨国流动的节目形式，存在于全世界不同的政治和媒体系统中。Baym 和 Jones 认为新闻模仿秀的全球化流动路径主要从英国开始，到美国、加拿大、法国、意大利等发达资本主义民主国家，再到墨西哥、巴西、阿根廷等新兴民主国家，以及印度等后殖民主义国家和匈牙利、罗马尼亚等后社会主义国家。在这个过程中，英国、美国、法国、德国、意大利等国家的节目占有主导地位，成为其他国家引进的模板。例如，美国的《乔恩·斯图尔特每日秀》全球版（*The Daily Show with Jon Stewart*）在 80 多个国家播放。在引进到其他国家的过程中，节目会根据当地的民族文化艺术特点和表演传统进行调整。特别是在后殖民主义国家和后社会主义国家，新闻模仿秀的制作人注重将全球化形式与本土化传统结合起来，以表达、调和民族分歧。新闻模仿秀跨越民族、文化和语言界限的能力，是其成为一种全球化节目形式的原因之一。新闻模仿秀在政治领域内外起着调和与协商文化问题的广泛作用。[②]

Baym 和 Jones 对新闻模仿秀的全景式评述，有助于我们理解新闻、喜剧和政治的交叉点，以及新闻模仿秀中的权力关系。新闻模仿秀同时具有解构和建构的功能。解构功能体现在，新闻模仿秀对新闻的形式和内容进行拆解，对真实新闻所提供的信息及所设置的议程进行批判性检查，揭露新闻的运作机制，质疑公共话语的运作机制；建构功能体现在，新闻模仿秀邀请观众重新解读、戏弄甚至挑战公共人物。[③]除了政治批评功能之外，新闻模仿秀还具有重要的经济功能，包括品牌效应、吸引特定观众群体、与公共电视进行竞争、制作人

① Geoffrey Baym and Jeffrey P. Jones, "News Parody in Global Perspective: Politics, Power, and Resistance", *Popular Communication*, vol. 10, no. 1-2 (2012), pp. 2-13.

② Geoffrey Baym and Jeffrey P. Jones, "News Parody in Global Perspective: Politics, Power, and Resistance", *Popular Communication*, vol. 10, no. 1-2 (2012), pp. 8-9.

③ Geoffrey Baym and Jeffrey P. Jones, "News Parody in Global Perspective: Politics, Power, and Resistance", *Popular Communication*, vol. 10, no. 1-2 (2012), pp. 5-6.

获得文化合法性等。新闻模仿秀通过暴露新闻时事节目的运作机制而发挥监督功能，愈发成为一种文化和政治抵抗的重要形式。新闻模仿秀在促进公众参与选举政治和立法程序方面是否存在积极作用，值得进一步研究。

第二，政治模仿秀的类型研究。

政治模仿秀是政治幽默的一种类型。2004 年美国总统大选以后，娱乐类媒体成为美国政治景观的一个组成部分。美国传播学者 R. Lance Holbert 对有关娱乐类电视节目与政治的文献进行梳理，从类型学的角度，提出一个将娱乐类电视节目与政治的关系区分为九种类型的研究框架，为研究电视政治娱乐节目提供理论基础。[①] Holbert 从两个维度对不同类型的电视政治娱乐节目进行区分：观众对电视节目中政治信息的期待程度，政治信息在电视节目中的呈现方式，具体如表 0.1 所示：

表 0.1　娱乐类电视节目与政治研究的类型学

| Political as Primary（政治信息作为首要内容） | | | | |
|---|---|---|---|---|
| Explicit（直接的） | Entertainment Talk Show（娱乐类脱口秀）Interviews with Politicians（政治人物访谈） | Fictional Political Dramas（虚构类政治戏剧） | Traditional Satire（传统政治讽刺） | Implicit（含蓄的） |
| | Soft News（软新闻） | Political Docudramas（纪实类政治节目） | Satirical Situation Comedies（讽刺情景剧） | |
| | Entertainment Television Events（娱乐类电视事件） | Reality-Based Programming/Documentaries（现实类节目/纪录片） | Lifeworld Content（生活类节目） | |
| Political as Secondary（政治信息作为次要内容） | | | | |

资料来源：R. Lance Holbert, "A Typology for the Study of Entertainment Television and Politics", *American Behavioral Scientist*, vol. 49, no. 3 (2005), p. 445.

---

① R. Lance Holbert, "A Typology for the Study of Entertainment Television and Politics", *American Behavioral Scientist*, vol. 49, no. 3 (2005), pp. 436-453.

Holbert 根据 Zillmann 的情感倾向理论（Disposition Theory）建构以上类型框架。Zillmann 的情感倾向理论解释了观众如何对戏剧类和喜剧类娱乐内容做出反应。倘若娱乐类电视节目所提供的信息符合观众的预期，那么观众将从节目中获得最大程度的娱乐。基于 Zillmann 的情感倾向理论，Holbert 提出娱乐类电视节目与政治关系的两个核心问题：观众对政治信息的期待程度；娱乐节目中政治信息的呈现方式。在上述分类框架中，纵轴表示观众对某一娱乐节目包含政治信息的期待程度，从上到下分为三个等级：政治信息作为主要内容、有一些政治内容、政治信息作为次要内容；横轴表示政治信息在节目中明确或含蓄的程度，从左到右分为三个等级：明确的政治信息、明确和含蓄结合的政治信息、含蓄的政治信息。Holbert 提出这一类型模型是为了在娱乐类电视节目与政治的不同研究议题之间建立起联系和组织框架。在这一框架中，政治模仿秀处于九宫格的右上角，是一种以政治信息作为首要内容并通过含蓄的方式呈现出来的娱乐节目类型，例如美国的《乔恩·斯图尔特每日秀》（*The Daily Show with Jon Stewart*）、《周六夜现场》（*Saturday Night Live*）、《科尔伯特报告》（*The Colbert Report*）。政治模仿秀以含蓄的方式呈现政治信息，因此需要观众的积极参与。

第三，政治模仿秀的文本特征研究。

互文性（intertextuality）是政治模仿秀的一个重要特征。Neal R. Norrick 认为笑话和模仿秀都引用原文本，前者导入原文本中某些内容并对其尚未被注意的意义加以利用，后者对原文本进行修改并对作者进行嘲笑；前者通过妙语引起观众笑声，后者则通过模仿性表演突出原文本的某些特征。[1] 两者的区别还在于，笑话要求观众能够发现原文本，并在某个点发出笑声以示理解；模仿秀邀请观众一起对"第三方"（原文本的作者）进行攻击，从而产生一个延伸的表演框架，鼓励但不要求笑声。[2] 模仿秀通过各种方式与原文本建立多种互文关系。Norrick 关于模仿秀互文性的阐释可以扩展到政治模仿秀的研究中。

Chunk Tryon 对希拉里·克林顿和约翰·麦肯 2008 年竞选广告《凌晨三点钟》（*3AM*）和《名人》（*Celeb*）的网络模仿视频进行分析，讨论政治模仿视频在重叠、竞争的竞选叙事文本中的运作方式。政治模仿视频的一个重要特点是互文性，通过对通俗文化文本（例如电影、电视节目、广告等）的模仿、倒置

---

① Neal R. Norrick, "Intertextuality in Humor", *Humor*, vol. 2, no. 2 (1989), p. 131.

② Neal R. Norrick, "Intertextuality in Humor", *Humor*, vol. 2, no. 2 (1989), p. 131.

和夸张，创造出新的意义，对原文本进行批评或评论。[①] Tryon 认为政治模仿视频是提高媒体素养的一种新形式，提醒人们对政治的官方叙事文本保持怀疑态度。

第四，政治模仿秀的运作机制研究。

1975 年开播的《周六夜现场》(Saturday Night Live) 在 2008 年美国总统大选竞选活动中成为政治话语的重要平台。节目因模仿美国前阿拉斯加州州长、2008 年共和党副总统候选人萨拉·佩林，而广受关注。竞选期间，《周六夜现场》制作了 6 期由喜剧演员蒂娜·菲扮演萨拉·佩林的讽刺喜剧，吸引了媒体的大量注意力，创造了《周六夜现场》14 年中最高收视率。美国传播学者 Jason T. Peifer 以《周六夜现场》有关萨拉·佩林的节目作为个案，分析政治模仿秀的动力学 (dynamics)。[②] Peifer 认为研究《周六夜现场》中萨拉·佩林的模仿秀，有助于我们理解政治模仿秀如何形塑、组织和创造美国政治景观中的意义。我们应该研究政治人物模仿秀本身的美学形式，而不仅仅将其视为一种讽刺的次类型。与文学批评的研究方法不同，Peifer 采用框架分析方法研究政治人物在模仿秀中的呈现，进而发现模仿秀的主要特征及建构文化意义的方法。他通过文本细读发现《周六夜现场》中的女性美 (female beauty)、宗教信仰 (faith)、能力 (competence)、民间风味 (folksy) 四个主要框架，分析这四个主要框架中的萨拉·佩林形象，提出政治人物模仿秀能够反射 (reflect)、折射 (refract) 和创造 (create) 政治现实。首先，政治人物模仿秀能够反映围绕政治人物的文化话语以及政治人物自身的语言和行为。其次，政治人物模仿秀的效力还体现在折射政治现实方面。政治人物模仿秀通过借鉴和改造政治人物行为，用一种独特的方式表述政治情境中的隐藏文本。再次，政治人物模仿秀最强有力的动力学体现在创造政治现实的能力。三者并非相互排斥，有时同时起作用。[③]

此外，Richard Henry 和 Deborah F. Rossen-Knill 提出的模仿传播 (parodic communication) 模型有助于我们理解政治模仿秀的性质。Henry 和 Rossen-Knill 认为模仿传播包含四种互相影响的有意图的行为：(1) 对已经发生的行为或事

---

① Chuck Tryon, "Pop Politics: Online Parody Videos, Intertextuality, and Political Participation", *Popular Communication*, vol. 6, no. 4 (2008), pp. 209-213.

② Jason T. Peifer, "Palin, Saturday Night Live, and Framing: Examining the Dynamics of Political Parody", *The Communication Review*, vol. 16, no. 3 (2013), pp. 155-177.

③ Jason T. Peifer, "Palin, Saturday Night Live, and Framing: Examining the Dynamics of Political Parody", *The Communication Review*, vol. 16, no. 3 (2013), pp. 169-171.

件的模仿；（2）对这种行为或事件的蔑视；（3）批评的行为；（4）喜剧的行为。[①] 喜剧和批评元素之间的关系使模仿秀显得更加复杂，而不仅仅是简单的批评。Steve Neale 和 Frank Krutnik 认为，模仿秀不一定是挑衅的和批评的，模仿秀的驱动力是目标文本（例如被模仿的公众人物）和模仿文本之间的对比。[②]

第五，政治模仿秀与公共文化关系研究。

美国传播学者 Robert Hariman 阐释了政治模仿秀与公共文化之间的关系，认为政治模仿秀以及其他类型的政治幽默，是维持参与的、民主的公共文化的重要资源。[③] Hariman 指出模仿秀的技巧包括各种模仿和改变的结合，例如直接引用、词汇修改、文本重置、主题或角色的替换，以及措辞、阶级、重要性的转换等。按照 Hariman 的观点，模仿秀主要是通过暴露主导性话语的局限来创造和维持公共文化，它反对理想化、神话化以及其他霸权。模仿性艺术主要通过以下四种方法创造一种富有创造力的公共身份和代理的表述：重复、快乐的观看体验、平衡、将话语世界转换成多种声音的论辩场所。[④] 首先，模仿秀通过重复突出事物或人物某些的特征。其次，模仿秀需要开放的、混合的、多样的、快乐的观看体验，才能起到构建公共文化的作用。再次，模仿秀创造了一个虚拟世界，通过对意义、阶层等进行戏剧化的倒置，发挥解构权威、平衡社会和政治权力的功能。笑是模仿秀的一个重要因素，在荒诞取得胜利的那一瞬间，笑是一种自由的心理状态。最后，模仿秀将公共生活描绘成一个充满多元论辩声音的动态的场域。民主经常被定义为公共辩论的舞台，从这个角度来看，模仿秀对民主社会来说是必要的。模范秀是双重民主的，它一方面警惕商业集团对公众的操纵，另一方面明辨宣传人员、说客等公共文化的各种角色。每一个模仿秀都是整个公共文化的一个缩影。因此，Hariman 认为模仿秀在保持民主话语多样性方面扮演关键角色。公共文化是在统一语言世界的向心力和瓦解语言世界的离心力的持续拉锯中产生的。模仿秀具有离心力的作用。由于能够激发笑声，模仿秀和其他形式的政治幽默能够提供关于惯例、预期效果、说服

---

① Richard Henry and Deborah F. Rossen-Knill, "The Princess Bride and the Parodic Impulse: The Seduction of Cinderella", *Humor*, vol. 11, no. 1 (1998), pp. 43-63.

② Steve Neale and Frank Krutnik, *Popular Film and Television Comedy*, London and New York: Routledge, 1990, pp. 18-19.

③ Robert Hariman, "Political Parody and Public Culture", *Quarterly Journal of Speech*, vol. 94, no. 3 (2008), pp. 247-272.

④ Robert Hariman, "Political Parody and Public Culture", *Quarterly Journal of Speech*, vol. 94, no. 3 (2008), p. 253.

局限的反思，促进现代公共领域的构建。按照巴赫金的观点，中世纪模仿秀是世界的第二现实 (The World's Second Truth)，是对官方严肃话语所建构的世界第一现实的模仿和嘲弄。不同的是现代社会是经过媒体中介的，作为世界第二现实的现代政治模仿秀揭露了公共媒体与民主政治的各种弊端。

第六，政治模仿秀的效果研究。

美国政治传播学者 Jonathan S. Morris 对美国《乔恩·斯图尔特每日秀》( *The Daily Show with Jon Stewart* ) 与 2004 年两党全国代表大会期间观众的态度改变进行实证研究。Morris 采用内容分析法对《乔恩·斯图尔特每日秀》关于 2004 年两党全国代表大会的报道进行研究，并采用问卷调查法对 2004 年政党大会前后的观众态度进行对比。[①] Morris 通过内容分析发现，该节目关于两党全国代表大会的幽默基于自我贬低（self-deprecation）和对政党刻板印象的利用，对共和党的嘲弄集中于政策和政治人物个性缺陷方面，对民主党的讽刺则主要针对政治人物的外形特征。Morris 对安嫩伯格全国选举调查（the National Annenberg Election Survey）的固定样本进行分析后还发现，对当时美国总统乔治·沃克·布什（George Walker Bush）和副总统迪克·切尼（Dick Cheney）的负面态度与观看《乔恩·斯图尔特每日秀》显著相关。

经过几十年的发展，政治模仿秀已经成为一种全球文化形式。除美国外，其他国家也有一些相关研究。例如，Jörg Matthes 和 Adrian Rauchfleisch 采用内容分析法对瑞士的深夜政治娱乐节目 Giacobbo/Müller 进行研究，并结合实验法探讨政治模仿秀对政治人物评价的负面影响，即所谓的"蒂娜·菲效应"（Tina Fey Effect）。[②] 在内容分析方面，Matthes 和 Rauchfleisch 采用 Morris 的编码方案——幽默的主题、幽默的对象、幽默的基调、幽默的视觉化表现，对 Giacobbo/Müller 进行研究，发现幽默的主题更多是关于事件而不是人物，即使在关于政治人物的模仿秀中，也有三分之一关于政策问题。在 Giacobbo/Müller 节目中，模仿秀只是政治幽默视觉化呈现的一个元素，其他元素包括视觉辅助、视频片段等。在政治模仿秀的说服效果方面，Matthes 和 Rauchfleisch 以瑞士前财政部长汉斯 - 鲁道夫 - 梅尔茨（Hans-Rudolf Merz）和利比亚统治者

---

[①] Jonathan S. Morris, "The Daily Show with Jon Stewart and Audience Attitude Change during the 2004 Party Conventions", *Political Behavior*, vol. 31, no. 1 (2009), pp. 79-102.

[②] Jörg Matthes & Adrian Rauchfleisch, "The Swiss 'Tina Fey Effect': The Content of Late-night Political Humor and the Negative Effects of Political Parody on the Evaluation of Politicians", *Communication Quarterly*, vol. 61, no. 5 (2013), pp. 596-614.

穆阿迈尔·卡扎菲（Muammar Gaddafi）的政治模仿秀作为刺激源，引入政治知识掌握程度这一中介变量，考察具有较高政治知识和较低政治知识的受众在政治人物评价和政治犬儒主义（political cynicism）中的正负面影响。作者认为受众的政治知识对政治模仿秀的说服效果具有重要影响。政治模仿秀中的说服信息是含蓄的，需要一定的政治知识才能解读节目中隐含的意义。具有较低政治知识的受众在观看政治模仿秀时，激发的是情感启动机制（affective priming mechanism），受节目中表面的愉快信息影响产生正面情绪，倾向于对节目中的政治人物具有正面评价。具有较高政治知识的受众在观看政治模仿秀时，激发的是认知启动机制（cognitive priming mechanism），能够理解节目中对政治人物的批判含义，倾向于对政治人物具有负面评价，并产生政治犬儒主义。

第七，政治模仿秀中的候选人形象研究。

Arhlene A. Flowers 和 Cory L. Young 研究美国政治模仿秀节目《周六夜现场》（*Saturday Night Live*）所塑造的美国 2008 年共和党副总统候选人、阿拉斯加州州长萨拉·佩林的形象。[①] Flowers 和 Young 采用社会符号学和肖像研究的方法，分析 2008 年《周六夜现场》中蒂娜·菲的对萨拉·佩林的视觉和听觉模仿方式，以及这种模仿如何让《周六夜现场》收视率飙升，并影响 2008 年美国的总统大选。社会符号学和肖像研究均聚焦于意义的三个层次：代表性或指示含义（representative or denotative），指构成一个形象的人物（people）、地点（places）和物品（things）；内涵或象征性含义（connotative or symbolic），指再现的人物、地点和物品所代表的广义概念、想法和价值；互动性含义（interactive or interactional），则在图像里观众与世界的关系中显现出来，并建议观众对图像再现的人物和事物应该采取何种态度。

Flowers 和 Young 从《周六夜现场》关于萨拉·佩林的六期模仿秀中选出两期进行编码和解读。编码方法按照视觉模仿元素和听觉模仿元素进行细化。视觉模仿元素包括视觉符号的三层意义：场景、道具、化妆、衣着等视觉符号的指示意义、象征意义以及图像世界与观众的相互关系，听觉模仿元素包括直接引用（direct quotation）、夸张（exaggeration）、重复（reiteration）、倒置（inversion）、观众反应（audience reaction）、音乐（music）、音效（sound effects）。作

---

① Arhlene A. Flowers and Cory L. Young, "Parodying Palin: How Tina Fey's Visual and Verbal Impersonations Revived a Comedy Show and Impacted the 2008 Election", *Journal of Visual Literacy*, vol. 29, no. 1 (2010), pp. 47-67.

者在对蒂娜·菲的视觉和听觉符号进行细致分析的基础上，认为蒂娜·菲所塑造的萨拉·佩林形象是一个不够老练、不谙世故、缺乏经验的国家政治人物，对所谈的事物缺乏深度的认识，甚至缺乏对基本语法的掌握。《周六夜现场》关于萨拉·佩林的六期模仿秀引起收视热潮，视频在 NBC 的官方网站和 Hulu.com 上也拥有很高的点击率。收视率创新高一方面是与新闻媒体中关于萨拉·佩林的报道有关；另一方面源于蒂娜·菲与萨拉·佩林极其相似的长相以及惟妙惟肖的模仿。这种模仿对萨拉·佩林的形象具有负面作用，甚至致使萨拉·佩林在竞选副总统过程中的支持率下降。从符号学的角度研究政治模仿秀中政治人物的具体呈现，对本书具有借鉴意义。此外，Flowers 和 Young 还发现，为了熟识这些模仿秀节目，观众要理解政治传播中视觉符号、口头语言和背景元素的汇合，正是这些元素形塑州长萨拉·佩林的身份，从而影响萨拉·佩林的形象和《周六夜现场》在线视频的收视率。

（二）台湾政治模仿秀研究

梳理国外有关政治模仿秀的研究现状，有助于我们描绘世界各国关于政治模仿秀研究的图景，将台湾政治模仿秀放在全球视野下进行审视，并结合台湾本土的社会环境、政治环境和媒体环境对台湾政治模仿秀进行深入探讨。

台湾学者王泰俐较早关注台湾政治模仿秀对年轻族群的潜在涵化效果。王泰俐采用实验法，以台湾政治模仿秀节目《2100 全民乱讲》和政论节目《2100 全民开讲》的一个相同节目单元作为实验组和对照组的文本刺激，对台湾北部两所大学的 232 人进行测验。研究结果显示，政治模仿秀对政治言语偏差行为和政治世界的认知具有美化作用，结果是年轻观众倾向于认同政治信息娱乐化的做法，这种认同进一步混淆他们对"真实"政治与"模仿"政治的认知，也使得他们更容易以娱乐化的心态看待政治人物和政治议题。[①]

台湾博硕论文中有关台湾政治模仿秀的研究，大多是针对某个节目的个案分析。例如，《〈全民大闷锅〉之节目产制研究》一文，采取"节目是一种被建构的真实"的观点深入剖析台湾政治模仿秀节目《全民大闷锅》的内容产制方式，以内容分析法分析该节目的内容呈现方式，以深度访谈法了解制作单位如何产制此类型节目内容与产制过程的影响因素。[②]《电视模仿秀〈全民大闷锅〉

---

① 王泰俐：《政治模仿秀的潜在涵化效果：一个实验途径的探究》，台北："行政院国家科学委员会"专题研究计划成果报告，2003 年。

② 赵钏玲：《〈全民大闷锅〉之节目产制研究》，新北：台湾艺术大学硕士论文，2007 年。

表演形式与内容之研究——以布莱希特的社会性姿态与批判性模仿分析》一文,
应用布莱希特的"社会性姿态"和"批判性模仿"两种表演理论,分析《全民
大闷锅》中的"社会性姿态"表演形式及所揭露的新闻事件背后的意涵,探讨
节目当中的"批判性模仿"的特征及所讽刺的社会乱象。①《谈"共同"的想象
建构:从政论节目到谐仿节目〈全民大闷锅〉》一文从公共领域的角度研究台湾
政论节目和政治模仿秀节目。作者认为在政论节目中,民众的再现与发声策略,
除了贴近、复制与挪用媒体权威论述的话语以求得以表达外,也受到媒体再现
的扭曲与遮蔽的影响,甚至媒体上呈现的民众身份形象可能引起观众的误解;
以《全民大闷锅》为例的政治模仿秀节目,以幽默的手法对政论节目及其所建
构的各种建制性身份进行讽刺,以夸张扭曲的模仿对论述理性之规范性进行抵
抗、颠覆与再描述,抒解被论述媒介力量所压制的各种认同情感,尽管可能激
发另一种抵抗,改变或建立另一种歧视的权力关系和固守关系,但似乎也是一
种民主政治多元向度的展现。②《台湾电视模仿秀之剧场元素分析:以〈全民最
大党〉节目为例》一文,对《全民最大党》节目中所蕴含的剧场元素进行分析,
从剧场特性与电视节目特性二者相互比较的角度,以亚里士多德六元素(主题
思想、情节、角色、语言、音乐、景观)为框架进行分析,证明电视综艺的呈
现方式与剧场的四大特性(立即性、瞬间消失性、合作状态、综合艺术)等相
符合。③《政治模仿秀之幽默语艺分析:以〈全民最大党为例〉》一文,以中天电
视政治模仿秀《全民最大党》为例,运用 Karyn Rybacki 和 Donald Rybacki 所提
出的"幽默语艺观点"分析框架,归纳四集以 ECFA 为主题的节目笑点,分析
《全民最大党》运用七种幽默技巧("模仿""玩字""痛骂""反语""讽刺""冷
嘲""机智")制造笑点的频率,以及幽默语艺行动中隐含的主旨和价值观。④

　　大陆学界关于新闻娱乐化的研究较多,但是对台湾电视综艺节目与政治互
动的现象缺乏理论性和系统性研究。从获得的资料来看,目前对台湾综艺节目
中政治娱乐化现象进行较为系统研究的只有少数几篇硕士论文。米若羲在《台

---

　　① 郭昊钧:《电视模仿秀〈全民大闷锅〉表演形式与内容之研究——以布莱希特的社会性姿态与批判性模仿分析》,新北:台湾艺术大学硕士论文,2009 年。

　　② 吴佳玲:《谈"共同"的想象建构:从政论节目到谐仿节目〈全民大闷锅〉》,新竹:台湾交通大学硕士论文,2010 年。

　　③ 江显东:《台湾电视模仿秀之剧场元素分析:以〈全民最大党〉为例》,新北:台湾艺术大学硕士论文,2008 年。

　　④ 王秋婷:《政治模仿秀之幽默语艺分析:以〈全民最大党〉为例》,台北:世新大学硕士论文,2010 年。

湾电视综艺节目中政治娱乐化现象之动因分析》硕士论文中，从文化语境、社
会制度、受众心理、媒介生态四个层面，以政治模仿秀作为案例，探讨台湾电
视综艺节目中政治信息娱乐化产生的原因，属于由结果追溯原因的探索性研
究。① 该文主要探究现象背后的原因，分析较为深入。杨婷婷在借鉴米若羲研究
成果的基础上对台湾电视综艺节目政治娱乐化现象进行原因和结果的探讨，在
《台湾电视综艺节目的政治娱乐化现象》一文中，以政治模仿秀节目为例，梳理
台湾电视综艺节目政治娱乐化的具体体现，从政治环境、媒体环境和受众心理
三个方面，总结台湾电视综艺节目政治娱乐化的原因及对台湾社会的影响，属
于现象描述、原因分析和影响评价的综合研究。② 这两篇硕士论文对台湾电视综
艺节目中政治娱乐化进行了现象描述和动因分析，并进行了简单的社会影响评
价。文章主要采用文献分析的方法，在内容分析抽样的科学性和样本量方面有
所欠缺。此外，王悦在《台湾电视娱乐脱口秀节目〈连环泡〉研究》硕士论文
中，对台湾时政讽刺电视节目《连环泡》进行较为完整的研究。③ 张彦婷在《台
湾"全民"系列节目研究》硕士论文中，对台湾地区中天电视制播的"全民"
系列政治模仿秀节目进行较为系统的梳理。④

李献文在《台湾电视文艺纵览》综艺篇中对台湾电视综艺节目从初创到 20
世纪 90 年代的发展历程，为本书追溯台湾电视综艺节目与政治互动的缘起提供
历史资料。⑤ 陈炜在《俗世之镜：台湾综艺节目研究》一书中，采用电视类型研
究的方法，对台湾电视综艺节目的发展历史进行梳理，并对经典案例进行解读，
提供台湾电视综艺节目发展的宏观图景，其类型学的研究方法为本书分析台湾
政治模仿秀的节目形态及其产生的社会语境提供参考。⑥

## 四、文献评述和研究问题

目前关于台湾电视综艺节目中政治信息娱乐化的研究可分为现象描述、动
因分析和效果研究等，有关政治模仿秀节目的研究多为单个或系列节目的描述

① 米若羲：《台湾电视综艺节目中政治娱乐化现象之动因分析》，北京：中国传媒大学硕士
论文，2009 年。
② 杨婷婷：《台湾电视综艺节目的政治娱乐化现象》，长春：吉林大学硕士论文，2011 年。
③ 王悦：《台湾电视娱乐脱口秀节目〈连环泡〉研究》，沈阳：辽宁大学硕士论文，2011 年。
④ 张彦婷：《台湾"全民"系列节目研究》，济南：山东大学硕士论文，2014 年。
⑤ 李献文：《台湾电视文艺纵览》，北京：中国广播电视出版社，1997 年。
⑥ 陈炜：《俗世之镜：台湾综艺节目研究》，北京：中国电影出版社，2013 年。

研究。有关具体政治模仿秀节目的研究，主要采用质化的研究方法，探讨政治模仿秀的美学特征，以及这种类型的节目在构建公共领域中的作用。通过相关文献的梳理，笔者发现目前两岸对电视综艺节目中政治信息娱乐化问题的研究尚不完善，缺乏系统性和理论性，还没有研究者对台湾电视政治模仿秀塑造政治人物形象的问题进行研究。

本书以形象理论作为出发点，以台湾地区中天电视典型的政治模仿秀节目《全民最大党》为个案，对政治模仿秀节目中的政治人物形象、政治议题和信息娱乐化方式进行量化内容分析和质化符号学分析，并在政治文化和媒体文化的视角下审视台湾娱乐媒体与政治的互动关系。

本书的研究属于政治传播范畴，侧重考查电视综艺节目中的政治人物形象和政治信息娱乐化问题，具体分为 what、how、why 三个方面的问题：

What：台湾电视综艺节目塑造什么样的政治人物形象？ 台湾电视综艺节目中主要包含哪些政治信息？

How：台湾电视综艺节目如何塑造政治人物形象？ 台湾电视综艺节目中的政治信息如何以娱乐化的方式呈现？

Why：台湾电视综艺节目为何以某种方式塑造政治人物形象？ 台湾电视综艺节目中政治信息娱乐化的原因是什么？

## 第三节　研究方法

如果说理论架构是研究者观察和思考研究对象的角度和框架，那么研究方法则是到达研究目标的路径，是收集与处理资料的方法。研究按照不同的观点可以分为不同的类型：按照研究的应用划分，可分为纯理论性研究和应用性研究；按照研究的目标划分，可分为描述性研究 / 探索性研究和相关性研究 / 解释性研究；按照收集资料的方法划分，可分为量化研究和质化研究。[①] 本书既对台湾电视综艺节目所塑造的政治人物形象进行描述性和探索性的研究，对其主要因素进行相关性研究，同时对台湾电视综艺节目中的政治人物形象、台湾娱乐媒体与政治互动的原因进行解释性研究。在收集资料方面，本书采用量化和质化结合的方法，以发现研究问题的答案。量化研究属于结构取向的研究方法，

---

① 　Ranjit Kumar:《研究方法：步骤化学习指南》（第二版），潘中道、胡龙腾译，台北：学富文化事业有限公司，2010 年，第 11 页。

质化研究则属于非结构取向的研究方法。[①]

在研究政治娱乐媒体的理论范式和效果机制时，对不同类型的政治娱乐进行大量和系统的内容分析是一个必要元素，而人文主义的研究方法在分析政治娱乐中政治信息的意义方面发挥重要作用。[②] 因此，本书将量化的内容分析与质化的符号学分析结合起来，对以中天电视《全民最大党》为代表的台湾政治娱乐媒体（political entertainment media）所塑造的政治人物形象和所传达的政治文化意义进行深入细致的研究。

## 一、内容分析法

内容分析法是一种以传播内容为中心的人文社会科学研究方法，被广泛应用于新闻传播学、图书情报学、政治学、社会学、心理学、行为学等领域。传播学领域的内容分析可分为量化内容分析与质化内容分析。传统意义上的内容分析指的是一种量化的文本研究方法。随着20世纪初报纸的大量出现，内容分析的实证研究逐渐兴起，并发展成为一种研究文本的重要方法。美国传播学者伯纳德·贝雷尔森（Bernard Berelson）是学界公认的第一位对内容分析做出系统定义的学者。他在《传播研究的内容分析》中归纳了内容分析的特征，并提出定义："内容分析是对显性传播内容（manifest content）进行客观、系统和定量地描述的一种研究技巧。"[③] 贝雷尔森的定义将内容分析限于显性内容，强调内容分析法的客观性、系统性和定量性。美国内容分析法专家奥利·霍尔斯蒂（Ole R. Holsti）则采用一个较为宽泛的定义："内容分析是通过客观和系统地识别信息的具体特征而进行推断的任何技巧。"[④] 他强调内容分析法的客观性和系统性，认为内容分析法可应用于文字、绘画、影像等各种形式文本的分析。美国内容分析研究集大成者克劳斯·克里朋多夫（Klaus Krippendorf）认为："内容

---

[①] Ranjit Kumar：《研究方法：步骤化学习指南》（第二版），潘中道、胡龙腾译，台北：学富文化事业有限公司，2010年，第14页。

[②] R. Lance Holbert and Dannagal Goldthwaite Young, "Exploring Relations between Political Entertainment Media and Traditional Political Communication Information Outlets", http://onlinelibrary.wiley.com/doi/10.1002/9781444361506.wbiems127/abstract;jsessionid=C4DB049BAF7A76410214C343C31B5BD9.f04t02.

[③] Bernard Berelson, *Content Analysis in Communication Research*, New York: Hafner Press, 1984, p. 18.

[④] Ole R. Holsti, *Content Analysis for the Social Sciences and Humanities*, Reading, Massachusetts: Addison-Wesley Publications, 1969, p. 14.

分析是一种可重复地、有效地从文本（或其他有意义的材料）推论其使用情境的研究方法。"①克里朋多夫强调内容分析的可重复性和有效性，不主张对内容分析进行量化和质化的区分，也没有将内容分析的对象限定为显性传播内容。美国学者丹尼尔·里夫（Daniel Riffe）等人针对量化内容分析提出如下定义："量化内容分析是对传播符号的系统性且可重复的考察，即根据有效的测量规则进行赋值，并对那些数值涉及的关系运用统计方法进行分析，以便对传播作出描述，对它的意义作出推论，或者从传播推论它在生产和消费两方面的背景。"②陈阳在前人研究的基础上，总结了内容分析法的特征:（1）研究对象不受干扰;（2）研究过程可重复;（3）定量方法;（4）非结构化程度高;（5）描述媒介内容。③

　　综上所述，内容分析法传统上被认为是一种量化研究方法。然而，量化的内容分析最终也离不开质化的意义解读。所有的内容分析归根结底都是定性的。注重意义阐释的质化内容分析成为内容分析研究的另一个分支。早期的质化内容分析源于人文传统和人类学研究中的解读式内容分析，当代的质化内容分析吸纳了社会学民族志研究中对开放式访谈资料的深度分析技巧和扎根理论研究路径中分析质性数据的方法。④因此，传统量化内容分析之外的基于文本内容的分析可称为质化内容分析，例如文本分析、话语分析、修辞分析、符号分析等。量化和质化并不是互相对立，而是互相补充。量化的内容分析在建构类目时，经常需要结合质化的文本分析去发现类目、修改类目。内容分析的量化和质化分歧并不是本书的讨论重点。若无特别说明，本书中的"内容分析"均指传统的量化内容分析。

　　本书采用传统量化内容分析法的规范和步骤，考察台湾电视综艺节目中的政治人物形象（具体为马英九角色和蔡英文角色形象）。选择内容分析法作为本书的主要研究工具之一，是因为内容是传播的中心元素。透过对传播内容的量化分析，我们可以从广度上发现传播内容的规律，并对传播者的意图进行推

① Klaus Krippendorff, *Content analysis: An introduction to its methodology*, Thousand Oaks, California: Sages, 2004, p. 18.
② ［美］里夫、［美］赖斯、［美］菲克:《媒介信息量化研究技巧》（第2版），嵇美云译，北京：清华大学出版社，2010年，第25页。
③ 陈阳:《大众传播学研究方法导论》，北京：中国人民大学出版社，2007年，第195—196页。
④ 周翔:《传播学内容分析研究与应用》，重庆：重庆大学出版社，2014年，第15页。

论。内容分析法侧重对媒介文本的量化描述，忽视文本意义产生的过程和语境，因此本书还采用质化的符号学分析来弥补这一不足。荷兰传播学者凡·祖伦（Liesbet van Zoonen）认为内容分析和符号学分析的差异在于：内容分析主张符号可以反映真实，认为媒介内容"毫无疑问地"反映了特定的社会类型和范畴；符号学分析则主张符号再现和重构真实，其目的是对媒介内容中的主体性、道德和美学等维度进行审视。[①]

## 二、符号学分析法

符号学（semiology）是有关符号的科学，关注意义在文本中产生的方式，是理解影视媒介内容和意义的一种重要工具。简言之，"符号学是研究意义活动的学说"。[②] 符号学分析着重符号和关系这两个概念。早期的符号学研究受到结构主义思潮的影响。结构主义经常被用于提出符号学二元对立的概念以及分析符号和符号之间的关系。符号学首先研究意义是如何产生的，按符号固有的意义来解释一个美学客体或文本；结构主义强调，符号是从该符号与符号系统中其他符号的关系和差异中获得意义的。[③] 理解符号的含义和符号组合的法则是研究媒介文本的基础。

瑞士语言学家费迪南·德·索绪尔（Ferdinand de Saussure）和美国哲学家查尔斯·桑德斯·皮尔斯（Charles Sanders Peirce）是符号学的两位创立者。索绪尔在《普通语言学教程》中首次提出"符号学"，并把它设想为一门研究社会范围内的符号生命的科学，同时把它视为普通心理学的一部分。[④] 符号学告诉我们符号的构成，以及支配符号的规则。索绪尔通过四组二元对立的概念——语言和言语、能指和所指、组合与系统、外延与内涵，对符号和符号系统进行抽象讨论，奠定了结构主义符号学的理论基础。符号（sign）是符号学中最小的意义单位。索绪尔认为，每个符号均由"能指"（signifier，意象、客体或声音

---

① ［荷］L. van Zoonen：《女性主义媒介研究》，曹晋、曹茂译，桂林：广西师范大学出版社，2007年。第91页。

② 赵毅衡：《符号学：原理与推演》（修订本），南京：南京大学出版社，2016年，第3页。

③ ［美］艾伦·赛特：《符号学、结构主义与电视》，见［美］罗伯特·C. 艾伦编：《重组话语频道》，麦永雄、柏敬泽等译，北京：中国社会科学出版社，2000年，第1—2页。

④ ［瑞士］费尔迪南·德·索绪尔：《普通语言学教程》，刘丽译，北京：中国社会科学出版社，2009年，第19页。

等符号的物质形式）和所指（signified，符号所表示的概念）两部分构成。[①] 能指和所指的关系在口头语言中通过约定俗成和反复使用确定下来，具有社会性和任意性。

皮尔斯从逻辑学角度建构一般符号学理论体系。皮尔斯把符号的概念扩展到语言符号的范围之外，并将符号分为三种类型：图像符号（icon）、指示符号（index）和象征符号（symbol）。在图像符号中，符号与客体的关系是一种"相似"的关系，图像符号看上去像或类似于符号所指的客体，例如照片；在指示符号中，符号和客体之间的关系是一种表示存在的或偶然的关系，指示符号受到了客体的"真正影响"，能指和所指在某个时间点上共同出现，例如脚印；在象征符号中，符号和客体是按照惯例或规则产生关联的，是约定俗成的，符号使用者的社会群体认同一个特定的符号将与一个特定的客体对象有关系，例如，国旗是一个国家的象征。[②]

正如美国传播学者伯格（Arther Asa Berger）所归纳的，图像符号、指示符号（或翻译成"标志符号"）和象征符号三者在表达方法和认知过程方面均存在差异：

表0.2　图像符号、指示符号和象征符号的区别

| 类目 | 图像（icon） | 指示（index） | 象征（symbol） |
|---|---|---|---|
| 表达方法 | 类似 | 因果关系 | 约定俗成 |
| 举例 | 图片、雕塑 | 烟/火 | 旗帜 |
| 过程 | 可以看到 | 可以推演 | 必须经过学习 |

资料来源：[美]阿瑟·伯格：《媒介分析技巧》，李德刚、何玉、董洁、周敏译，北京：清华大学出版社，2011年，第4页。

法国符号学家罗兰·巴尔特（Roland Barthes）在索绪尔的基础上对符号学理论进行系统的论述。他将符号学方法应用于文学和文化现象批评的意识形态分析，从语言结构与言语、所指和能指、组合段与系统、直指与涵指四个方面，

---

① ［瑞士］费尔迪南·德·索绪尔：《普通语言学教程》，刘丽译，北京：中国社会科学出版社，2009年，第80—81页。

② ［英］马尔科姆·巴纳德：《理解视觉文化的方法》，常宁生译，北京：商务印书馆，2005年，第205—206页。

归纳符号学的原则和方法。① 在巴尔特看来，语言结构是一种社会规范，由系统化的语言规则和传统构成，言语是基于语言的个体行为；能指是符号的物质形式，所指是符号的概念内容；组合段（毗邻轴或横组合）指符号和符号之间的组合关系，系统（系谱轴或纵聚合）指具有相同属性的符号集合；直指（直接意义系统）即符号的外延（denotation），是符号意义的第一层面，涵指（间接意义系统）即符号的内涵（connotation），是符号意义的第二层面。这些原则和方法成为后续符号学研究的典范，产生重要影响。巴尔特对符号外延意义和内涵意义的区分，使得符号学分析不仅关注符号的表层含义，还深入发掘符号的深层含义。内涵意义是大众传媒传送意识形态意义的主要途径。② 对符号内涵意义的分析使我们进入媒体文化的意识形态领域。

法国电影符号学家、罗兰·巴尔特的学生克里斯丁·麦茨（Christian Matz）将符号学理论应用于电影研究。麦茨在 1967 年的《电影符号学中的几个问题》一文中，对电影的叙事性、电影符号学中的直接意指与间接意指、聚合体与组合体的范畴进行探讨，并结合具体例子进行分析。他在 1971 年的《论电影语言的概念》一文中指出，现代电影的能指包括五种物理形式：（1）形象，指被组织在电影片段中的运动的摄影形象；（2）被记录的言语音声，指影片中的"言语"；（3）被记录的乐声；（4）被记录的杂音，指自然音响，与乐音相对；（5）书写物的图形记录，指片头名单、字幕和形象中包含的书写物。③ 麦茨对电影语言能指的区分奠定了电影语言符号能指系统研究的基础，也为分析电视语言符号能指系统提供借鉴。

索绪尔、皮尔斯、巴尔特和麦茨的符号学理论奠定了后续符号学分析的基础。艾伦·赛特将皮尔斯"指示符号"的概念应用于对摄像机拍摄下来的图像的分析，使用罗兰·巴尔特"纵聚合"和"横组合"概念分析电视节目的构成。纵聚合关系具有共时性，横组合关系则具有历时性。例如，由多台摄像机录制的节目，不同摄像机拍下的镜头构成纵聚合，不同镜头组成的序列镜头即为横组合。他认为，每一个电视节目均由一系列的纵聚合和横组合选择构成；纵聚

---

① ［法］罗兰·巴尔特：《符号学原理》，李幼蒸译，北京：中国人民大学出版社，2008 年，第 2 页。

② ［美］艾伦·赛特：《符号学、结构主义与电视》，见［美］罗伯特·C. 艾伦编：《重组话语频道》，麦永雄、柏敬泽等译，北京：中国社会科学出版社，2000 年，第 13 页。

③ ［法］克里斯丁·麦茨等：《电影与方法：符号学文选》，李幼蒸译，北京：生活·读书·新知三联书店，2002 年，第 97 页。

合和横组合关系不仅存在于单个文本中，也存在于文本之间的关系中，因此同样适用于对电视频道内容安排、电视系列节目的分析；电视节目作为一个交际系统是不稳定的，其运作靠的是约定俗成而不是一成不变的规则。①

美国学者伯格在《通俗文化、媒介和日常生活中的叙事》中，对电视镜头和画面过渡技巧的含义进行归纳，并结合麦金托什的"1984年"商业广告进行具体研究。他的方法是，通过分析广告画面的镜头运用，考察广告在象征和神话方面的意义，以及电视叙事中的权力关系。②

英国学者马尔科姆·巴纳德（Malcolm Barnard）将符号学方法应用于理解视觉文化。在《理解视觉文化的方法》中，巴纳德借鉴了索绪尔和皮尔斯关于符号的定义和分类，同时将巴尔特关于符号的外延和内涵、横组合和纵聚合这两组概念应用于对视觉文化的理解。就视觉符号而言，能指就是能够通过姿态、素描、彩绘、摄影、电脑生成等方式表现出来的符号的形象；所指是与能指相关联的意义，通过看的方式进入大脑的精神概念或思想。巴纳德认为结构方法和符号学可以被用来理解视觉文化的所有范例，包括各种平面图像和三维设计，但理解中的结构应该和阐释性因素辩证统一起来。③

英国学者乔纳森·比格内尔（Jonathan Bignell）在《传媒符号学》中，将符号学方法应用于对广告、杂志、报纸、电视新闻、电影、互动传媒等大众传媒的分析。在电视方面，比格内尔分析了电视新闻、现实主义类节目和虚构类节目的符码、意识形态和观众。他认为"新闻是事件的中介，通过运用语言符码和视觉符码界定、建构和表现现实"，电视新闻所表现的现实是被新闻的符号、符码、神话和意识形态影响后的现实，而非现实本身。④ 他的分析路径是，从电视节目的符码出发，考察其背后的神话和意识形态，以及观众与节目的互动关系。这种分析方法可为本书提供借鉴。

本书借鉴符号学的基本概念和分析方法，对台湾电视综艺节目中政治人物形象的符号构成和意义进行研究。符号学分析的步骤包括：界定分析目标、收

① ［美］艾伦·赛特：《符号学、结构主义与电视》，见［美］罗伯特·C.艾伦编：《重组话语频道》，麦永雄、柏敬泽等译，北京：中国社会科学出版社，2000年，第21—24页。

② ［美］伯格：《通俗文化、媒介和日常生活中的叙事》，姚媛译，南京：南京大学出版社，2000年，第123—132页。

③ ［英］马尔科姆·巴纳德：《理解视觉文化的方法》，常宁生译，北京：商务印书馆，2005年，第228—231页。

④ ［英］乔纳森·比格内尔：《传媒符号学》，白冰、黄立译，成都：四川教育出版社，2012年，第87—88页。

集文本、描述文本、阐释文本、拟定文化符码、归纳、下结论。[①]

　　符号学作为一种质化研究方法，是阐释性和主观性的，具有自身的局限性。正如艾伦·赛特所指出的，由于符号学把自己限制在文本范围内，因此它解释不了电视经济、电视节目制作、电视历史或电视观众等方面的问题。[②]将内容分析与符号学分析结合起来研究媒介文本，更加富有成效。"你可以运用内容分析来确定一系列特定的文本中存在多少某一类型的图像，然后运用符号学来更加深入地分析精选出来的那一部分图像。"[③]鉴于此，本书结合内容分析法和符号学分析法，对台湾电视综艺节目中的政治模仿秀《全民最大党》进行量化统计和质化分析，对节目中呈现的政治人物形象和政治文化意义进行细致解读，并透过政治模仿秀这一传播现象研究台湾电视综艺节目与政治互动背后深层的政治生态和媒体环境。

## 第四节　研究框架

　　密铎（Robert G. Meadow）认为政治传播的途径有六种：环境途径、组织途径、功能途径、语言途径、符号途径与系统途径。[④]台湾传播学者彭芸认为，传播即讯息的交换，语言和符号都在政治过程中扮演非常重要的角色，符号和语言配合，可协助维持政治秩序。[⑤]本书以形象理论和框架理论作为观察视角，从传播内容出发，采取语言与符号途径，将政治模仿秀节目作为切入点，研究台湾政治模仿秀中的政治人物形象，以及台湾电视综艺节目与政治的互动关系。笔者在研究台湾政治模仿秀的节目特征和幽默形式时，借鉴了巴赫金的狂欢化诗学理论。形象理论和框架理论为我们分析台湾政治模仿秀所塑造的政治人物形象和所使用的技巧提供了理论支撑。政治文化理论为我们理解台湾政治信息娱乐化现象提供了一个宏观的视角。文化研究中的大众文化理论和意识形态理论则提醒我们批判地看待台湾电视综艺节目中的政治信息娱乐化现象。量化的

①　［英］斯托克斯（Stokes, J.）：《媒介与文化研究方法》，黄红宇、曾妮译，上海：复旦大学出版社，2006年，第84—86页。

②　［美］艾伦·赛特：《符号学、结构主义与电视》，见［美］罗伯特·C. 艾伦编：《重组话语频道》，麦永雄、柏敬泽等译，北京：中国社会科学出版社，2000年，第42页。

③　［英］斯托克斯（Stokes, J.）：《媒介与文化研究方法》，黄红宇、曾妮译，上海：复旦大学出版社，2006年，第87页。

④　转引自彭芸：《政治传播：理论与实务》，台北：巨流图书公司，1986年，第18页。

⑤　彭芸：《政治传播：理论与实务》，台北：巨流图书公司，1986年，第20—23页。

内容分析和质化的符号学分析相结合的方法，则从广度和深度上提供资料收集和解读的路径。

在研究对象方面，本书选取台湾地区中天电视的政治模仿秀节目《全民最大党》作为典型个案，选取节目中的马英九角色和蔡英文角色作为政治人物的代表。在样本选择方面，本书采取立意抽样的方法。研究分为六个部分，在梳理台湾电视综艺节目与政治互动的缘起之后，沿着 What—How—Why 的主轴逐层推进。

绪　论　介绍本书的关键概念、选题背景、研究目的和研究意义；在梳理国内外文献的基础上，提出研究问题、理论架构和研究方法。

第一章　台湾电视综艺节目与政治互动的缘起，考察台湾电视综艺节目中的政治元素，侧重台湾电视综艺节目中的政治讽刺和政治模仿秀，并在狂欢化诗学理论视角下对政治模仿秀进行解读。

第二章　台湾电视综艺节目中政治人物形象的呈现，通过量化的内容分析法检验台湾政治模仿秀节目《全民最大党》所塑造的政治人物形象轮廓，即马英九角色和蔡英文角色形象的总体特征，主要回答 what 层面的问题，即"什么样的形象"。

第三章　台湾电视综艺节目中政治人物形象的解读，通过质化的符号学分析法解读台湾政治模仿秀节目《全民最大党》所塑造的政治人物形象细节，即马英九角色和蔡英文角色形象的细节特征，主要回答 how 层面的问题，即"如何塑造形象"。

第四章　台湾电视综艺节目中政治人物形象的评价，在台湾媒体文化和政治文化的视角下审视台湾政治模仿秀中的政治人物形象以及台湾电视综艺节目与政治的互动关系，探讨其外部影响因素和成因，主要回答 why 层面的问题，即"为什么这样塑造形象"。

结　语　总结研究发现、研究限制和存在的不足，并提出未来的研究建议和展望。

# 第一章　台湾电视综艺节目与政治互动的缘起

政治传播是"关于政治的有目的的传播",包含了口头或书面修辞、服饰、发型、标志设计等各种形式的政治话语。[①]英国政治传播学者布赖恩·麦克奈尔(Brian McNair)认为政治传播涵盖了:"1. 所有政客及政治行动者为求达到目的而进行的传播活动。2. 所有非政治行动者对政治行动者作出的传播活动,例如选民及报纸评论员。3. 所有在媒介中涉及以上政治行动者的新闻报道、评论及政治讨论。"[②]政治娱乐(political entertainment)属于政治传播领域的问题,在不同的媒介上具有不同的表现形式。本章梳理台湾电视综艺节目与政治互动的缘起,考察政治娱乐的内涵和表现形式,并结合巴赫金的狂欢化诗学理论,对台湾电视综艺节目的子类型政治模仿秀进行分析。

## 第一节　政治娱乐的内涵和表现形式

### 一、政治娱乐的内涵

美国传播学者 Jay G. Blumler 和 Dennis Kavanagh 将政治传播分为三个发展阶段。[③]第一个阶段为第二次世界大战后的 20 年,这个时期为政治传播的"黄金时代",其特点是政治传播从属于相对强大和稳定的政治机构(政党)和政治信仰。第二阶段始于 20 世纪 60 年代,其特点是全国性电视频道成为政治传播的主要媒介,选民对政党的忠诚度降低,面对流动性增强的选民,政党变得更

---

① ［英］布赖恩·麦克奈尔:《政治传播学引论》,殷祺译,北京:新华出版社,2005 年,第4页。

② ［英］布赖恩·麦克奈尔:《政治传播学引论》,殷祺译,北京:新华出版社,2005 年,第4页。

③ Jay G. Blumler & Dennis Kavanagh, "The Third Age of Political Communication: Influences and Features", *Political Communication*, vol. 16, no. 3 (1999), pp. 209-230.

加专业化以适应有限电视频道的新闻价值和形式。第三个阶段为20世纪90年代开始浮现的时代，其特点是传播渠道激增，媒体数量富足，媒体环境持续变化，信息传播无处不在，受众更加分化，政治传播受到五种趋势的重塑：专业化必要性的加剧；竞争压力的增加；反精英的民粹主义；离心多样化的过程；民众接受政治方式的改变。

政治娱乐（political entertainment）产生于 Blumler 和 Kavanagh 所界定的政治传播的第三个时代。随着有线电视、卫星电视、数字电视、互联网等传播技术的发展，电视设备的普及，媒体的商业化，以及世界文化潮流的变化，事实与观点、新闻与非新闻、公共事务与流行文化、公民／消费者与专家／制片人之间的界限日益模糊。这种界限的消融不仅使得流行文化在社会建构和新闻阐释方面的政治重要性更加凸显，而且使得新闻和非新闻之间的区别不那么泾渭分明。① 在这种环境下，记者、政府官员、政策专家和其他政治把关人的权威越来越受其他政治和社会意义生产者的挑战，新的媒体机构或原先不属于政治类的媒体在公共议题设置方面扮演着越来越重要的角色，新的媒体环境正在重新建构传统的权力关系。

关于政治娱乐，国外学界有多种说法，例如，political entertainment、political infotainment、democratainment、politicotainment、entertaining politics。本研究将这种政治信息与娱乐媒体结合的产物统一称为"政治娱乐"，指政治信息娱乐化的结果。信息娱乐模糊了信息（与知识和公民权有关）和娱乐（与乐趣、消遣和被动消费有关）之间的界限，并且指向政治人物通过增加在娱乐类节目中的曝光率而变得流行，是媒体和政治改变的结果。② 政治娱乐，更具体地说，政治信息娱乐是这种改变的一种体现。

政治娱乐属于政治传播的范畴。从政治传播的角度看，政治娱乐是一种新型的媒介化政治（mediated politics）。Carpini 和 Williams 用超现实（hyperreality）和多轴向（multiaxiality）这两个概念来描述这种媒介化政治的特点。③ 超现

---

① Michael X. Delli Carpini and Bruce A.Williams, "Let us Infotain you: Politics in the New Media Environment", in W. Lance Bennett and Robert M. Entman (eds.), *Mediated Politics: Communication in the Future of Democracy*, Cambridge, UK: Cambvridge University Press, 2001, pp. 160-181.

② Lynda Lee Kaid and Christina Holtz-Bacha (eds.), *Encyclopedia of Political Communication*, Thousand Oaks, California: Sage, 2008, pp. 335-336.

③ Michael X. Delli Carpini and Bruce A.Williams, "Let us Infotain you: Politics in the New Media Environment", in W. Lance Bennett and Robert M. Entman (eds.), *Mediated Politics: Communication in the Future of Democracy*, Cambridge, UK: Cambvridge University Press, 2001, pp. 170-176.

实指的是媒体对政治事件的呈现与事件本身一样真实，事实及其媒体表现形式相互交错，事实和虚构、新闻和非新闻之间的区别变得模糊。多轴向指的是政治话语系统中权力的流动性，传统单轴的媒介政治系统朝多轴的方向发展：第一，媒体越来越与政治相关，各种媒体体裁之间变得模糊，导致媒体内部为争夺权威把关人的角色而相互竞争；第二，媒体数量的扩张和普通新闻周期的变化，为非主流的政治参与者提供构建和设置政治议程的机会。[①] 传统新闻记者逐渐失去政治议程设置的核心地位。娱乐媒体，例如美国的《今夜秀》（ *The Tonight Show* ）、《大卫·莱特曼深夜秀》（ *Late Show With David Letterman* ），采用不同于主流新闻媒体的方式建构政治议题，成为政治话语系统中不可忽视的舆论力量。政治与娱乐媒体互动产生的政治娱乐，成为政治传播中一个新的研究领域。

在谈到媒体、政治与公共生活的关系时，澳大利亚传播学者 Geoffrey Craig 认为媒体传播的形式已经模糊了公共领域与私人领域、真实现实与虚构再现之间的界限，扩大了政治领域，使其变得更加复杂。[②] 媒体是政治与公共生活的中介，在三者的关系中处于中心位置，构成当代社会中的公共生活。媒体是信息传播最重要的渠道，是政治和公共生活展开的场所，公共生活的意义在这里得以产生并被讨论和评价。[③] 所谓"媒介化的公共生活"指的是公众并不总是直接面对政治人物和政治议题，而是通过媒体呈现的形象和故事与政治人物和政治议题进行互动，强调公众人物与公众之间的社会关系以及公共生活的文本基础。政治娱乐成为政治与媒体互动的一种新的文本形式。

## 二、政治娱乐的表现形式

狭义的政治娱乐指某种媒体中政治信息与娱乐的混合体，广义的政治娱乐指通过不同媒介载体传播的不同类型、不同体裁、不同风格的政治信息与娱乐的混合体。在印刷媒介中，政治讽刺诗、政治讽刺漫画早已是讽刺政治的形式。本书关注的是电视媒体中的政治娱乐。电视节目中的政治娱乐，大致可分为两

---

① ［美］W. 兰斯·本奈特、罗伯特·M. 恩特曼主编：《媒介化政治：政治传播新论》，董关鹏译，北京：清华大学出版社，2011 年，第 129 页。

② Geoffrey Craig, *The Media, Politics and Public Life*, Crowns Nest: Allen and Unwin Academic, 2004, p. 3.

③ Geoffrey Craig, *The Media, Politics and Public Life*, Crowns Nest: Allen and Unwin Academic, 2004, p. 4.

大类：一是在政治新闻节目中融入娱乐元素；二是在娱乐节目中加入政治信息。后者是本书考察的对象。

（一）政治讽刺节目

随着政治讽刺节目数量的增加以及重要性的提高，讽刺电视（satire TV）已经成为一种相对独立的节目类型，成为以电视为传播载体的政治文化的一个关键部分。[①] 这类节目邀请政治人物作为节目嘉宾，或以政治人物作为模仿对象，讨论政治议题，表达政治观点。

为了理解讽刺电视的节目形式和功能，我们需要先厘清幽默、讽刺、模仿秀的定义，它们和政治的互动关系，以及它们的政治潜力。幽默应用在政治传播中，可以成为一种社会批评的话语形式。幽默远非人们所想象的那样是轻率的和无关政治的，幽默能够有效地处理权力和政治等严肃议题。政治幽默鼓励人们对现行权力系统的批评和反思，也能成为政治之间的话语工具，其中最明显的政治幽默类型是讽刺（satire）。[②]

在电视媒体中，讽刺作为一种社会和政治批评的表述体现在各种政治讽刺节目中。政治讽刺节目具有新闻节目所没有的批评功能。新闻节目关于公共生活的特权话语往往将政治表述为某种需要学习的东西，而政治讽刺节目则提供有意义的政治批评，鼓励人们游戏、检查、测试、质疑政治，而不仅仅是接受权威来源所提供的信息或"现实"。[③] 作为政治话语的一种形式，讽刺的两个最重要的组成元素是：语言的攻击（verbal attack）和否定的形式（negative form）。[④] 语言的攻击经常对被攻击对象进行评判，冒犯社会常规和价值，使之变得荒谬可笑。否定的形式使愤怒、挫败、仇恨、恶意等情绪得以宣泄出来，同时也可能让观众感到不舒服。

---

① Jonathan Gray, Jeffrey P. Jones and Ethan Thompson, "The State of Satire, the Satire of State", in Jonathan Gray, Jeffrey P. Jones and Ethan Thompson (eds.), *Satire TV: Politics and Comedy in the Post-network Era*, New York and London: New York University Press, 2009, p. 6.

② Jonathan Gray, Jeffrey P. Jones and Ethan Thompson, "The State of Satire, the Satire of State", in Jonathan Gray, Jeffrey P. Jones and Ethan Thompson (eds.), *Satire TV: Politics and Comedy in the Post-network Era*, New York and London: New York University Press, 2009, pp. 10-11.

③ Jonathan Gray, Jeffrey P. Jones and Ethan Thompson, "The State of Satire, the Satire of State", in Jonathan Gray, Jeffrey P. Jones and Ethan Thompson (eds.), *Satire TV: Politics and Comedy in the Post-network Era*, New York and London: New York University Press, 2009, p. 11.

④ Jonathan Gray, Jeffrey P. Jones and Ethan Thompson, "The State of Satire, the Satire of State", in Jonathan Gray, Jeffrey P. Jones and Ethan Thompson (eds.), *Satire TV: Politics and Comedy in the Post-network Era*, New York and London: New York University Press, 2009, pp. 12-14.

电视综艺节目中的政治讽刺有多种表现形式：（1）娱乐类谈话节目中主持人的讽刺性政治评论；（2）政治讽刺类谈话节目；（3）政治短喜剧；（4）政治讽刺动画。第一种类型常见于晚间娱乐类谈话节目中，主持人在节目的单口秀中对政治议题进行讽刺性的评论。例如，美国全国广播公司（NBC）1954年推出的晚间脱口秀节目《今夜秀》(The Tonight Show)，以轻松、幽默的方式对时事进行评论，经常伴有明星表演。美国哥伦比亚广播公司（CBS）1993年8月30日开播的由大卫·莱特曼（David Letterman）主持的深夜脱口秀节目《大卫·莱特曼深夜秀》(Late Show with David Letterman)也是这种类型。该节目对时事热点进行幽默的评论，每周一到周五23∶30—0∶30播出，在板块划分和环节设置方面形成了一套固定模式，每期节目主要分成四个部分：单口秀、幽默小品集锦、嘉宾访谈和乐队表演。[1]《大卫·莱特曼深夜秀》利用幽默、反讽的技巧，对现实进行滑稽的模仿，不仅是主持人莱特曼自我放松的渠道，也成为观众自由发泄的狂欢节。[2] 该节目的话题包含各种社会议题，其中不乏对政治人物和政治事件的调侃和嘲讽。

政治讽刺除了通过节目主持人和喜剧演员得以表达，还通过动画的形式呈现出来，形成政治讽刺动画。政治讽刺动画以卡通人物模拟政治人物的行为、动作、表情和话语，达到幽默讽刺的效果。这类节目在言论监管比较严格的环境下，成为政治批评的一种替代性表达。

讽刺（satire）和模仿秀（parody，也称为"戏仿"）都属于喜剧的范畴，但两者不尽相同。人们经常将模仿秀等同于讽刺，然而不是所有的讽刺都是模仿性的，不是所有的模仿秀都是讽刺性的。也就是说，模仿秀可以是讽刺性的，也可以是非讽刺性的。Steve Neale 和 Frank Krutnik 对两者进行区分：讽刺利用和强调社会习俗，对社会规范和现象进行攻击；模仿秀则利用和强调美学常规，对某些文本和类型及其运作方式进行嘲讽。[3] Neal 和 Krutnik 认为：模仿秀是一种喜剧的模式（mode），而不是一种喜剧的形式（form）；模仿秀具有自己的技巧和方法，但没有特定形式和结构；模仿秀可以采用多种形式，这取决于它模仿的目标是纪录片、类型电影或其他美学形式。讽刺和模仿秀经常被混淆的原

---

① 苗棣等：《美国经典电视栏目》，北京：中国广播电视出版社，2006年，第117页。

② 苗棣等：《美国经典电视栏目》，北京：中国广播电视出版社，2006年，第120—121页。

③ Steve Neale and Frank Krutnik, *Popular Film and Television Comedy*, London and New York: Routledge, 1990, p. 19.

因是，模仿秀可以被用作讽刺的目的。讽刺和模仿秀既相互区别，又相互重合。讽刺电视节目中经常包含模仿秀元素。

（二）政治模仿秀节目

政治模仿秀节目是电视媒体中政治娱乐的一种形式。在节目形态上，政治模仿秀一般集模仿、谈话、歌唱、短剧等多种综艺元素于一体，模仿表演是区别其他类型综艺节目的一个特点。模仿秀是喜剧的一个分支，最早出现于古希腊诗歌中，后来成为文学、音乐、绘画、戏剧、影视等领域的普遍现象。模仿秀分为两种：一种是复制原作的套路，最初电影类型的产生属于这种；另一种是讽刺，特殊的戏仿喜剧由此产生。[①]

政治模仿秀节目或许可以追溯到1962—1963年英国广播公司（BBC）的电视节目《一周拾景》（*That Was The Week That Was*，简称TW3）。TW3混合了新闻、政治谈话和喜剧，挑战当时新闻和政治谈话严肃、正式且等级明显的处理方式，为后来英国和其他国家政治模仿秀的出现奠定了基础。[②]

美国全国广播公司（NBC）于1975年10月11日推出的《周六夜现场》（*Saturday Night Live*），是一档在周六深夜直播的喜剧小品类综艺节目，节目通过模仿的方式讽刺政治事件和政治人物、明星等公众人物。截至2016年9月，《周六夜现场》已经播出41年，曾获得53次艾美奖和219次艾美奖提名，是迄今美国电视史上获得艾美奖次数最多的电视节目，也是艾美奖历史中被提名次数最多的电视节目。[③]《周六夜现场》集幽默、音乐、脱口秀、戏剧小品为一体，兼具娱乐类节目和戏剧类节目的优势，培养了许多优秀的喜剧明星。[④] 所有节目都由导演、编剧、演员、演艺明星等参与制播过程。经过几次改版后，20世纪80年代末，当时的导演洛恩·麦克尔斯（Lorne Michaels）在节目中加入时政讽刺和滑稽模仿两大元素，塑造了一系列让人难忘的角色。直播和时政讽刺成为该节目的两大特色。直播的方式使得该节目具有时效性、现场感、真实性、不可预知性、与场外观众互动等优势。时政讽刺则以幽默的方式讨论热点话题、焦点人物，从而达到娱乐效果。讽刺的对象通常是新近发生的政治事件和热门的公众人物。讽刺的方式包括戏仿（即滑稽模仿，包括模拟新闻场景、

---

① 苗棣等：《美国经典电视栏目》，北京：中国广播电视出版社，2006年，第144页。

② Geoffrey Baym and Jeffrey P. Jones, "News Parody in Global Perspective: Politics, Power, and Resistance", *Popular Communication*, vol. 10, no. 1-2 (2012), pp. 6-7.

③ Saturday Night Live, "About the Show", http://www.nbc.com/saturday-night-live.

④ 苗棣等：《美国经典电视栏目》，北京：中国广播电视出版社，2006年，第130页。

扮演新闻人物等）、新闻快报、将音乐与时政相结合等。①"周末快讯"（Weekend Update）是《周末夜现场》的一个名牌单元，采用新闻模仿秀的形式，由两名播音员（一男一女）模仿新闻报道的模式，对社会时事进行辛辣的分析和嘲讽，谈论的话题经常触及敏感的社会、政治议题。《周六夜现场》在娱乐观众之外，还成为美国年轻观众了解时政信息的主要来源之一。

1984 年，英国的《木偶模仿秀》（Spitting Image）在独立电视台（ITV）开播。节目由木偶扮演政治人物，以滑稽木偶剧的形式对 20 世纪 80 年代到 90 年代的世界政要名人进行嘲讽和批评，包括英国首相玛格丽特·撒切尔、约翰·梅杰，英国王室，美国总统里根等。节目开创性地对英国伊丽莎白女皇进行滑稽模仿。播出期间，《木偶模仿秀》曾多次获得英国电影电视艺术学院电视奖（BAFTA Television Awards），1985 年和 1986 年两度获得流行艺术类国际艾美奖。《木偶模仿秀》引起政治模仿秀在英语国家流行的风潮。由于收视率下降，该节目于 1996 年停播。

1995 年，美国福克斯广播公司（Fox）推出与《周六夜现场》类似的节目《疯狂电视》（Mad TV）。②《疯狂电视》的创意源于《疯狂》（Mad）杂志。《疯狂》杂志创刊于 1952 年，由美国时代华纳旗下漫画公司 DC Comics 出版，内容涉及社会生活、流行文化和政治领域，以幽默、恶搞和讽刺著称，讽刺对象包括美国的明星、政治人物等公众人物，每期都有一些漫画。《疯狂电视》继承这种风格，包括短喜剧、动画短片、音乐表演等节目元素，节目对美国的社会公众人物进行模仿和恶搞，经由演员夸张、诙谐的表演达到幽默讽刺的效果。该节目曾多次获得艾美奖，于 2009 年 5 月 16 日播出最后一集。

政治模仿秀经过几十年的发展，已经成为一种全球化的节目形式，在许多国家的电视媒体中占有一席之地。归纳起来，电视政治模仿秀在发展过程中主要包括三种形式：新闻模仿秀、木偶模仿秀、真人模仿秀。

新闻模仿秀（news parody）以模仿新闻节目的形式为观众提供信息和娱乐，是新闻、喜剧和政治混合的一种节目形式。例如，美国纽约喜剧中心（Comedy Central）1996 年开播的政治讽刺脱口秀节目《每日秀》（The Daily Show），模仿典型新闻节目的形式，包括头条新闻回顾、记者采访、现场访谈，以及音乐、背景设置、画面风格和主持人风格等，通过模仿新闻节目的方式达到讽刺

---

① 苗棣等：《美国经典电视栏目》，北京：中国广播电视出版社，2006 年，第 141—143 页。
② 苗棣等：《美国经典电视栏目》，北京：中国广播电视出版社，2006 年，第 143 页。

的目的。节目中主持人对最近的新闻事件进行评述和嘲讽的同时，配上新闻图片、新闻视频、恶搞图片，以及记者的恶搞采访视频，颇有喜剧效果。乔恩·斯图尔特（Joe Stewart）在1999年至2015年期间担任该节目的主持人，凭借惊人的喜剧才华成为该节目的核心。《每日秀》还会邀请名人嘉宾或政治人物来到节目现场进行访谈。该节目辛辣的政治幽默已经成为美国尖锐的讽刺声音，甚至成为美国大学生了解政治信息的一个渠道，深受他们欢迎。美国纽约喜剧中心2005年还推出一档新的政治讽刺脱口秀节目——《科尔伯特报告》（The Colbert Report）。该节目由《每日秀》衍生而来，由史蒂芬·科尔伯特（Stephen Colbert）担任主持人。科尔伯特模仿福克斯新闻频道新闻节目主持人比尔·奥雷利（Bill O'Reilly）的风格，成为该节目中的一个搞笑小噱头。[1] 史蒂芬·科尔伯特曾经是《每日秀》的记者，擅长政治幽默。《科尔伯特报告》和《每日秀》都是时政讽刺类脱口秀，节目形式和风格类似，但政治立场不同，《科尔伯特报告》支持共和党，《每日秀》支持民主党。《科尔伯特报告》的节目模式是：第一部分，科尔伯特模仿新闻节目主持人的风格，用诙谐的话语评论时政要闻，达到讽刺的效果；第二部分，科尔伯特对一名公众人物进行访谈，话题可能是某个新专辑、某部新电影或电视剧，访谈中经常提及政治有关的问题。英国喜剧演员克里斯·莫里斯（Chris Morris）主持的新闻模仿秀节目《今日》（The Day Today）、《火眼金睛》（Brass Eye）模仿新闻节目的形式，对新闻节目中的感官主义、话语模式等进行嘲讽。[2] 如前所述，不是所有的模仿秀都是讽刺性的，但新闻模仿秀、政治演讲模仿秀、政治辩论模仿秀以及其他类型政治话语的模仿秀经常是讽刺性的。新闻模仿秀的吸引力在于对传统新闻节目形式和内容的解构，对新闻运作机制的揭露。

木偶模仿秀由木偶扮演政治人物进行政治讽刺，例如英国独立电视台ITV1984年推出的节目《木偶模仿秀》（Spitting Image），法国Canal+电视频道1988年推出的《新闻木偶》（Les Guignols de l'info，英文为News Puppets），由木偶模仿政治人物进行喜剧表演或新闻播报。真人模仿秀则由喜剧演员扮演政治人物，例如美国NBC的《周六夜现场》、台湾中天电视的《全民大闷锅》等。

---

① Amy B. Becker, "Playing with Politics: Online Political Parody, Affinity for Political Humor, Anxiety Reduction, and Implications for Political Efficacy", *Mass Communication and Society*, vol. 17, no. 3 (2014), p. 426.

② Geoffrey Baym and Jeffrey P. Jones, "News Parody in Global Perspective: Politics, Power, and Resistance", *Popular Communication*, vol. 10, no. 1-2 (2012), p. 5.

演员通过模仿政治人物的外形、语言、动作、神态等，突出政治人物的某些形体和性格特征，从而达到诙谐讽刺的效果。新闻模仿秀的模仿对象是新闻节目和新闻从业人员，木偶模仿秀和真人模仿秀的模仿对象大多是政治人物或娱乐明星等公众人物。

在政治模仿秀中，公众与公众人物之间的关系包括虚构和事实两个层面。虚构层面指包含人物和情节的虚构故事层面，事实层面指现实世界中的人物和事件。政治模仿秀通过重构政治议题，为人们提供一个思考所处时期社会政治环境的视角。因此，政治模仿秀成为促进政治话语多元化的重要节目形式，鼓励人们对政治现实进行批判和思考。

政治讽刺节目和政治模仿秀节目，在提供娱乐的同时，激发观众对社会现实进行批判性的思考，参与公共生活。这类节目逐渐成为理解各种政治现实的重要节目类型，成为研究电视、政治、娱乐、观众和公民权的入口。[①]

（三）互联网时代的政治娱乐

随着互联网的发展，政治讽刺漫画、政治模仿视频等政治娱乐形式在网络上获得广阔的传播空间。网络媒体中的政治娱乐囊括了印刷媒体和电视媒体中的所有形式，并且吸引更多观众参与政治娱乐的创作和传播过程。

网络上的政治模仿视频（political parody video），若触及网络传播的引爆点，经常能够迅速在网络媒体上获得大量关注。例如，在 2008 年美国总统大选期间，候选人希拉里·克林顿（Hillary Clinton）的竞选广告《凌晨三点钟》（3AM）和约翰·麦凯恩（John McCain）的竞选广告《名人》（Celeb）的模仿视频在网络上走红，引起广泛关注。[②]网络政治模仿视频很大一部分是用户自制内容（user-generated content，简称 UGC），具有草根性和全民性的特点。

政治主题的动画视频也是网络媒体上政治娱乐的一种形式。美国 JibJab 所制作的政治动画视频曾经风靡网络。JibJab 是伊万·斯皮里德利斯（Evan Spiridellis）和格雷格·斯皮里德利斯（Gregg Spiridellis）于 1999 年创办的一家数字媒体工作室，提供电子贺卡、可发送娱乐视频、原创视频等。2004 年美国总统大选期间，该工作室制作的关于乔治·沃克·布什（George W. Bush）和约

---

① Jonathan Gray, Jeffrey P. Jones and Ethan Thompson, "The State of Satire, the Satire of State", in Jonathan Gray, Jeffrey P. Jones and Ethan Thompson (eds.), *Satire TV: Politics and Comedy in the Post-network Era*, New York and London: New York University Press, 2009, p. 32.

② Chuck Tryon, "Pop Politics: Online Parody Videos, Intertextuality, and Political Participation", *Popular Communication*, vol. 6, no. 4 (2008), pp. 209-213.

翰·克里（John Kerry）的 Flash 音乐动画视频——《这片土地》（*This Land*），在网络上迅速传播。在该视频中，布什和克里的卡通人物模仿美国民谣之父伍迪·格思里（Wood Guthrie）演唱的歌曲《这是你的土地》（*This Land Is Your Land*），歌词幽默讽刺，画面生动有趣，极具娱乐效果。[①] 此后，JibJab 还制作了其他有关选举和政治人物的音乐动画视频，例如《在华盛顿很好》（*Good to Be in DC*）、《第二任期》（*Second Term*）、《竞选时间到了》（*Time for Some Campaigning*）、《他是贝拉克·奥巴马》（*He's Barack Obama*）。

2015 年 10 月 26 日至 10 月 29 日，中共十八届五中全会在北京召开。2015 年 10 月 27 日，复兴路上工作室推出以本次会议核心议题——"十三五"规划为主题的《十三五之歌》音乐视频。《十三五之歌》以英文演唱，配有中文字幕，曲调轻松活泼，配上老款巴士、民谣歌手、政治人物、人民币、路标、动物等卡通形象，在欢乐、幽默、充满活力的说唱氛围中重复强调"十三五"的主题，通过生动有趣的视听符号传递有关"十三五"规划的制定者、制定过程、执行等信息。该音乐视频发布后，在国内外社交媒体上迅速扩散开来，被称为提神、醒脑、涨知识的"十三五"神曲，引起英国、美国、法国多家媒体的关注。整个视频歌词朗朗上口，音乐节奏欢快，画面生动活泼，政治信息与音乐和卡通形象巧妙结合，可以说是近年来我国网络媒体上政治信息娱乐的一个成功案例，也是政治宣传和国际传播的一种新形式。

随着传播技术的发展，政治娱乐体现为多种媒体形式的综合。以美国为例，"洋葱"（The Onion，网址为 www.theonion.com）是美国一家专门提供讽刺性新闻报道的公司，通过报纸、网络、电影、电视等多种媒介传播"洋葱新闻"（The Onion News）。"洋葱新闻"（包括文字报道、新闻视频、出版物等）源于 1988 年美国威斯康星大学麦迪逊分校两个大三学生创办的讽刺小报《洋葱》。"洋葱"公司于 1996 年开通报纸网站，2000 年并入美国喜剧中心频道，2006 年开通网络电视台"洋葱新闻网"（The Onion News Network，简称 ONN），2008 年推出《洋葱电影》（The Onion Movie，通过 DVD 发行），至今已经形成报纸、网络、电视、电影等多种媒体综合的讽刺新闻品牌。"洋葱新闻"均是在真实新闻事件的基础上进行加工的恶搞新闻，按照美国联合通讯社的规格进行报道。"洋葱新闻"的内容涉及国内外和当地的政治、经济、体育、娱乐、科技等新

---

① JibJab. JibJab.com, "This Land！", https://www.youtube.com/watch?v=z8Q-sRdV7SY.

闻，模仿传统新闻的特点，用恶搞的方式讽刺时事，提供另类的社会评论。

Funny Or Die 是威尔·费雷尔 2007 年创办的一家喜剧视频网站（网址为 www.funnyordie.com），专门提供用户自创和网站自制的各种幽默搞笑视频，目前已将喜剧品牌延伸到电视剧和电影领域。以政治事件和政治人物为对象的政治模仿视频是该网站的重要内容。例如，2015 年 10 月 29 日模仿美国共和党总统候选人辩论会的视频，模仿唐纳德·特朗普（Donald Trump）等人参加一档可获得巨额奖金的益智游戏节目（*Run for the Cash Game Show*），以此嘲讽共和党总统候选人辩论会就像一场围绕金钱进行辩论的真人秀节目。[①] 政治娱乐的专门化逐渐成为一种趋势。

## 第二节　台湾电视综艺节目中的政治元素

政治娱乐在不同国家和地区具有不同的发展路径和表现形式。台湾的政治娱乐包括政治讽刺报、政治讽刺画、政治讽刺节目、政治模仿秀节目、网络模仿视频等。本书关注台湾电视综艺节目与政治互动的现象、发展过程和结果。

### 一、台湾电视综艺节目的发展历程

#### （一）台湾电视媒体发展回顾

台湾电视媒体发轫于 20 世纪 60 年代。1962 年 2 月 14 日，在台湾教育部门有关人士倡议下、由教育资料馆筹建的台湾"教育电视实验广播电台"开播，这是台湾第一座电视台，隶属于台湾"教育部"。[②] 教育电视实验广播电台最初每月播出 2 至 3 小时节目，内容包括学校教育和社会教育两个方面，1963 年 12 月 1 日，更名为"教育电视广播电台"。此后，台湾无线电视经历了从党政军控股的官办民营商业电视台，到民营商业电视台和公共电视台共存的发展历程。

"台湾电视事业股份有限公司"（简称"台视"，英文缩写 TTV）于 1962 年 4 月 28 日创立，同年 10 月 10 日正式开播，成为台湾第一家民营商业电视台。台视采用股份制的形式，由台湾省政府、日本 4 家企业和台湾民间资本共同出

---

[①]　Funny Or Die, "Republicans Debate for Donations with Tom Bergeron", https://www.funnyordie.com/2015/10/29/17728240/republicans-debate-for-dona-lions-with-tom-bergeron.

[②]　赵玉明主编：《中国广播电视通史》（第 2 版），北京：中国传媒大学出版社，2006 年，第 539 页。

资创办，省属金融机构的六行库出资 49%，日本的东芝、日本电气、日立和富士 4 家公司各出资 10%，民间资本占 11%。<sup>①</sup> 股份制确立了台视的商业性。成立之初，由于官股的比例未超过 50%，按照台湾"公司法"的规定，台视为"民营公司"，但台湾省政府是其主要股东，对台视拥有最大的控制权。<sup>②</sup>

在台视成立 7 年后，1969 年 10 月 31 日，"中国电视事业股份有限公司"（简称"中视"，英文缩写 CTV）正式开播，资金来源于国民党党营的"中国广播公司"、民营广播电台及工商文化界人士。"中国广播公司"出资 50%，各民营广播公司共同出资 28%，其他民间资本共占 22%。<sup>③</sup> 从资本结构看，成立初期的中视是党营与民营参半的电视公司。后来由于部分民间股份被国民党收购，党营资本超过 50%，中视也因此成为国民党的党营电视台。国民党通过股权所有控制和经营中视。

1971 年 10 月 31 日，由台湾"国防部"和"教育部"共同筹建、旨在发展军中和社会教育的"中华电视台"（1988 年更名为"中华电视股份有限公司"，简称"华视"，英文缩写 CTS）正式开播。"华视"由教育电视广播电台改组扩建而成，"教育部"和"国防部"共同投资 49%，民间股份共占 51%。<sup>④</sup> 由于主要民间股份具有强烈的军方色彩，军方实际上拥有对"华视"的主要控制权。1993 年以前，台湾只有台视、中视、"华视"三家无线电视台，即"老三台"。"老三台"从经营管理上看，均属于商业电视台，但具有浓厚的党政军政治背景。台视由台湾省政府和日本企业合资创办，台湾省政府拥有最大控制权；中视以"中国广播公司"为核心，属于国民党的党营电视网；"华视"则由"国防部"所控制。

1996 年 4 月 8 日，由民进党人士参与发起的"民间全民电视股份有限公司"（简称"民视"，英文缩写 FTV）成立，成为台湾第四家无线电视台。民视是民进党的电视机构，其成立打破了"老三台"三足鼎立、国民党垄断电视媒体的局面。

1998 年 7 月 1 日，在经过长达十八年的建台历程后，"财团法人公共电视文化事业基金会"正式成立，"公共电视台"（简称"公视"，英文缩写 PTS）于

---

① 陈飞宝：《当代台湾传媒》，北京：九州出版社，2007 年，第 292 页。

② 郑瑞城等：《解构广电媒体：建立广电新秩序》（初版），台北：澄社，1993 年，第 89—90 页。

③ 郑瑞城等：《解构广电媒体：建立广电新秩序》（初版），台北：澄社，1993 年，第 93 页。

④ 郑瑞城等：《解构广电媒体：建立广电新秩序》（初版），台北：澄社，1993 年，第 98 页。

同日开播，不得播出广告。"公视"的成立再次改变了台湾无线电视的生态环境，在一定程度上平衡由利润驱动的商业电视台可能带来的负面影响，从此台湾的无线电视市场形成五台竞争的态势。

（二）歌唱类节目拉开序幕

在台湾电视媒体创立之时就有电视综艺节目，可以说，台湾电视综艺节目的发展和电视媒体的发展同步。早期台湾地区的电视综艺节目，以音乐歌唱类节目为主，主持人只是串联节目和介绍歌手，且由于技术原因不能录影，全部节目均现场播出。1962年，由慎芝主持、关华石制作的《群星会》是台视第一个综艺歌唱节目，也是台湾"第一个电视综艺暨现场直播节目"。[1]《群星会》拉开台湾电视综艺节目发展史的序幕，曾经风靡台湾多年，掀起流行歌曲的社会风潮，"也成为歌星成名的阶梯"。[2]这一时期的台湾综艺节目还有《流行之歌》《时代之歌》《台湾歌曲》《星期之歌》《宝岛之歌》《天上人间》《音乐歌舞》等。初创期的台湾电视综艺节目，形式单一，主持人只是起到承上启下、串联表演过程的作用。

台视的歌唱竞赛类节目《五灯奖》是台湾电视综艺节目中的常青树，1965年开播时名为《田边俱乐部——周末剧场》，后来改为《田边俱乐部——歌唱擂台》《才艺五灯奖》《新五灯奖》，1978年改为《五灯奖》直到1998年7月19日播出最后一集，播出时间长达33年，是台湾电视史上一个长寿的节目。《五灯奖》内容以参与者的才艺竞赛为主，分为口技、乐器、地方戏曲、舞蹈、杂技等项，融艺术、竞赛和趣味于一体。参赛者以灯数决高低，灯数相同再比分数，最后通过五度五关（连胜25次）者为"五灯奖"的获胜者，登上"五灯之星"的宝座。[3]在三十多年的播出时间里，《五灯奖》保持良好的节目品质和社会口碑，曾于1976年、1985年两度获得金钟奖综艺娱乐类节目奖。在台湾，"综艺节目"这一说法来自台视的《欢乐周末》。1969年台视开播的《欢乐周末》综合西洋歌曲、中文歌曲、舞蹈、特技、相声等内容，播出后轰动一时，初具综合艺术的特点。[4]受到日本综艺节目的影响，台湾综艺节目逐渐发展成以主

---

① 李廉等编纂：《电视年鉴（1961年至1975年）》，台北：电视学会，1976年，第83页；李献文：《台湾电视文艺纵览》，北京：中国广播电视出版社，1997年，第148页。

② 王唯：《透视台湾电视史》，台北：中国戏剧艺术实验中心，2006年，第70页。

③ 钟湖滨等编纂：《电视年鉴·第五辑（1986年至1987年）》，台北：电视学会，1988年，第78页。

④ 李廉等编纂：《电视年鉴（1961年至1975年）》，台北：电视学会，1976年，第84页。

持人为中心的形式。

（三）多种艺术形式的综合

到了 20 世纪 70 年代，台湾电视媒体呈现三足鼎立的局面，台视、中视、"华视"在节目等方面展开激烈竞争。综艺节目的内容从单纯趋于复杂，形式不断推陈出新，在歌舞之外加上短剧、杂耍、艺人访谈、地方名胜风俗介绍等，摄制也从户内走向户外，较成功的节目有《欢乐假期》《翠笛银筝》《蓬莱仙岛》《银河璇宫》《翠堤春晓》《我爱周末》等。[①] 1970 年，台视推出的《翠笛银筝》是台湾地区首个以户外景物为背景的歌舞节目，形式新颖。此后的户外摄制节目有中视的《千娇百媚》《青青草原》，"华视"的《翠堤春晓》《阳光、绿野、摄影棚》等。 1973 年，台视推出的《银河璇宫》是一档豪华型的歌舞综合类综艺节目。在该节目中，由张晓燕、孙越合演的短剧《桥》，首开短剧成为综艺节目组成部分的先例。[②] 台视 1976 年开播的《我爱周末》综合了歌唱、舞蹈、短剧和人物访谈。"华视"1979 年开播的《综艺100》创新节目形态，综合歌舞、娱乐资讯、杂技等多种元素，并在节目中加入短剧单元，通过短剧的形式探讨人生百态，导正社会不良风气，堪称综艺节目内容由单纯到复杂的代表作。该节目播出后深受观众喜爱，收视率位居同类节目前列，从 1979 年 8 月开播至 1984 年 10 月停播共播出 268 集，曾于 1980 年获得金钟奖最佳综艺节目奖、最佳综艺节目主持人、最佳灯光、最佳编剧、最佳录影奖五个奖项。[③]

（四）繁荣发展中的百花齐放

20 世纪 80 年代，台湾电视综艺节目进入繁荣与进步的发展时期。歌舞综合类节目持续发展，游戏竞赛类节目受到欢迎，服务类节目逐渐出现。歌舞综合类节目有上述的《综艺100》，"华视"的《双星报喜》《钻石舞台》《金曲龙虎榜》《欢乐一百点》等。游戏竞赛类节目有台视的《综艺龙虎榜》《强棒出击》，中视改版后的《欢乐假期》，"华视"的《百战百胜》等。服务类节目包括台视于 1982 年推出的《我爱红娘》、"华视"1985 年开办的《流行的预言》等。喜剧形态的综艺节目在这个时期脱颖而出。"华视"的《黄金拍档》综合脱口秀、游戏、访谈、短剧、歌舞等节目形式，由倪敏然、张菲、罗江、徐风、检场联

① 何贻谋：《十年来电视事业的发展》，见彭清等编纂：《新闻年鉴》，台北：台北市新闻记者工会，1981 年，第 105—127 页。

② 李廉等编纂：《电视年鉴（1961 年至 1975 年）》，台北：电视学会，1976 年，第 85 页；李献文、何苏六：《港澳台电视概观》，北京：北京广播学院出版社，2004 年，第 174 页。

③ 羊汝德等编纂：《新闻年鉴》，台北："中国新闻学会"，1991 年，第 227 页。

合主持，节目以制造欢乐为主，内容推陈出新，播出后保持高收视率。[①]同时期的喜剧类综艺节目还有台视的《小人物狂想曲》《三百六十行》，中视的《你我他》，华视的《夏日假期》等。1986年，"华视"推出的《连环泡》体现了制作人新颖独特的创意。该节目具有鲜明的新闻特色，强调时效性，关注当天的突发事件和社会焦点问题，将逗趣喜剧、人物访谈、歌舞表演等单元熔于一炉，通过喜剧诙谐、讽刺的手法讽刺社会现象。[②]该节目采用带状形式播出，每期30分钟，不同于以往综艺节目一周播一次的形式。所谓的带状节目指一周连续播出四次以上的节目。这种连续密集播出的形态可以在一定程度上扩大节目影响力，吸引观众收看，培养观众对电视台的忠诚度。这一时期台湾的带状综艺节目除了《连环泡》外，还有《强棒出击》《天天开心》《女丑剧场》《今晚有约》《综艺万花筒》等。[③]此外，20世纪80年代后期，台湾兴起以探讨各类社会问题、生活问题为主的谈话类节目，例如中视的《女人女人》，"华视"的《婚姻婚姻》等。

（五）竞争环境下的多元发展

随着有线电视和卫星电视的发展，台湾电视媒体进入高度竞争的状态。20世纪90年代，台湾有线电视开放经营，为电视综艺节目的多元发展提供媒体环境。1993年8月11日，"有线电视法"颁布施行，"共同天线"和"第四台"合法化，由"地下"转到"地上"，台湾有线电视事业从此蓬勃发展，形成有序的局面。[④]由于台湾多山，无线电视讯号容易受到地形影响，有些地区收视质量不佳，于是民众自行架设电缆来传送电视讯号，改善收视效果。这种情况影响观众收视三台节目，也影响这些地区的电视机销售。1969年，台湾花莲县一位电器行老板，为销售电视机而在地势高处架设同轴电缆，将台视与中视的节目传送到用户的电视机上。[⑤]这种电视讯号传送系统成为台湾第一家"社区共同天线"。"第四台"指利用录像设备播放录像带节目，经由电缆将讯号输入邻近订

① 钟湖滨等编纂：《电视年鉴·第五辑（1986年至1987年）》，台北：电视学会，1988年，第81页。

② 李献文：《台湾电视文艺纵览》，北京：中国广播电视出版社，1997年，第185—186页。

③ 武士嵩等编纂：《电视年鉴·第六辑（1988年至1989年）》，台北：电视学会，1990年，第71—75页；王家骅等编纂：《电视年鉴·第七辑（1990年至1991年）》，台北：电视学会，1992年，第80—89页。

④ 赵玉明主编：《中国广播电视通史》（第2版），北京：中国传媒大学出版社，2006年，第547页。

⑤ 王唯：《透视台湾电视史》，台北：中国戏剧艺术实验中心，2006年，第154页。

户家庭，以供订户收看，并收取费用的组织，民间习惯称其为台视、中视、"华视"之外的"第四台"。① 台湾学界一般认为，1976 年，台湾基隆市出现台湾地区第一个通过线缆传送录像节目到订户电视机的"第四台"。"共同天线"和"第四台"是台湾有线电视的雏形。1977 年，台湾"新闻局"制定了"共同天线电视设备设立办法"。根据这项办法，"共同天线"业者于 1986 年组成了"共同天线设备协会"，成为合法的经营者；少数不肯接受协会约束的业者，继续转播三台的电视节目，以卫星天线接收邻国的卫星电视节目，传送未经授权的录像节目，自称是三台之后的另一个新频道"第四台"。② "有线电视法"出台之前，"第四台"处于非法的地下经营状态，数量众多，散布于台湾各地。

"有线电视法"通过后，1993 年 11 月台湾当局开放"第四台"登记为过渡性质的有线电视节目播送系统业者，1994 年 10 月 1 日正式受理有线电视系统申请登记，截至 2002 年 12 月底，取得营运许可并已开播的有线电视系统经营者总共有 64 家。③ "有线电视法"颁布后，外国有线电视频道纷纷进入台湾电视市场。美国的娱乐与体育节目电视网（ESPN）、有线电视新闻网（CNN）、探索频道（Discovery）、家庭影院频道（HBO）、迪斯尼频道（Disney）等陆续登陆台湾，开始向有线电视传送节目。与此同时，台湾各企业也纷纷成立卫星电视公司，为有线电视频道业者提供节目。

有线电视开放经营，大量有线电视频道成立，使台湾有线电视真正进入多频道阶段，从而促进电视节目形态的多元发展。目前，台湾有线电视频道经营者主要有东森电视台、纬来电视网、三立电视股份有限公司、八大电视股份有限公司、非凡电视台等。需要说明的是，台湾的电视系统分为系统经营者、频道经营者和内容提供商。"'频道经营者'，指由系统经营者授权经营特定频道者。有线电视系统有数十个频道，无力包揽全部频道上的节目，依法必须将可用频道三分之一以上，交给频道经营者。频道经营者即为特定频道主动规画并供应节目的业者。节目来源可以由国内外采购或自制，然后卖给系统业者。"④

---

① 何贻谋：《电视事业之发展》，见羊汝德等编纂：《新闻年鉴（1991 年版，初版）》，台北："中国新闻学会"，1991 年，第 211 页。

② 王唯：《透视台湾电视史》，台北：中国戏剧艺术实验中心，2006 年，第 155—156 页。

③ 王嵩音：《民众媒介使用动机与行为之变迁研究》，见张茂桂、罗文辉、徐火炎主编：《台湾的社会变迁 1985—2005：传播与政治行为，台湾社会变迁基本调查系列之 4）》，台北："中央研究院"社会学研究所，2013 年，第 12 页。

④ 王唯：《透视台湾电视史》，台北：中国戏剧艺术实验中心，2006 年，第 167—168 页。

系统经营者和频道经营者之间存在垂直交叉的现象。在台湾，卫星电视和有线电视是共同发展的。1993 年 9 月 28 日，台湾第一家无线卫星电视台（英文缩写 TVBS）开播，由香港电视广播有限公司（英文缩写 TVB）和台湾年代集团合资成立。1994 年，在"第四台"合法化的同时，台湾当局也制定了允许为有线电视提供节目的卫星电视从台湾发射信号的法律，台湾卫星电视获得迅速发展。[①] 台湾的卫星电视大致经历了用卫星技术传送"第四台"及"共同天线"节目、为有线电视系统经营者提供节目、直播卫星电视、数字化卫星电视四个发展阶段。

　　20 世纪 90 年代，台湾经济迅速发展，带动媒体技术更迭。一方面，新的传播科技为电视节目提供新的传播渠道，观众被分流，电视频道之间为了收视率而展开激烈竞争。另一方面，观众的收视需求随着时代发展而改变，同质化、缺乏创新的节目形态已经无法吸引观众的注意力。在这种情况下，台湾电视综艺节目求新求变，进行节目形态的创新，形成日趋成熟的多元结构。中视推出与"华视"老牌节目《连环泡》相抗衡的综艺节目《鸡蛋碰石头》，以及《欢乐假期》《欢乐街》《欢乐 100 点》《欢乐传真》《欢乐星期五》《欢乐喜碰碰》《欢乐八点见》等"欢乐"系列节目；台视则创办了《笑傲今宵》《玫瑰之夜》《欢乐急转弯》《周末满点秀》《龙兄虎弟》《超级星期天》等节目；"综艺王国""华视"在保持《连环泡》《钻石舞台》《百战百胜》《金曲龙虎榜》等名牌综艺节目的收视率外，陆续推出《综艺万花筒》《全家乐》《综艺大联盟》《电视联合国》《今宵花月夜》《天生赢家》等不同形态的综艺节目。[②] 这一时期的综艺节目流行在节目中加入"叩应"（call-in）环节，通过电话与场外观众进行互动，例如"华视"的《综艺总动员》是台湾地区最先采用"叩应"形式的综艺节目，在现场直播中通过电话与观众互动。同时期的综艺节目，例如中视的《飞跃黄金线》《黄金综艺通》等，也在节目中成功运用这一元素。自 20 世纪 80 年代末凌峰和詹得茂摄制《八千里路云和月》首开台湾电视界赴大陆实景采访报道先河之后，90 年代，介绍大陆风土人情的综艺节目备受欢迎，例如中视的《大陆寻奇》，"华视"的《海棠风情》《江山万里情》，台视的《中国心》，都深入报道大陆的

---

① 汪文斌、胡正荣：《世界电视前沿Ⅲ》，北京：华艺出版社，2001 年，第 167 页。
② 王家骅等编纂：《电视年鉴·第七辑（1990 年至 1991 年）》，台北：电视学会，1992 年，第 80—89 页；石永贵等编纂：《电视年鉴·第八辑（1992 年至 1993 年）》，台北：电视学会，1994 年，第 74—81 页；张家骧等编纂：《电视年鉴（1994 年至 1995 年）》，台北：电视学会，1996 年，第 92—105 页。

人文景观。"华视"的《综艺总动员》是台湾第一个用卫星双向沟通录制的综艺节目，节目立足于两岸生活环境、人文背景、意识形态长期差异所形成的特有文化、才艺，通过海峡两岸卫星连线现场直播的方式，向台湾观众传送主持人在大陆录制的节目，体现了两岸电视人的密切合作。[①] 此外，1996 年 7 月 4 日中视推出的游戏类节目《我猜我猜我猜猜猜》也屡创收视高峰。经过几十年的发展，台湾电视综艺节目已经发展成为具有本土特色的节目类型，在台湾电视节目中占有重要位置。

（六）新媒体传播环境下的发展与挑战

进入 21 世纪以后，电视的数字化再次促进台湾电视频道的大量增长，已有四十多年历史的台湾综艺节目凭借经验和创意持续发展，但也面临更多的瓶颈和挑战。台湾有线电视频道在 2015 年全面数字化后，由原来的 100 多个增加到 300 多个。丰富的频道资源为综艺节目的发展提供广阔的平台，然而只有优质的节目才能历久弥新、吸引观众。谈话类综艺节目凭借主持人、明星嘉宾的魅力以及轻松欢乐、机智巧妙的对话，而受到观众欢迎，依然是台湾电视综艺节目的主要类型之一。这一时期台湾的谈话类综艺节目主要有《康熙来了》《沈春华 Live Show》《国光帮帮忙》《王牌大贱谍》《麻辣天后宫》《SS 小燕之夜》《两代电力公司》《大学生了没》《爸妈囧很大》等。2004 年 1 月 5 日在中天综合台播出的《康熙来了》，由知性的蔡康永和搞笑风趣的徐熙娣共同主持，形成亦庄亦谐的节目效果，引起台湾谈话节目访谈明星的风潮。该节目通过互联网播放平台进入大陆后，同样深受大陆观众喜爱。新世纪，台湾歌唱类选秀节目继 20 世纪 60 年代的《五灯奖》之后，再创辉煌，成为台湾电视综艺节目的亮点。2006 年中视推出的大型歌唱类选秀节目《超级星光大道》，延续《五灯奖》"素人参赛"的传统（"素人"一词来自日语，指平民百姓），通过多个比赛环节，展现参赛者的歌唱实力和个人风采，选出最后的优胜者。该节目在台湾掀起收视热潮，创下 2000 年以后台湾综艺节目的收视新记录，捧红了一大批歌唱新人，曾获 2007 年金钟奖最佳娱乐综艺节目奖。同时期台湾的歌唱舞蹈类选秀节目还有三立电视台和台视联合监制的《超级偶像》，台视的《钻石夜总会》《百万大歌星》，中视的《舞林大道》等。

值得注意的是，在这一时期，台湾政治模仿秀节目获得发展，最为典型是

---

① 石永贵等编纂：《电视年鉴·第八辑（1992 年至 1993 年）》，台北：电视学会，1994 年，第 79 页；李献文：《台湾电视文艺纵览》，北京：中国广播电视出版社，1997 年，第 223—225 页。

中天电视的《2100全民乱讲》系列节目。该系列节目以社会和政治领域的热点问题作为节目题材，以团体模仿的形式，成为台湾电视综艺节目中一种独特的类型。政治模仿秀是台湾电视综艺节目与社会、政治等公共议题结合最为紧密的一种类型，也是本书的考察重点。

新媒体传播环境下，两岸的电视节目交流日益频繁，两岸合制的综艺节目越来越多，节目传播渠道也更为多元，观众市场进一步细分。随着大陆综艺节目的发展和成熟，越多越多的制作精良的大陆综艺节目进入台湾电视市场，例如《我是歌手》《中国好声音》等大型歌唱选秀节目，登陆台湾电视荧屏后备受欢迎。在资金和市场有限情况下，台湾综艺节目面临更多的发展瓶颈和新的挑战，创意和人才成为其发展的关键。

## 二、台湾电视综艺节目中的政治讽刺

电视节目中的政治讽刺（political satire）是通过语言或表演的方式对政治现象或政治人物进行嘲讽的一种政治幽默形式，在美国的娱乐类谈话节目中经常可见。在台湾电视综艺节目中，政治讽刺经常以幽默短剧的形式出现。短剧是指演员将具有特定主题的故事情节或新闻事件通过表演的方式展现出来的短小的喜剧、滑稽剧或时事讽刺剧。"表演嘉宾根据短剧单元的主题，如时下人们关心的社会热点或普通百姓生活中的琐事进行角色扮演，并以非常生活化的幽默表演展现在舞台上，博观众一笑或引起观众对故事主题的反思。"[1] 政治讽刺节目包括通过语言方式嘲讽政治人物的谈话和以表演方式讽刺社会现象的短剧，也包括讽刺类型的模仿秀。台湾电视综艺节目中的短剧和模仿秀具有一定的区别。短剧具有特定的主题，但不一定指向现实生活的具体人物。模仿秀则一般指向现实生活中特定的被模仿对象，模仿者和被模仿对象之间存在类似能指和所指的语义关联。

早在20世纪80年代，台湾综艺节目就已出现新闻时事的元素，体现为以综艺化的形式（例如短剧）解读新闻。1982年，台视由凌峰主持的综艺节目《电视街》，除穿插一般歌舞外，主要由"大家都这么说""新闻后遗症""百态

---

[1] 段鹏：《社会化的狂欢——台湾电视娱乐节目研究》，北京：中国传媒大学出版社，2013年，第59—60页。

篇"荒谬篇""一飞冲天"等单元构成，首开综艺节目带上新闻色彩的先河。[①]
后来"华视"的《连环泡》《电视副刊》《欢乐周末派》和台视的《女丑剧场》
等节目都沿袭并借鉴了这种节目形式。

　　1986年"华视"推出由王伟忠策划的带状综艺节目《连环泡》。该节目融
喜剧、访谈、歌舞等单元于一炉，每晚播出30分钟，由主持人搭配喜剧演员
演出与时事相关的短剧，在节目形式和风格上突破了以往台湾综艺节目的固有
形态，先后制播"中国小姐""老实树""未来怎么办""歪妹""IQ零蛋""实
话先生""每日一说"等单元。[②]《连环泡》成为台湾最早的以模仿形式为主的
政治讽刺节目。节目具有鲜明新闻特色，强调时效性，选取当天的突发事件和
社会焦点，对社会现象进行反讽，为观众提供最近消息和娱乐动向。[③]"每日一
说""中国小姐""中国电视史""七点新闻"等单元，以黑色短剧的方式讽刺
社会现象，树立综艺节目讽刺时事的风格，也带动了后来的综艺短剧风潮，如
《综艺万花筒》《女丑剧场》等。[④]《连环泡》的"每日一说"模仿"华视"的中
文教学节目《每日一字》，由方芳与邢峰主持；"中国小姐"由方芳一人饰演多
个角色，以幽默的方式讨论人情味、算命、明星等台湾各种社会现象；"中国电
视史"模仿台湾电视剧、电视节目或广告中的一些情节或经典桥段，讽刺台湾
电视史上的各种现象；"七点新闻"模仿《华视晚间新闻》的播报形式，借主播
之口以诙谐有趣、略带反讽的手法剖析社会百态，后来改版为"曹批新闻"，由
曹启泰主讲。[⑤]《连环泡》坚持创新，不断推出新单元，直到1994年4月14日
停播，共播出8年。《连环泡》以喜剧的方式呈现生活中的人事物，对各种社会
现象加以反讽，曾于1991年获得金钟奖最佳综艺节目奖。[⑥]《连环泡》树立了
"新闻教化"风格，开创了台湾电视综艺节目用黑色短剧讽刺、批判社会现象的
先例，为后来台湾政治讽刺节目的发展奠定基础；后期推出的"皮偶秀"节目

　　① 李献文：《台湾电视文艺纵览》，北京：中国广播电视出版社，1997年，第187页；李献
文、何苏六：《港澳台电视概观》，北京：北京广播学院出版社，2004年，第188页。
　　② 钟湖滨等编纂：《电视年鉴·第五辑（1986年至1987年）》，台北：电视学会，1988年，
第82页。
　　③ 李献文：《台湾电视文艺纵览》，北京：中国广播电视出版社，1997年，第185—187页。
　　④ 江显东：《台湾电视模仿秀之剧场元素分析：以〈全民最大党〉为例》，新北：台湾艺术
大学硕士论文，2008年，第33页。
　　⑤ 武士嵩等编纂：《电视年鉴·第六辑（1988年至1989年）》，台北：电视学会，1990年，
第75页。
　　⑥ 石永贵等编纂：《电视年鉴·第八辑（1992年至1993年）》，台北：电视学会，1994年，
第78页。

单元用皮偶模仿政治人物，成为 20 世纪 90 年代后期发展起来的政治模仿秀节目的雏形。曾参加《连环泡》演出的邰智源、九孔、郭子乾、洪都拉斯等后来成为台湾政治模仿秀的主要演员。

1986 年，台湾当局决定解除"戒严"、开放"党禁"和"报禁"。1987 年 7 月 15 日开始台湾解除"戒严"，结束了国民党当局退台以后长达 38 年的"戒严"时期。1988 年 1 月 1 日台湾正式开放"报禁"，台湾当局逐渐放松对舆论环境的管控。宽松的政治环境和媒体环境为政治讽刺节目的发展提供了成长的土壤。以幽默短剧或歌唱的形式讽刺政治或社会现象的综艺节目陆续出现。台视 1988 年首播的《女丑剧场》，与"华视"的《连环泡》一样属于短剧型综艺节目，因节目以短剧单元为主，且参演短剧的大多是女艺人，故而得名。《女丑剧场》选择社会新闻事件作为节目题材，用电视新闻播报方式进行串联，以喜剧小品表演的方式呈现重大新闻和社会问题，融合社会问题与新闻性，借夸张的喜剧反讽社会现象。[①] 节目内容一般分为三个单元：第一单元是无厘头短剧，包含讽刺当代台湾社会现象的内容，例如"拱猪大赛""掏耳朵""求明牌"等；第二单元是"新闻炮"，由主持人以无厘头新闻播报的方式介绍时事发展动态，插播记者采访的新闻片段；第三单元是"记者会"或"肥皂剧"，"记者会"属于政治模仿秀，反映台湾政治百态，"肥皂剧"则主要介绍台湾电视剧经常使用的桥段和戏剧效果。《女丑剧场》以反映现代男女关系为主，也涉及一些政治议题，播出期间曾引起台湾新闻当局的注意。《连环泡》与《女丑剧场》的特点皆是综艺节目与新闻事件的结合，这种新闻综艺化的节目形式带给观众崭新的艺术感受。

王伟忠从"华视"跳槽到台视后，台视于 1992 年推出由王伟忠策划的《欢乐急转弯》，包括"妈妈俱乐部""肥皂剧""小妇人"和"记者会"四个单元，第一代主持人是方芳芳和巴戈。该节目采用张雅琴（新闻主播）皮偶、卓别林扮相及一对脚丫子对话的形式，继承了《连环泡》和《女丑剧场》的长处，又采取温和、成熟、客观的方式来报道生活热点，以避免检查"尺度"的干预，初具政治模仿秀的雏形。[②] 喜剧的报道方式，提供给观众看待社会问题的另一种视角。"肥皂剧"单元以影射的方式探讨敏感尖锐的话题，由邓程惠以影评人

① 石永贵等编纂：《电视年鉴·第八辑（1992 年至 1993 年）》，台北：电视学会，1994 年，第 75 页；李献文：《台湾电视文艺纵览》，北京：中国广播电视出版社，1997 年，第 188 页。

② 李献文：《台湾电视文艺纵览》，北京：中国广播电视出版社，1997 年，第 208—209 页。

"邓肥皂"的身份进行讲评;"记者会"单元由擅长口技的邓志鸿模仿记者的采访报道方式,成为由真人演出的政治模仿秀单元。邓志鸿由此开始他的政治模仿秀职业道路,在以后的政治模仿秀节目中塑造了很多政治人物形象。台湾政治模仿秀走过由皮偶扮演政治人物到由真人模仿政治人物的历程,并在以后由政治模仿秀单元逐渐发展成为一种独立的节目形态。

## 三、台湾电视政治模仿秀节目

台湾电视政治模仿秀节目的兴起与台湾的政治环境和媒体环境息息相关。20世纪90年代以来,台湾社会完成由农业社会向工业社会的转型,政治体制实现从"威权"体制向"民主"体制的过渡。电视媒体是台湾社会中的重要发声平台,已经成为政治人物争夺话语权的阵地。电视政论节目为政治辩论提供了一个平台,却逐渐演变成为政客和名嘴的秀场,充斥着口水战,既没有起到理性辩论的公共领域的作用,也无法满足观众的收视需求。电视政论节目因此受到诸多诟病,模仿政论节目的政治模仿秀成为新的收视替代品。此外,随着台湾有线电视的开放,电视节目制作尺度的放宽,电视综艺节目形态比以往更加多元,政治讽刺节目从无线电视台转向有线电视频道发展,政治模仿秀单元因受到观众欢迎而逐渐成为完整的节目形态。王泰俐认为资讯娱乐化,即所谓的 infotainment,是一种结合了观众资讯需求和娱乐需求的媒体文类,政治模仿秀是资讯娱乐化在政治传播领域的具体呈现,属于非传统性政治传播媒介。[①] 具有本土特点的台湾政治模仿秀通过演员模仿政治人物的语言、表情、肢体动作等喜剧表演的方式,嘲讽政治人物以及各种政治议题。演员的逼真表演,加上真实新闻画面以及各种政治符码所构成的道具、摄影棚背景等,形成一种"模拟政治真实"。由于台湾社会普遍出现对谈话性节目充斥政客口水战的反弹,政治模仿秀中呈现的"模拟政治真实"与"媒介政治真实"之间,造成一种"仿真"与"真实"的拉锯战。[②]

从诙谐文化的角度看,政治模仿秀提供了看待台湾政治与媒体现象的一个颠覆性的视角。从政治经济学的角度看,政治模仿秀是台湾电视经济制度的产

---

① 王泰俐:《政治模仿秀的潜在涵化效果:一个实验途径的探究》,台北:"行政院国家科学委员会"专题研究计划成果报告,2003年,第2—4页。

② 王泰俐:《政治模仿秀的潜在涵化效果:一个实验途径的探究》,台北:"行政院国家科学委员会"专题研究计划成果报告,2003年,第2页。

物。在以利润为主导的台湾商业电视体系中，频道之间竞争激烈，观众市场分化，在这种情况下，政治模仿秀以其独特的批判视角和游戏态度受到年轻观众的喜爱。类型是特定历史时空下的社会产物，电视类型不仅是反映社会文化的文本运作机构，更是服膺当下电视竞争市场的经济运作机构。[①] 政治模仿秀这种特殊的节目类型反映台湾特定时期的政治文化和媒体文化，以及台湾特定时期的金融经济和文化经济。金融经济和文化经济是约翰·费斯克提出的两种电视经济体制。

（一）作为节目单元的政治模仿秀

在台湾，由于不同历史时期的政治环境和媒体环境对政治娱乐的宽容度不同，政治模仿秀节目经历了"节目模仿"——"布偶模仿"——"真人模仿"的转变过程。[②] 早期的政治模仿秀以节目单元的形式存在，还未发展成为独立的节目形态。前述的《连环泡》在"七点新闻公报"（后来成为"七点新闻"）单元中，以皮偶扮演政治人物，模仿对象主要是当时台湾执政党的几位政治人物，包括吴伯雄、郭婉蓉、李焕、许水德以及庄永岱等。"七点新闻公报"后来还出现多个皮偶同时登场，由艺人扮演民意代表，向皮偶"质询"。《连环泡》后期推出的"老邓的小耳朵"单元（小耳朵指卫星天线，老邓指邓小平），通过一个皮偶专门模仿邓小平，谈论时事问题，由王伟忠给该皮偶配音。"七点新闻公报"和"老邓的小耳朵"播出一段时间后都被禁播。《女丑剧场》《欢乐急转弯》中的"记者会"单元也是政治模仿秀单元。20世纪90年代，台湾政治团体分化，经济下滑，在政客的操纵下，统"独"争议和族群问题日趋严重，台湾社会呈现出分裂的状态，民众对政治集团产生不信任感。在这种氛围下，模仿和讽刺政治人物的政治模仿秀逐渐流行起来，提供了一个解构权威的途径和娱乐大众的方式。电视综艺节目陆续出现一些单人政治模仿秀，如模仿邓小平、陈水扁的邓志鸿，模仿李登辉的侯冠群等。

（二）作为独立节目形态的政治模仿秀

2000年，台湾经历首次政党轮替，民进党上台。台湾蓝绿阵营之间的论战激烈，电视政论节目大量出现，例如无线卫星电视台TVBS的《2100全民开

---

① 黄舜忠：《电视类型、后设文本与电视经济：以〈2100全民乱讲〉为例》，嘉义：南华大学硕士论文，2004年，第5页。

② 段鹏：《社会化的狂欢——台湾电视娱乐节目研究》，北京：中国传媒大学出版社，2013年，第24页。

讲》、民视的《头家来开讲》、八大电视（八大电视股份有限公司）的《大家来审判》、年代 MUCH 台的《台湾心声》等。政论节目为了追求节目效果，故意制造蓝绿对峙，强化了彼此意识形态的对立，在一定程度上加剧了台湾社会的分裂状态。政治模仿秀以一种批判的姿态对政论节目进行模仿和嘲讽，逐渐成为一种独立的节目形态。

台湾电视政治模仿秀节目的开山鼻祖，应为超级电视台（简称"超视"，台湾的有线电视频道）1996 年推出、由郑志鸿主持的《老邓搞 News》，政治模仿秀首度成为独立的节目形态。[①] 2000 年八大电视开播的《主席有约》，由凌志文担任制作人，由多名台湾艺人模仿台湾当时主要的政治人物，例如李登辉、陈水扁、张俊雄、马英九、吕秀莲等。节目采用现场直播的形式播出，为完整的政治模仿秀。模仿者对政治人物进行惟妙惟肖地模仿，达到"形似"和"神似"本尊的效果，并对被模仿对象进行调侃和嘲讽，以娱乐大众。例如，在《主席有约》中，侯冠群抓住李登辉的神态、动作和语言特点进行模仿；唐从圣模仿陈水扁，把他的标志性动作发挥得淋漓尽致。观众还可以在 call-in 环节打电话参与节目。政治模仿秀已经突破以往作为节目单元形式存在的状态，成为独立的综艺节目形态。

（三）中天电视的政治模仿秀

台湾中天电视股份有限公司（简称"中天电视"）成立于 1994 年，前身为香港商人于品海所创办的传讯电视网络有限公司。创建之初，中天电视拥有中天和大地两个卫星频道。由于亏损严重，1997 年，传讯电视网络有限公司被和信集团收购，2000 年又转由象山集团总裁江道生接手经营。经过三度易主，2002 年，中天电视与台湾最大报业集团中时集团结盟，设有中天新闻台（位于台湾有线电视 52 频道）、中天资讯台（2004 年 1 月转型为综合频道并更名为中天综合台，位于台湾有线电视 36 频道）、中天娱乐台（位于台湾有线电视 39 频道）、中天国际台（分为北美和亚洲两个版本）共四个频道。2008 年，旺旺集团总裁蔡衍明入主中国时报。中天电视现为旺旺中时媒体集团旗下的电视网。中天电视的政治模仿秀节目，从 2002 年推出以后，经过几次改版，不断创新节目形式，成为台湾电视综艺节目中最具规模、播出时间最长、影响最为广泛的政治模仿秀系列。

---

① 江显东：《台湾电视模仿秀之剧场元素分析：以〈全民最大党〉为例》，新北：台湾艺术大学硕士论文，2008 年，第 34 页。

从 20 世纪 80 年代末到 21 世纪初，台湾经历了解除"戒严"、开放"党禁"和"报禁"、有线电视合法化、政论节目蓬勃发展以及首次政党轮替。在这样的政治环境与媒体环境之下，政治模仿秀真正获得发展空间，丰富的政治新闻成为节目模仿的素材。中天电视 2002 年推出的政治模仿秀节目《2100 全民乱讲》，由台湾知名电视节目制作人、"综艺教父"王伟忠监制，在模仿 TVBS 政论节目《2100 全民开讲》形态的基础上，用一种戏仿、诙谐的方式对台湾的政治乱象和媒体乱象进行嘲讽，开启"全民"系列节目的时代。2002 年 10 月 3 日，《2100 全民乱讲》于中天资讯台开播，之后每周一至周五晚间播出。节目秉承制作人王伟忠"以喜剧作为革命手段"的制作理念，初期以模仿李涛主持的《2100 全民开讲》为主，形成政治讽刺基调。《2100 全民乱讲》被定义为结合模仿、政论、新闻、娱乐与戏剧的综艺节目，在内容上以讨论新闻时事为主，这种团体表演、现场直播的节目形态可谓首创。①

经历过 2004 年台湾地区领导人选举以及震惊全球的"三一九枪杀事件"后，台湾的政治氛围有所改变，制作人王伟忠和中天电视决定改版《2100 全民乱讲》。2004 年 6 月 25 日至 9 月 19 日，《2100 全民乱讲》停播近三个月后，经过重新调整节目形态，于同年 9 月 20 日在中天综合台复播，节目名称改为《全民乱讲系列之全民大闷锅》（简称《全民大闷锅》）。《全民大闷锅》延续了《2100 全民乱讲》的模仿政论节目风格和节目制作班底，由喜剧演员扮演台湾政治事件中的角色，中间穿插单元剧和观众叩应（call-in），对负面政治问题进行嘲讽、批判。每期节目开头以"解闷救台湾"为口号，初衷是希望透过反讽方式，提供观众解闷的渠道。在主要场景布置方面，节目增加了擂台赛和绿色大闷锅等娱乐元素。节目设计了一个绿色的实体闷锅，让每日最闷的话题人物坐在闷锅里解闷，并开放现场叩应给观众以表达烦闷的政治情绪。《全民大闷锅》曾多次获得褒奖，2005 年 11 月 12 日，获台湾电视金钟奖最佳综艺节目奖；2006 年 2 月 15 日，被台湾广电基金评选为年度优良综艺类电视节目；2007 年 10 月 12 日，入围台湾电视金钟奖娱乐综艺节目奖、娱乐综艺节目主持人奖。

2007 年 9 月 10 日，《全民大闷锅》改版为《全民最大党》。节目内容包含政治议题和其他社会热点问题。在节目中，演员画上"形似"的模仿妆，揣摩被模仿者的表情、语气、思维，进行惟妙惟肖的模仿，达到幽默讽刺的效果。

① 赵钏玲：《〈全民大闷锅〉之节目产制研究》，新北：台湾艺术大学硕士论文，2007 年，第 8 页。

节目每期以现场直播的方式，讨论当天政治、经济、社会、民生、文化等方面的重要新闻。在节目的单元部分，在综艺短剧中加入时事议题，形成具有诙谐效果的政治短剧。该节目制作人王伟忠宣称，要以轻松的娱乐替代沉重感，以模仿与喜剧的表演对抗权威政治人物的发言和恶斗的政治言论，以及讽刺主流媒体文化劣质竞逐中所展现的煽动语言。①

2012年9月24日，《全民最大党》改版为《全民大新闻》。改版后《全民大新闻》做了一些调整，模仿新闻节目的形式，但是节目只播出4个月，2013年1月因摄影棚着火而停播。2014年，中天电视再次推出《疯狂大闷锅》，只播出8个多月，因受众口味变化、收视率低迷而停播。中天电视日播的团体表演的政治模仿秀——"全民"系列节目，虽然几经改版易名，但始终以一种嘲讽、荒诞、诙谐的独特方式，运用表演者的身体、服装道具、声音等多种表演形式，给民众提供一个宣泄的渠道。②

表1.1 中天电视"全民"系列政治模仿秀节目

| 序号 | 节目名称 | 节目口号 | 播出时间 | 播出平台 |
|---|---|---|---|---|
| 第一代 | 《2100全民乱讲》 | 乱讲爱台湾 | 2002.10.3—2004.6.25 每周一至周五晚首播 | 中天资讯台（后更名为中天综合台） |
| 第二代 | 《全民大闷锅》 | 解闷救台湾 | 2004.9.20—2007.9.7 每周一至周五晚首播 | 中天综合台 |
| 第三代 | 《全民最大党》 | 全民做老板 | 2007.9.10—2012.9.21 每周一至周五晚首播 | 中天综合台，2010年8月2日起转到中天娱乐台播出 |
| 第四代 | 《全民大新闻》 | 乱讲爱台湾 | 2012.9.24—2013.1.25 每周一至周五晚首播 | 中天娱乐台 |
| 第五代 | 《疯狂大闷锅》 | 起笑拢破鼎（闽南语） | 2014.4.12-2015.1.4 每周六、日晚首播 | 中天娱乐台 |

资料来源：作者根据相关资料自行整理。

"全民"系列政治模仿秀节目（如表1.1所示）延续了《连环泡》等台湾早期政治模仿秀的特点，用幽默讽刺的方式呈现严肃的政治新闻，使得综艺节目具有

① 吴佳玲：《谈"共同"的想象建构：从政论节目到谐仿节目〈全民大闷锅〉》，新竹：台湾交通大学硕士论文，2010年，第6页。

② 陈炜：《俗世之镜：台湾综艺节目研究》，北京：中国电影出版社，2013年，第12页。

鲜明的新闻特色，政治新闻带上浓厚的娱乐色彩。"全民"系列节目通过对政论节目的戏仿，以喜剧的方式描述了对政治身份的认同方式，从戏谑的角度再现了现实社会与政治关系。在"全民"系列中，《全民最大党》是目前台湾播出时间最长的电视政治模仿秀节目，具有典型性和代表性。因此，本书以《全民最大党》作为个案，解析台湾电视综艺节目中的政治人物形象和政治信息娱乐化问题。

## 第三节　狂欢化诗学理论视角下的政治模仿秀

　　狂欢化诗学是苏联文艺理论家巴赫金提出的重要思想。巴赫金对中世纪到文化复兴时期狂欢节型的节庆活动和文学作品中的狂欢化现象进行系统的研究。颠覆与建构是巴赫金狂欢化诗学理论的重要特点。巴赫金狂欢化诗学理论强调对旧的话语体系的"颠覆"，但其颠覆是为了重建新的话语体系，而且是积极的建设，狂欢化成了对理想化、权威化、终极真理、专横话语、唯我主义等进行颠覆的代名词。[①]

　　狂欢分为人类起源之初就存在的本然的狂欢生活与形式化之后的狂欢式（庆典仪式，如狂欢节）。[②]狂欢是远古时代就存在的一种人类生活形式，狂欢式是狂欢经过文化的理性整合后的狂欢生活，狂欢化则是将狂欢节转换为文学的语言。欧洲的狂欢节可以追溯到古希腊罗马或更早时期，来源于古典的神话传说和仪式，是一种以酒神崇拜为核心的欧洲文化现象。经过不断演变，狂欢节文化形式逐渐渗透到中世纪的圣诞节、复活节等宗教节日活动。广泛意义上的狂欢节庆典包括不同时代、不同国家的各种民间节庆活动，在世界各地的民众生活中占据重要地位。狂欢节是按照笑谑原则组织的、人民大众的节庆生活，是官方世界之外的第二世界，是平民的第二生活。[③]在狂欢节上，人们在笑谑性的仪式和演出形式中真实生活，生活本身在演出。

　　狂欢节的主要特点包括：（1）无等级性，每个人以平等的身份参加，不分高低贵贱；（2）宣泄性，狂欢节的主要内容是各种各样的笑，无论是纵情欢悦的笑、尖刻讥讽的笑，还是自我解嘲的笑，都表现了人们摆脱现实重负的心理宣泄；（3）颠覆性，在狂欢节中，人们可以颠覆现存的一切规范，无等级性是对社会等级制度的颠覆，心理宣泄则是对现实规范的颠覆；（4）大众性，狂欢

---

①　夏忠宪：《巴赫金狂欢化诗学研究》，北京：北京师范大学出版社，2000 年，第 18—21 页。

②　王建刚：《狂欢诗学：巴赫金文学思想研究》，上海：学林出版社，2001 年，第 29 页。

③　张杰编选：《巴赫金集》，上海：上海远东出版社，1998 年，第 135—138 页。

活动是民间的整体活动，笑谑文化则是一种与宫廷文化相对立的通俗文化。①在狂欢节上，人们自愿参与其中，暂时远离现实生活，对神圣和权威进行脱冕、对等级和秩序进行解构，从而建构一种乌托邦式的理想主义的世界。这种脱冕和加冕，解构和建构体现了狂欢节交替与变更、死亡与新生的双重性。

在政治意义的层面上，狂欢节具有对官方文化进行反叛的文化离心力。"作为文化的主导，狂欢节代表着多元、非中心、语言杂多，而不是建立新的一元中心权威和神话。这是狂欢节的政治与意识形态特征，也即大众文化的政治和意识形态特征。"②在文化审美的层面上，狂欢节具有民间性和大众性，与民间文化和大众文化密切相连，狂欢节中的广场语言是一种不同于官方语言的复调多元的话语模式。

狂欢化（carnivalization）是狂欢节对文学（类型）产生重要影响的结果。"狂欢节转为文学的语言，就是我们所谓的文学狂欢化。"③狂欢化就像是狂欢式生活和文学艺术之间的一座桥梁，"架通了生活与艺术，架通了官方与民间，在某种程度上拯救与复活了渐趋消亡的民间笑文化传统"。④

狂欢节型庆典和狂欢化文学都属于民间笑谑文化。民间笑谑文化从性质上可以分为以下三种基本形式：各种仪式和演出形式（各种狂欢节类型的节庆活动、广场笑谑演出等）；各种笑谑性的语言作品（包括讽拟体作品）；各种形式和体裁的广场言语（骂人话、指神赌咒、发誓、顺口溜等）。⑤狂欢节型庆典和狂欢化文学属于前两种形式。狂欢化文学从狂欢节笑谑角度看待世界，是民间狂欢节式的世界感受的表现，并且使用狂欢节形式和象征的语言。⑥

巴赫金发掘了狂欢化文学的价值，在一定程度上颠覆了以理性规范为主导的旧的诗学理论。其狂欢化诗学理论主要包括以下内容：重视人类的笑谑文化，从狂欢化的视角考察文学创作；提倡一切文学体裁、语言和风格（包括"高雅文学"和"低俗文学"）都是平等的，否定文学艺术创作形式中的权威性；消除诗学研究的封闭性，取而代之的是文学内容和形式的开放性；以狂欢化思维方

---

① 张杰编选：《巴赫金集》，上海：上海远东出版社，1998年，第11页（编选者序）。

② ［美］刘康：《对话的喧声：巴赫金的文化转型理论》，北京：北京大学出版社，2011年，第186页。

③ Mikhail Bakhtin, *Problems of Dostoevsky's Poetics*, Minneapolis & London: University of Minnesota, 1984, p. 122.

④ 王建刚：《狂欢诗学：巴赫金文学思想研究》，上海：学林出版社，2001年，第110页。

⑤ 张杰编选：《巴赫金集》，上海：上海远东出版社，1998年，第134页。

⑥ 张杰编选：《巴赫金集》，上海：上海远东出版社，1998年，第143页。

式颠覆理性化思维结构；主张用狂欢化的享乐哲学重新审视世界。[①]

从狂欢化诗学理论的角度看，台湾电视政治模仿秀节目用喜剧的形式，建构了一个狂欢化的政治世界，是电视狂欢化的一种体现，是对社会、政治、媒体等的另类观察和理解。政治模仿秀把狂欢的广场转为室内的舞台场景。在这个模拟的政治世界中，人们进行符号意义上的民主狂欢，嘲弄政治权威和等级秩序，获得一种政治情绪的宣泄。巴赫金的狂欢化诗学理论为我们审视台湾这种独特的政治文化和媒体文化表现形式提供了一个视角。

## 一、喜剧的政治再现

电视政治模仿秀对政治人物和政治事件进行狂欢化的戏仿，通过喜剧的方式建构一种符号化政治真实。汉纳·阿多尼（Hanna Adoni）和谢瑞尔·曼恩（Sherrill Mane）在探讨大众媒介在社会真实建构过程中的角色时，将社会真实分为：客观社会真实（objective social reality），指存在于个人世界之外的可经验的客观世界；符号社会真实（symbolic social reality），指由再现客观真实的各种形式（例如艺术、文学、媒体内容）组成的符号世界；主观社会真实（subjective social reality），指客观社会真实和符号社会真实融入自我认知世界中所建构而成的个人主观真实。[②] Adoni 和 Mane 认为主观社会真实是个人社会行动的基础，使得客观社会真实和符号社会真实的存在具有意义。客观社会真实、符号社会真实与主观社会真实三者之间的关系如图 1.1 所示：

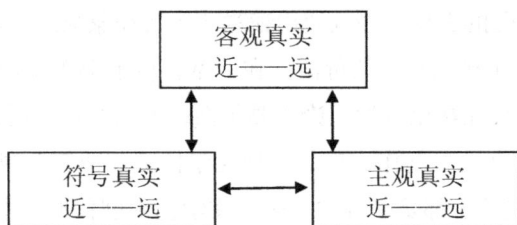

资料来源：Hanna Adoni and Sherrill Mane, "Media and the Social Construction of Reality: Toward an Integration of Theory and Research", *Communication Research*, vol. 11, no. 3 (1984), p. 327.

图 1.1　社会真实建构过程的模型

---

① 张杰编选：《巴赫金集》，上海：上海远东出版社，1998 年，第 12 页（编选者序）。

② Hanna Adoni and Sherrill Mane, "Media and the Social Construction of Reality: Toward an Integration of Theory and Research", *Communication Research*, vol. 11, no. 3 (1984), pp. 325-326.

以上模型包括两个维度：第一个维度是三种类型的真实（客观真实、符号真实、主观真实）；第二个维度是社会元素与直接经验的距离。其中，"近——远"表示社会元素与个人日常生活经验的相关程度，即在个人直接经验"相关区域"（zones of relevance）这个连续统一体中的位置。所谓的"近"指的是可由面对面互动获得的个人生活经验事项，是微观社会元素。所谓的"远"指的是抽象的、不可直接经验的事项，是宏观的社会元素。Adoni 和 Mane 通过这个模型整合大众传播研究中的批判研究和经验研究传统，整合宏观与微观层面的社会元素。

新闻媒体作为一种符号真实，与客观真实与主观真实进行互动。新闻媒体通过视听符号再现客观真实，影响受众的主观真实。人们通过新闻媒体所构建的"拟态环境"去认识、了解、感知周围的客观世界，形成个人的主观认知。新闻媒体通常报道客观真实的突出部分，选择性地反映客观真实，甚至可能扭曲客观真实。在新闻与真相的关系上，沃尔特·李普曼认为新闻并不等同于真相。"新闻的作用在于突出一个事件，而真相的作用则是揭示隐藏的事实，确立其相互关系，描绘出人们可以在其中采取行动的现实画面。只有当社会状况达到了可以辨认、可以检测的程度时，真相和新闻才会重叠。"[①]

在政治传播方面，凯德等人（Kaid et al.）指出，政治"事实"由三个范畴构成：第一个是客观的政治事实，即现实世界中真实发生的政治事件；第二个是主观的政治事实，即政治行动者与公民主观认知中的政治事实；第三个是构建的事实，即媒体报道中的政治事实。[②]凯德等人认为，政治行动者和公民所认识的主观政治事实与媒体构建的事实紧密相连。

学界向来关注新闻媒体与政治之间的互动关系。然而，随着媒体政治化和政治信息娱乐化，娱乐媒体与政治之间的互动方式及其作用，已经不容忽视。娱乐媒体作为政治信息传播的渠道，具有传统新闻媒体所没有的特点和作用。娱乐媒体对客观政治真实进行再现的模式值得我们深入研究。

娱乐媒体采用幽默、讽刺等手法对政治信息进行娱乐化处理，在轻松欢乐的氛围中引起观众的兴趣。作为娱乐媒体表现形式之一的政治模仿秀，以喜剧

---

① ［美］沃尔特·李普曼：《公众舆论》，阎克文、江红译，上海：上海人民出版社，2006年，第256页。

② 转引自［英］布赖恩·麦克奈尔：《政治传播学引论》，殷祺译，北京：新华出版社，2005年，第12页。

的方式对政治事件和政治人物进行再现，形成一种媒介化的政治关系。这种"模拟政治真实"，不同于客观的政治现实，也不同于政治新闻呈现的"媒介政治真实"，甚至对政治新闻所呈现的"媒介政治真实"进行解构和颠覆。在这里，我们需要理解媒介再现的本质。"媒介再现是一个选择、排除、转述、呈现的过程，它的再现内容跟'客观现实'之间存在差距，因此，在后现代主义理论看来，没有一种媒介再现能够完全呈现'客观真实'，也没有一种媒介再现会比其他的再现更加逼近'客观真实'，媒介再现只能够展示权力关系如何在媒介里被组织起来和呈现出来。"①无论是新闻节目，还是政治模仿秀节目，都是对客观政治现实的媒介再现。只是，这两种媒介再现形式所依据的标准和所使用的方法不同。新闻节目秉承新闻专业主义报道政治议题，要求真实、客观、公正。政治模仿秀节目采用模仿、夸张、强调、嘲讽等手法再现政治事件和政治人物，具有新闻节目所没有的辛辣讽刺效果，甚至能够揭露新闻节目所掩盖的、隐蔽的政治真相，以及新闻节目本身的运作机制和权力关系。在这种喜剧再现的政治关系中，政治模仿秀所具有的特殊政治潜力，在于其采用虚构的人物和情境，因此能够在一个特定的话语空间对现有权力关系进行抵抗，对政治权威和新闻权威进行颠覆。

政治模仿秀对政治过程的喜剧再现，经常通过喜剧演员的表演或脱口秀节目主持人的单口相声来实现。这类喜剧评论家是尼莫和库姆斯（Nimmo and Combs）所谓的政治新闻中的"游吟客"（bards）。②"游吟客"运用幽默、讽刺及反讽的形式来点评政治事件。这种喜剧的评论视角是一种"反现行体制"的视角。布赖恩·麦克奈尔（Brian McNair）肯定了"游吟客"在政治传播中的作用。"虽然所有的这些'游吟客'与传统意义上的新闻报道者不同，但是他们都为公共的政治讨论做出了重要贡献。他们以平民的立场讨论了当前热点，做到了'客观的'广播电视新闻必须回避的事情。"③

## 二、模仿的第二世界

法国哲学家亨利·柏格森（Henri Bergson）认为喜剧是"一种模拟生活的

① 陈阳：《大众传播学研究方法导论》，北京：中国人民大学出版社，2007年，第298页。
② ［英］布赖恩·麦克奈尔：《政治传播学引论》，殷祺译，北京：新华出版社，2005年，第84—85页。
③ ［英］布赖恩·麦克奈尔：《政治传播学引论》，殷祺译，北京：新华出版社，2005年，第86页。

游戏"。① 政治模仿秀是一种模拟政治生活的游戏，是一种模仿性政治讽刺艺术，通过对政治事件和政治人物某些特征的重复、突出、强调、夸张，达到幽默和嘲讽的效果，从而引起观众的笑。

模仿决定了政治模仿秀虚构的本质，在政治模仿秀与现实政治之间建立起一种建构与被建构的关系。然而，虚构并不就是虚假的。虚构类节目不同于新闻节目对事件原貌的尊重和追求，它通过虚拟的场景和人物、通过演员表演去揭露事件本质的真实。政治模仿秀节目是电视艺术狂欢化的一种现象。巴赫金的狂欢化诗学理论认为，狂欢节是人民大众以诙谐因素组成的现实生活之外的第二种生活，是人民大众的节庆生活。② 政治模仿秀所构建的世界是区别于现实政治世界的第二种世界，所呈现的真实是区别于新闻节目的第二种真实。政治模仿秀作为与政治新闻完全不同的一种政治话语，其功能体现在：诱导观众怀疑，提出问题而不是提供答案，挑战政治权威。

政治模仿秀是对政治人物和事件的讽刺性模仿，其文本指向现实政治中的政治人物和事件。"所谓讽刺性摹拟，就是指对某一现成的确定的对象进行戏仿或笑谑，以取消它的唯一性和自足性，使之相对化。"③ 政治模仿秀所使用的技巧首先是为了达到"逼真"的效果，其次才是讽刺的目的。Jeffrey P. Jones 认为，好的政治模仿秀首先是追求对某一政治人物惟妙惟肖的扮演，或对某一电视节目类型形式的完美模仿，然后才考虑评论的批判性或讽刺性。④ 逼真性在政治模仿秀中是第一位的，批判性和讽刺性在政治模仿秀中虽然重要，但却是第二位的。模仿秀的首要目的是对人物或文本进行逼真的模仿，带给观众娱乐体验。政治模仿秀的观众，需要具有相关的政治知识和媒体知识才能理解其中的幽默和讽刺。

### 三、符号的民主狂欢

政治模仿秀产生的一个重要原因是人们对现实政治感到烦闷和不满。在现

---

① ［法］昂利·柏格森：《笑：论滑稽的意义》，徐继曾译，北京：中国戏剧出版社，1980年，第42页。

② 王建刚：《狂欢诗学：巴赫金文学思想研究》，上海：学林出版社，2001年，第79页。

③ 王建刚：《狂欢诗学：巴赫金文学思想研究》，上海：学林出版社，2001年，第151页。

④ Jeffrey P. Jones, "Will All Due Respect: Satirizing Presidents from Saturday Night Live to Lil' Bush", in Jonathan Gray, Jeffrey P. Jones and Ethan Thompson (eds.), *Satire TV: Politics and Comedy in the Post-network Era*, New York and London: New York University Press, 2009, pp. 37-63.

实生活中，人们受到社会秩序和规范的强制以及他者的挤压，这种压抑的状态促进人们颠覆和反抗权威。政治模仿秀正是对现有社会秩序进行解构的一种艺术方式。以新闻模仿秀为例，新闻模仿秀就是对传统新闻节目的解构。传统新闻节目是对主流思想的强化，代表权威声音和等级结构。新闻模仿秀，通过模仿传统新闻节目的形式，对其进行挑战、解构和嘲讽，揭露传统新闻报道中存在的可笑和荒谬之处，以及新闻节目的运作机制，"站在了大众的反叛立场上"，提供另类的新闻解读，"在一定程度上迎合了大众的审美心理和审美趣味"。[1] 由真人出演的政治模仿秀，更是直接对政治人物进行调侃。在政治模仿秀节目中，现实世界的严肃与崇高被消解，权威和禁忌被打破。

政治模仿秀在解构权威的同时，为人们提供一种类似狂欢节的娱乐体验。政治模仿秀是大众狂欢的一种重要形式，对等级森严的社会体制进行反抗，对统治阶级权力进行消解，可以说，"政治模仿秀提供了民主的狂欢广场"。[2] 在政治模仿的狂欢状态中，人们不受现实法则和规约的限制，插科打诨，嬉笑怒骂，尽情表达对政治人物的看法，发泄对政治现状的不满。正如《全民大闷锅》节目开头"解闷，爱台湾"的口号所表达的，这种狂欢能够为民众"解闷"，提供宣泄政治情绪的渠道，起到心理减压阀的作用。

然而，作为大众文化的一种形式，政治模仿秀对权威的抵抗和颠覆，更多是符号意义上的。这种"大众抵抗"（popular resistance）或者可以称之为"符号民主"。[3] 在商业电视体制下，政治模仿秀被主流意识形态收编，强调和遵循的其实还是最主流的社会价值观念，为了收视率讨好观众、迎合市场。政治模仿秀节目中的民主狂欢通过电视媒介而进行，通过视听符号得到呈现，这种符号意义上的民主狂欢缺乏现实的反抗基础。政治模仿秀对一个社会的民主进程具有何种效果，对民众的政治认知和政治参与产生何种影响，结论不一。有研究者认为接收政治娱乐媒体内容对政治认知、政治态度和政治参与具有积极的作用，也有研究者认为接收政治娱乐媒体内容会导致政治犬儒主义（political cynicism）。由于本书侧重对于政治娱乐媒体内容的分析，上述涉及效果研究的问题不在本书的考察范围之内。

<hr>

① 苗棣等：《美国经典电视栏目》，北京：中国广播电视出版社，2006年，第125页。
② 段鹏：《社会化的狂欢——台湾电视娱乐节目研究》，北京：中国传媒大学出版社，2013年，第26页。
③ ［英］戴维·莫利（David Morley）：《电视、受众与文化研究》，史安斌主译，北京：新华出版社，2005年，第30页（导论）。

## 第四节　本章小结

本章梳理了台湾电视综艺节目与政治互动的缘起。台湾电视综艺节目从台湾电视媒体诞生之初就已存在，并随着台湾电视的发展而不断在内容和形式上推陈出新。1962 年，歌唱类节目拉开台湾综艺节目发展的序幕，台视开播时由关华石、慎芝夫妇制作的《群星会》成为台湾"第一个电视综艺暨现场直播节目"。台视的歌唱竞赛类节目《五灯奖》是台湾电视综艺节目中的常青树，从1965 年到 1998 年，播出时间长达 33 年。

20 世纪 80 年代，台湾电视综艺节目已经从最初的歌唱类节目，发展到歌舞综合类、游戏竞赛类、外景类、服务类等多种形式。这一时期的有些综艺节目开始带上新闻色彩，例如台视 1982 年开播、由凌峰主持的综艺节目《电视街》。1986 年"华视"推出带状综艺节目《连环泡》，被认为是台湾最早的以模仿形式为主的政治讽刺节目。该节目以黑色短剧单元为主，反映各种社会问题和时事热点，在节目形式和风格上突破了以往台湾综艺节目的固有形态。模仿秀只是作为单元的形式出现在节目中。1996 年，超级电视台播出《老邓搞 News》，2000 年八大电视播出《主席有约》，政治模仿秀才成为独立的节目形态。

2002 年，《连环泡》节目制作人王伟忠在中天综合台推出政治模仿秀节目《2100 全民乱讲》。《2100 全民乱讲》后来改版为《全民大闷锅》《全民最大党》《全民大新闻》《疯狂大闷锅》，最后于 2015 年 1 月停播。本书将中天电视这五个版本的节目称为"全民"系列政治模仿秀。政治模仿秀节目是台湾电视综艺节目各种子类型中与政治结合最为紧密的一种节目类型。中天电视的"全民"系列可以说是台湾政治模仿秀节目中最具规模和影响力、延续性最好的节目，其中的《全民最大党》又是这一系列中播出时间最长的版本。

从巴赫金狂欢化诗学理论的视角看，政治模仿秀是电视节目的狂欢化，将狂欢式生活转化为电视语言，通过喜剧的方式，再现政治世界，模仿政治人物，提供一种有别于传统新闻节目的符号真实。在这个符号世界中，演员、观众在嬉笑怒骂中，甚至使用一些粗俗的语言，对政治权威进行讽刺批评，对政治秩序进行颠覆解构，从而达到狂欢的效果。政治模仿秀从笑谑文化的角度，通过狂欢化的电视语言，揭露台湾现实政治、社会和媒体中存在的一些弊端。

# 第二章　台湾电视综艺节目中政治人物形象的呈现

　　本章采用内容分析法，从广度上考察台湾电视综艺节目中的政治人物形象，以及塑造政治人物形象所使用的框架。"内容分析法是对已记录归档的文本进行分析的一种研究方法，也就是说它所研究的对象是先于研究而存在的文本。"[①] 新闻传播学领域的内容分析可用来描述传播内容特征、推论传播前项或原因（例如传播者的价值、意图和策略），以及推断传播效果。[②] 描述传播内容特征主要分为内容的实质分析和内容的形式分析。本章采用量化内容分析法对台湾电视综艺节目中政治人物的属性及其呈现方式进行研究，描述和揭示台湾电视综艺节目所塑造的政治人物形象特征。内容分析处理的是传播的显性内容，而非隐性的传播意图或受众反应。也就是说，内容分析关注传播过程中说了什么（what-is-said），而不考虑为什么传播内容是这样的（why-the-content-is-like-that），或者接受者如何反应（how-people-react）的问题。[③] 本章考察"是什么"，采用描述性内容分析，为后续探讨"为什么"的解释性研究奠定基础。

　　在台湾电视综艺节目样本方面，依据综艺节目与政治关系的紧密程度进行选择。电视政治模仿秀是台湾电视综艺节目中政治与娱乐结合的典型，而中天电视的"全民"系列是台湾电视政治模仿秀节目的典型，《全民最大党》又是"全民"系列节目中播出时间最长的版本。因此本书选取中天电视的《全民最大党》作为研究对象，分析该节目所塑造的政治人物形象。

　　在台湾政治人物方面，本书依据重要性和党派性，选择国民党籍的马英九角色和民进党籍的蔡英文角色（马英九角色包括真实的马英九和虚构的"马瑛

---

　　① 周翔:《传播学内容分析研究与应用》，重庆：重庆大学出版社，2014年，第8页。

　　② Ole R. Holsti, *Content Analysis for the Social Sciences and Humanities*, Reading, Massachusetts: Addison-Wesley Publications, 1969, pp. 42-43, 68-69.

　　③ Bernard Berelson, *Content Analysis in Communication Research*, New York: Hafner Press, 1984, p. 16.

九""马英久"，蔡英文角色包括真实的蔡英文和虚构的"蔡瑛文"，下同）作为研究对象，探讨以马英九和蔡英文为模仿对象的马英九角色和蔡英文角色在节目中的具体呈现。马英九是 2008 年 5 月 20 日至 2016 年 5 月 19 日的台湾地区领导人，曾任国民党主席，是台湾政坛"蓝营"的代表。蔡英文 2008 年开始担任民进党主席，是"绿营"的代表，2012 年作为民进党候选人竞选台湾地区领导人，输给马英九；2016 年再次竞选台湾地区领导人，当选新一任台湾地区领导人。本书通过内容分析法，比较中天电视《全民最大党》节目中马英九角色和蔡英文角色的形象，以及节目塑造二人形象的方式，并探讨《全民最大党》在塑造马英九角色和蔡英文角色形象方面是否存在党派差异。

需要特别说明的是，《全民最大党》属于政治模仿秀节目，为了将马英九和蔡英文真实与虚构的角色进行区分，体现"戏仿"的本质，节目在讨论主题中以"马英九""蔡英文"称呼马英九角色和蔡英文角色，在现场讨论和短剧单元等表演性内容中以"马瑛九"或"马英久"两个谐音名字命名马英九角色（由台湾艺人张明兴饰演），以"蔡瑛文"命名蔡英文角色（由台湾艺人寇乃馨饰演）。

本书采用比较型的内容分析，对同一时间段内同一信息源的不同内容变量进行关联比较，如图 2.1 所示：

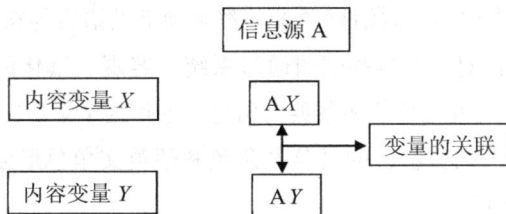

资料来源：彭增军：《媒介内容分析法》，北京：中国人民出版社，2012 年，第 27 页；Ole R. Holsti, *Content Analysis for the Social Sciences and Humanities*, Reading, Massachusetts: Addison-Wesley Publications, 1969, p. 30.

图 2.1　同一信息源内容变量之间的关联比较

在本书中，同一时间段指 2008 年 5 月 20 日至 2012 年 5 月 19 日；信息源 A 指台湾地区中天电视《全民最大党》节目；内容变量 X 指政治人物马英九角色和蔡英文角色的党派，内容变量 Y 指政治人物马英九角色和蔡英文角色的形象；AX 指《全民最大党》对国民党和民进党的呈现，AY 指《全民最大党》对马英九角色和蔡英文角色的呈现；变量的关联指马英九角色和蔡英文角色的党派与二人形象之间的关系。

在对样本节目进行内容分析的过程中，本书遵循以下几个主要步骤：根据主题设计研究问题/研究假设、界定总体和选取样本、确定分析单位、类目建构与制定编码方案、编码/记录与编码员信度测试、数据分析与报告。[①]

## 第一节　研究问题

美国政治学家和传播学者哈罗德·拉斯韦尔在1948年问世的《社会传播的结构与功能》中首次提出构成传播行为的五个基本要素：Who（谁），Says What（说了什么），In Which Channel（通过什么渠道），To Whom（向谁说），With What Effect（有什么效果）。[②] 这就是著名的"5W"传播模式。5个W分别对应于传播学研究中的控制分析、内容分析、媒介分析、受众分析和效果分析。美国政治传播学者丹·尼谋根据"5W"传播模式，探讨政治传播过程中的组成要素：政治传播者；使用语言、符号、技术等；通过政治传播的媒介；达到政治传播中不同的受众；传播在政治中的效果。[③]

传播内容是传播过程中的一个核心问题，传统的内容分析则采用量化的方法研究传播内容相关问题（Says What）。在政治传播过程中，政治传播者，包括政治人物、专业沟通者、政治行动者，都必须借助语言与符号来传达其思想、意念、感情等政治信息。[④] 本章试图通过系统、客观、量化的内容分析法，以《全民最大党》中的马英九角色和蔡英文角色形象作为个案研究，回答以下问题：

RQ1：《全民最大党》塑造的马英九角色和蔡英文角色形象具有哪些属性特征（What Attributes）？

RQ2：《全民最大党》塑造的马英九角色和蔡英文角色形象是否偏向正面、中性或负面？

RQ3：《全民最大党》塑造的马英九角色和蔡英文角色形象的情感偏向是否存在差异？

RQ4：《全民最大党》采用什么样的称谓、形容词短语塑造马英九角色和蔡

---

① 周翔：《传播学内容分析研究与应用》，重庆：重庆大学出版社，2014年，第17—19页。

② ［美］哈罗德·拉斯韦尔：《社会传播的结构与功能》，何道宽译，北京：中国传媒大学出版社，2012年，第35页。

③ 转引自彭芸：《政治传播：理论与实务》，台北：巨流图书公司，1986年，第10页。

④ 彭芸：《政治传播：理论与实务》，台北：巨流图书公司，1986年，第12页。

英文角色形象（How）？

RQ5:《全民最大党》塑造马英九角色和蔡英文角色形象时采用哪些主题框架？

RQ6:《全民最大党》塑造马英九角色和蔡英文角色形象时是否采用冲突框架？

RQ7:《全民最大党》塑造马英九角色和蔡英文角色形象时是否采用角色框架，是否侧重领导者、政党领袖、传播者和个人四种角色类型中的一种或几种？

RQ8:《全民最大党》塑造的马英九角色和蔡英文角色形象是否受到电视台所有制和政治立场的影响？

## 第二节　总体、样本与分析单位

### 一、界定总体

在提出研究问题之后，量化内容分析的第二步就是确定研究的总体、样本和分析单位。总体又可分为研究总体和调查总体。"研究总体是指研究对象的空间范围和时间范围都有明确界定的集合体,这些范围通常是理论范围。"[①] 研究总体是理论上的对象范围，由于多数情况下，不可能对研究总体进行实际的抽样，因此需要从调查总体中抽取样本，样本抽取的直接母体就是调查总体。

本书考察台湾电视综艺节目所塑造的政治人物形象。根据这一研究目的，本书的研究总体为台湾电视综艺节目。在台湾电视综艺节目中，政治模仿秀是政治与娱乐结合最为紧密的节目类型，中天电视的"全民"系列则是政治模仿秀节目中播出最久、获奖最多、节目形态最为成熟的系列节目。"全民"系列从2002 年 10 月 3 日开播，到 2015 年 1 月 4 停播，中间经历过数次停播改版，包括《2100 全民乱讲》《全民大闷锅》《全民最大党》《全民大新闻》《疯狂大闷锅》五个版本。在"全民"系列节目中，《全民最大党》播出时间最长，从 2007 年 9 月 10 日到 2012 年 9 月 21 日，每周一至周五 21:00—22:00 在中天综合台（2010 年 8 月 2 日起改在中天娱乐台）首播，为带状政论类综艺节目（带状节目指每周连续播出四次以上的节目），每周播出 5 集。基于以上理由，本书进一步缩小研究对象的范围，将《全民最大党》作为调查对象。《全民最大党》能够

---

① 彭增军:《媒介内容分析法》, 北京: 中国人民大学出版社, 2012 年, 第 39 页。

代表台湾电视综艺节目与政治互动的情形。节目的英文名称 PARTY，既有政党的意思，也有聚会的意思，表明这是关于台湾政党政治的节目，同时是一场娱乐秀。

本书考察的重点是《全民最大党》中马英九角色和蔡英文角色的形象。由于大众传播媒介塑造政治人物形象是一个长期动态的过程，相关研究需要从特定时间段进行观察，因此本书选取马英九担任台湾地区领导人第一个任期之内的《全民最大党》进行分析，对比节目所塑造的马英九角色和蔡英文角色形象。马英九担任台湾地区领导人的第一个任期为，2008 年 5 月 20 日至 2012 年 5 月19 日。笔者选择马英九的第一个任期作为研究的时间段的理由如下。第一，从政党轮替的角度看，2008 年是台湾第二次政党轮替的时间节点。国民党政权自退台以后，于 2000 年第一次政党轮替中失去台湾的领导权，经过八年的在野时间，2008 年重新执政。这一时期的政治模仿秀节目能够反映台湾政党轮替之际和轮替之后的政治生态和政治文化特点。第二，从政治人物的角度看，2008 年5 月 20 日是马英九首次成为台湾地区领导人的时间，也是蔡英文首次担任民进党主席的时间，是两个政治人物政治生涯中的关键时间点。因此，本书以 2008年 5 月 20 日至 2012 年 5 月 19 日期间《全民最大党》的所有节目作为研究对象。《全民最大党》于 2012 年 9 月 21 日播出最后一集，之后改版为《全民大新闻》，于 2012 年 9 月 24 日至 2013 年 1 月 25 日播出。两者在节目形态上有较大差异，《全民最大党》模仿政论节目的形式，《全民大新闻》则模仿政治新闻的形式。《全民大新闻》停播后，中天电视于 2014 年 4 月 12 日推出"全民"系列政治模仿秀的第五代，即《疯狂大闷锅》，然而由于收视不佳该节目在 2015 年1 月也遭遇停播。考虑到时间、精力、人力、物力、节目延续性等方面的限制，笔者没有将马英九担任台湾地区领导人的第二个任期纳入研究范围。在搜集资料的过程中，由于中天电视无法提供研究对象完整的文字和视频资料，笔者采用网络渠道搜索研究时间范围内《全民最大党》节目的相关文献和视频资料。综合境内外视频网站 sugoideas.com、YouTube、土豆网、56 网、综艺巴士等有关《全民最大党》所有可获得的视频资源，整理出 2008 年 5 月 20 日至 2012 年5 月 19 日期间《全民最大党》的节目清单和相关信息，并以此为基础进行抽样。

需要说明的是，由于受到网络资源本身的限制，2008 年 5 月 20 日至 2008年 8 月 29 日、2009 年 9 月 8 日至 2009 年 11 月 13 日、2010 年 2 月、2010 年3 月 3 日、2010 年 3 月 30 日，这几个时间段或日期的《全民最大党》节目信息和视频有所缺失。又由于本书的抽样根据讨论主题中的关键字进行搜索，因此未能获得讨论主题信息的节目未纳入考察范围。其他年度和月份完整的节目清单均可通过整理文献资料获得。最后，本书考察的节目总体剔除以上缺失部分，共有 949 集节目。节目的播出日期、主持人、讨论主题等信息以 Excel 电子表格的形式记录并保存。这就是本书的调查总体，即样本抽取的直接母体和抽样框。

## 二、选取样本

作为台湾典型的政治模仿秀节目，《全民最大党》每周一至周五晚间通过直播的方式播出，选取当天的政治新闻和社会热点作为议题进行表演和讨论，具有很强的时效性。节目在模仿政论节目形态的基础上进行创新，通常由一个主持人开场、控制节目流程，邀请 3—5 个嘉宾，就当时的政坛焦点新闻或社会热点问题进行讨论。主持人和嘉宾均模仿台湾的政治人物或社会各界人物。

本书的目的在于考察《全民最大党》所塑造的马英九角色和蔡英文角色形象，研究对象具有明确的指向性，因此在样本方面，采用非概率的立意抽样法，选取符合要求的样本节目。"立意抽样（purposive sampling，或目的抽样），也称为判断抽样（judgmental sampling），指研究者根据特定目的和主观判断而确定研究样本。"[①] 这种抽样方法根据研究者对总体的知识，例如对总体构成要素和研究目标的认识，来选取符合要求的样本，艾尔·巴比称之为目标式或判断式抽样。[②] 立意抽样虽然不属于概率抽样，无法对调查对象总体进行推论，但是在研究者有特定研究意图的情况下，可以选取出符合研究目的的样本。若对调查总体的每期节目进行普查，选取出所有与马英九或蔡英文相关的节目，需要耗费巨大的时间和精力。因此根据研究目的，笔者采用立意抽样法，以一期完整的节目为抽样单元，从样本母体中抽取出节目主题直接提到马英九或蔡英文的所有节目，以此作为研究样本。

抽样方法参照了艾英戈（Shanto Iyengar）1991 年对美国电视媒体中某些新闻议题的框架进行量化分析时所使用的方法，即在已有的电视节目文本摘要

---

① 陈阳:《大众传播学研究方法导论》，北京：中国人民大学出版社，2007 年，第 117 页。
② ［美］艾尔·巴比:《社会研究方法》，邱泽奇译，北京：华夏出版社，2005 年，第 178 页。

档案数据库中按照主题词进行搜索，得到需要的节目样本。①艾英戈采用内容分析法，研究 ABC、CBS 和 NBC 关于犯罪、恐怖主义、贫穷、失业和种族不平等 5 个议题的报道框架，结果发现关于贫穷、犯罪和恐怖主义的新闻报道主要采用事件框架，关于失业的报道主要采用主题框架，关于种族不平等的报道则同时采用事件框架和主题框架。艾英戈从范德堡大学（Vanderbilt University）的电视新闻档案中获取研究样本，样本内容是 1981 年 1 月至 1986 年 12 月期间 ABC、CBS 和 NBC 关于犯罪、恐怖主义、贫穷、失业和种族不平等 5 个议题的每则新闻报道的文字摘要。选取样本的方法是，通过对与上述议题相关的一系列关键词进行搜索，从数据库中查找出符合要求的新闻报道摘要。抽样完成后，研究者再对样本的框架类型进行编码。本书借鉴艾英戈的抽样方法，不同的是，所研究的节目摘要档案由笔者自行整理。

具体抽样过程如下：

（1）确定抽样框，即所研究《全民最大党》节目的母体和边界。笔者根据文字和视频资料整理出样本母体共 949 集节目的清单，包括节目播出日期、主持人、讨论主题三项信息，制作成 Excel 表格。

（2）确定抽样标准，即节目主题直接提到马英九或蔡英文。讨论主题在每期节目的开头均以字幕的方式明确标出。主题是节目内容的一个重要指标，可以反映节目的主旨和传播者的思想。因此，根据节目主题进行抽样，既可行易操作，又能选取出符合研究目的和研究对象要求的样本。

（3）根据节目主题中的关键词筛选出样本节目。在节目主题中，直接提到马英九的方式有"马英九""马""小马哥""小马""×总统"（×代表"马""现""现任""现在""新"）、"马主席"。因此在 Excel《全民最大党》节目摘要表格中，以关键词"马"或"总统"作为条件，自动筛选出"主题"这一列中含有"马"或"总统"的条目，并人工剔除与马英九无关的条目，例如泛指"总统"而不是特指马英九的条目。剔除无关条目的标准是：主题中的"马"或"总统"能用"马英九"代替的条目保留，否则删除。通过这样的方法，共筛选出 116 个马英九相关条目，剔除 10 个视频不完整的样本，最终得到 106 个有效样本。在节目主题中，直接提到蔡英文的方式有"蔡""小英""蔡英文""主席""蔡主席"，因此在 Excel 表格中，以关键词"蔡""小英"或"主

---

① Shanto Iyengar, *Is Anyone Responsible: How Television Frames Political Issues*, Chicago and London: The University of Chicago Press, 1991, pp. 3, 18-19.

席"作为条件,自动筛选出"主题"这一列中含有"蔡""小英"或"主席"的条目,并人工剔除与蔡英文无关的条目。剔除的标准是主题中的"蔡""小英""主席"能用"蔡英文"代替的条目保留,否则删除。通过这样的方法,共筛选出 25 个蔡英文相关条目,剔除 1 个视频不完整的样本,最终得到 24 个有效样本节目。讨论主题未直接提到但暗指马英九或蔡英文的节目,主题未直接提到但节目中提到马英九或蔡英文、出现马英九角色或蔡英文角色形象的节目,均不在研究样本范围内。106 个马英九相关条目和 24 个蔡英文相关条目中,有 14 个是重复的,在主题中同时提到马英九和蔡英文。因此,减去重复的 14 个样本,最后确定的样本是 116 期完整的节目(节目清单详见附件一)。所有节目均从 YouTube、土豆网、56 网三个视频网站下载获得。样本节目的时间分布如表 2.1:

表 2.1 《全民最大党》2008 年 5 月 20 日—2012 年 5 月 19 日样本节目分布① (期)

| 类目 | 2008 年 | 2009 年 | 2010 年 | 2011 年 | 2012 年 | 总计 |
|---|---|---|---|---|---|---|
| 提到马英九 | 17 | 27 | 17 | 31 | 14 | 106 |
| 提到蔡英文 | 1 | 4 | 0 | 15 | 4 | 24 |
| 两者均提到 | 1 | 0 | 0 | 11 | 2 | 14 |
| 总计(减去两者均提到的节目) | 17 | 31 | 17 | 35 | 16 | 116 |

资料来源:作者根据抽样结果自行绘制。

里夫和赖斯等人(Daniel Riffe et al.)在研究电视新闻抽样方法和样本大小的有效性时,比较了简单随机抽样和分层抽样(复合月和复合周抽样)的结果后发现,在总体均值的一个或两个标准误差范围内最有效的方法是每个月随机抽取两天的电视新闻。②《全民最大党》是时效性很强的政论类综艺节目,与电视新闻具有一定的相似性,若采取此种方法抽样,每个月随机抽取两天,四年

---

① "提到马英九"指讨论主题以上述方式提到马英九的节目数量;"提到蔡英文"指讨论主题以上述方式提到蔡英文的节目数量;"两者均提到"指讨论主题以上述方式同时提到马英九和蔡英文的节目数量;"总计"指剔除重复样本后的节目数量。

② Daniel Rifle, Stephen Lacy, Jason Nagovan and Larry Burkum, "The Effectiveness of Simple and Stratified Random Sampling in Broadcast News Content Analysis, *Journalism & Mass Communication Quarterly*, vol. 73, no. 1 (1996), pp. 159-168.

48 个月可抽取 96 个样本节目。本研究通过立意抽样方法获得的 116 样本超过简单随机抽样方法获得的样本数量，而且更符合本书考察节目中马英九角色和蔡英文角色形象的研究意图。

笔者在确定所研究的 116 个样本之后，观看所有的这些样本节目，并将节目的播出日期、主持人、讨论主题、现场嘉宾、内容概要、单元设置等信息整理成约 16.2 万字的文字摘要，以电子文档的形式保存，便于后续的编码和分析。

### 三、分析单位

《全民最大党》每期节目时长约 45 分钟，节目一般由四个部分组成，包含现场讨论、新闻节目模仿、歌舞、短剧等形式。本章侧重从广度上测量《全民最大党》所呈现的马英九角色和蔡英文角色形象，因此以每集节目为分析单位。分析内容包括每集节目的文字摘要和完整视频。文字摘要包括节目的播出日期、主持人、讨论主题、现场嘉宾、内容梗概和单元设置等，由笔者在观看所有样本节目的基础上整理完成。由作者和另外两名经过培训的编码员对 116 期样本节目的文字摘要和视频进行编码。

## 第三节　类目建构和编码方案

### 一、关键变量和类目

变量是关于研究对象的具有不同赋值的属性特征，关键变量则是关于研究对象的关键属性特征。一个变量通常有两个或两个以上的值。在引入一个概念或变量时，我们经常会从两个面向进行界定，即概念化定义（conceptual definition）和操作化定义（operational definition）。"概念化是对抽象概念的界定和详述；操作化则是特定研究程序（操作）的发展，并指向经验观察。"[1] "政治人物形象"是研究的关键变量，本书已在绪论中对其概念化定义进行界定，其操作化定义则取决于具体的研究目的和类目体系。

类目（category）就是内容的分类（classification），是内容分析的具体测量工具，决定内容分析的成败。[2] 类目建构则是在概念化和操作化设计的基础上，

---

① ［美］艾尔·巴比：《社会研究方法》，邱泽奇译，北京：华夏出版社，2005 年，第 129 页。
② 王石番：《传播内容分析法：理论与实证》，台北：幼狮文化事业公司，1991 年，第 171 页。

对要研究的内容单元进行归类，所建构的类目体系要能体现关键变量的属性。类目是内容分析的核心，能够区分、描述所考察的文本内容，连接理论概念与实际测量。类目必须能够反映研究目的和研究问题，并符合穷尽、互斥、独立、单一分类的原则。[①]类目只有符合研究目的、反映研究问题，才能具有效度，测量到真正需要测量的内容；类目的穷尽性，要求分类详尽，所有的内容项目都能够归入设定的类目；类目的互斥性，要求各个类目之间是互相排斥的，内容资料不能同时归入两个或以上类目；类目的独立性，要求任何内容单位归入某一类目不应该影响其他内容单位的归类过程（独立分类有时不完全可行）；单一分类原则，要求分类必须要同一层次进行，以避免双重标准，也叫同层性原则。[②]

一般情况下，类目可分为"说什么"（What is said）及"如何说"（How is said）类目，"说什么"类目又可分为主题类目、方法类目（行动类目）、特性类目、主角类目、权威类目（引用来源）、来源类目（传播的来源地）、目标类目、标准类目、方向类目、价值类目，"如何说"则可分为传播形式或类型、叙述形式、强度类目、策略类目。[③]

## 二、政治人物形象类目

梅瑞尔采用内容分析法分析美国《时代》杂志（Time Magazine）所塑造的杜鲁门、艾森豪威尔和肯尼迪三位总统的形象以及所使用的技巧。[④]他从这三位总统任内的《时代》分别选取 10 期连续样本作为研究对象，第一个样本的日期通过随机的方式确定。为了对《时代》有关这三位总统的刻板印象进行量化分析，梅瑞尔设定六个定向类目：（1）动词属性偏向（attribution bias）；（2）形容词偏向（adjective bias）；（3）副词偏向（adverbial bias）；（4）文意偏向（contextual bias）；（5）直接意见偏向（outright opinion）；（6）照片偏向

① Ole R. Holsti, *Content Analysis for the Social Sciences and Humanities*, Reading, Massachusetts: Addison-Wesley Publications, 1969, p. 95.

② 王石番：《传播内容分析法：理论与实证》，台北：幼狮文化事业公司，1991 年，第 199—202 页。

③ 王石番：《传播内容分析法：理论与实证》，台北：幼狮文化事业公司，1991 年，第 207—226 页。

④ John C. Merrill, "How Time Stereotyped Three U.S. Presidents", *Journalism Quarterly*, vol. 42, no. 1 (1965), pp. 563-570.

（photograph bias）。[1] 每个类目的偏向分为正面、中性和负面。梅瑞尔发现《时代》通过以上技巧创造并强化总统的刻板印象，并且着重总统的个人属性层面而不是新闻活动层面。梅瑞尔的类目体系比较适合用于分析平面媒体如何塑造政治人物形象。

Fred Fedler 等人（Fred Fedler，Mike Meeske & Joe Hall）在 14 年之后重新验证梅瑞尔的研究。他们采用梅瑞尔的研究方法，分析《时代》所塑造的约翰逊、尼克松、福特和卡特四位总统的形象。研究结果验证了梅瑞尔的大部分发现，即《时代》继续使用形容词、副词、文意、直接意见、照片等偏向技巧塑造总统形象，并且支持共和党籍的总统，但动词属性的偏向似乎消失了。[2] 不同的是，费德勒等人在类目中加入漫画偏向（cartoon bias）一项，并且发现样本中有关四位总统的漫画大部分是负面的，少部分是中立的，没有正面的。这与漫画本身的性质有关。漫画通常使用夸张的特征在讽刺的情境中对政治人物进行取笑和嘲弄，因此其对政治人物的评价往往是负面的。这对本书考察台湾政治模仿秀节目中的政治人物形象具有启发意义。

Doris A. Graber 在研究 1968 年美国总统候选人形象中的个人品质时（personal qualities），将候选人形象操作化定义为 7 组共 34 个类目。[3] Graber 的类目体系包括候选人的个人品质、专业能力等维度，具体如表 2.2：

表 2.2 美国竞选新闻中的总统形象类目

| 个人属性<br>（personal attributes） | 有原则的人（man of principle）、激发自信（inspires confidence）、有同情心的（compassionate）、展现领导力（projects-leadership）、吸引人的举止（appealing manner） |
|---|---|
| 风格<br>（style） | 自我克制（uses restraint）、直率的（forthright）、坚强的（strong）、亲民的人（man of people）、反智的（anti-intellectual） |
| 专业形象<br>（professional image） | 多才多艺的（versatile）、团结国家（unifies nation）、减少种族差异（smoothes race differences）、担当领导者（acts as leader）、鼓舞人心的（inspirational） |

---

[1] John C. Merrill, "How Time Stereotyped Three U.S. Presidents", *Journalism Quarterly*, vol. 42, no. 1 (1965), p. 564.

[2] Fred Fedler, Mike Meeske and Joe Hall, "Time Magazine Revisited: Presidential Stereotypes Persist", *Journalism Quarterly*, vol. 56, no. 2 (1979), pp. 353-359.

[3] Doris A. Graber, "Personal Qualities in Presidential Images: The Contribution of the Press", *Midwest Journal of Political Studies*, vol. 16, no. 1 (1972), pp. 46-76.

续表

| | |
|---|---|
| 能力<br>（capacities） | 外交事务能力（foreign affairs ability）、维护法律和秩序（keep law and order）、与年轻人沟通（communicates with youth）、公正维护法律和秩序（keep law and order with justice）、与黑人沟通（communicates with blacks）、控制争议（controls dissent） |
| 公共关系<br>（relations with public） | 保持公众知情（keeps public informed）、允许争议（permits dissent）、使用自己的判断力（uses own judgement）、拥有众多顾问（keeps broad base of advisors）、倾听民众声音（hears unorganized）、动员公众支持（mobilizes public support）、保持渠道畅通（keep channels open）、倾听批评意见（listens to critics） |
| 哲学<br>（philosophy） | 激进主义分子（activist）、理论层面的权力下放（decentralizes in theory）、团队合作（team approach） |
| 组织改变<br>（organizational changes） | 实践层面的权力下放（decentralizes in practice）、改变最高法院（changes Supreme Court） |

资料来源：Doris A. Graber, "Personal Qualities in Presidential Images: The Contribution of the Press", *Midwest Journal of Political Studies*, vol. 16, no. 1 (1972), p. 56.

　　美国密歇根大学调查研究中心（Survey Research Center，简称 SRC；后来更名为政治研究中心，Center for Political Studies，简称 CPS）通过多次全国性调查，对 1952—1972 年的美国总统候选人形象特征（image traits）进行实证研究，考察总统选举期间美国民众心中的总统候选人形象。SRC/CPS 将 1952 年、1956 年、1960 年、1964 年、1968 年五次调查中受访者的回答分为正面和负面两种取向，并按以下 8 项进行归类和比较：经验／能力（experience/ability）、背景／性格（background/character）、个人吸引力（personal attraction）、政党代表（party representative）、议题（issues）、国内政策（domestic policy）、外交政策（foreign policy）、团体关系（relation to groups）。① 在比较 1972 年总统候选人麦高文和尼克松的形象时，SRC/CPS 将形象特征进一步细化，分为 10 个类目：经验／能力（experience/ability）、领导特质（leadership qualities）、个人属性（personal attributes）、政党代表（party representative）、政府管理（management of government）、政府哲学（philosophy of government）、国内政策（domestic policy）、外交政策（foreign policy）、团体关系（relation to groups）、其他

---

　　① Dan Nimmo and Robert L. Savage, *Candidates and Their Images: Concepts, Methods, and Findings*, Pacific Palisades, California: Goodyear Publishing Company, 1976, p. 50.

93

（miscellaneous/others）。<sup>①</sup> 这 10 个形象指标是政治人物形象的主要构成要素，成为考察和描述政治人物形象特征的重要参照。后续的相关研究将这 10 项指标应用于大众媒介塑造政治人物形象的内容分析中。

美国政治传播协会（The American Institute for Political Communication）在 1968 年的总统竞选调查中，要求调查对象从五个方面对候选人进行评价：领导能力（leadership ability）、政治哲学（political philosophy）、表达能力（speaking ability）、聪明才智（intelligence）、诚实（honesty）。<sup>②</sup> 如果将最后两项视为候选人作为个人的形象特征，那么这五个方面恰好对应前文提到的候选人作为领导者、政党代表、表演者和个人四种角色的形象特征。

Leonard Shyles 在研究 1980 年美国电视政治广告中的候选人形象时，通过专家小组会议讨论，将候选人形象属性分为 8 类：<sup>③</sup>

表 2.3　美国电视政治广告中的总统候选人形象类目

| 利他主义（altruism） | 候选人关心他人的需要，包括仁慈和慷慨，或缺乏这些属性 |
| --- | --- |
| 能力（competence） | 候选人的技能、知识、能力和资源，或缺乏这些属性 |
| 经历（experience） | 候选人过去的角色、工作和成就，或缺乏这些属性 |
| 诚实（honesty） | 候选人的尊严、真诚、坦率，或缺乏这些属性 |
| 领导力（leadership） | 候选人的引导、管理和方向，或缺乏这些属性 |
| 个人品质（personal qualities） | 候选人的个人特征，包括年轻、勇敢、节制、幽默、信念，或缺乏这些属性 |
| 力量（strength） | 候选人的活力、意志力、耐力等，或缺乏这些属性 |
| 其他（other special qualities） | 候选人的魅力、清新、亲切，或缺乏这些属性 |

资料来源：Leonard Shyles, "Defining 'Images' of Presidential Candidates from Televised Political Spot Advertisements", *Political Behavior*, vol. 6, no. 2 (1984), pp. 175, 180.

Shyles 通过以上 8 个类目（符号工具，sign vehicle），对 1980 年美国的 140

① Dan Nimmo and Robert L. Savage, *Candidates and Their Images: Concepts, Methods, and Findings*, Pacific Palisades, California: Goodyear Publishing Company, 1976, p. 51.

② Dan Nimmo and Robert L. Savage, *Candidates and Their Images: Concepts, Methods, and Findings*, Pacific Palisades, California: Goodyear Publishing Company, 1976, p. 53.

③ Leonard Shyles, "Defining 'Images' of Presidential Candidates from Televised Political Spot Advertisements", *Political Behavior*, vol. 6, no. 2 (1984), pp. 171-181.

支电视政治广告进行内容分析。Shyles 所研究的是电视广告中的语言符号（词语和短语）所呈现的候选人形象，属于语言形象（verbal images），并没有涉及视觉形象。

麦库姆斯（Maxwell McCombs）等人以西班牙潘普洛纳（Pamplona）市长和纳瓦拉（Navarra）议会领导人选举中的候选人形象为例，研究新闻媒体中的候选人形象与选民心中的候选人形象之间的相关性，检验第二层面的议程设置效果（second-level agenda-setting effects）。[①] 在内容分析部分，麦库姆斯等人将新闻媒体（2 家当地日报和 1 个区域性电视新闻节目中的新闻报道和政治广告）所呈现候选人形象分为两个维度：

表 2.4　西班牙选举中的候选人形象类目

| 实质维度<br>（substantive<br>dimension） | （1）候选人的意识形态和议题立场（ideology and issue positions）：包括候选人是"左翼""右翼"还是"中间"，以及候选人对某些议题的立场<br>（2）资格和经历（qualifications and experience）：包括候选人的执政能力、担任政治职位的经验和其他经历<br>（3）个性（personality）：包括候选人的性格特征，例如人品、魅力、智力、勇气、抱负、独立 |
|---|---|
| 情感维度<br>（affective dimension） | 分为正面（positive）、负面（negative）和中立（neutral）三类 |

资料来源：Maxwell McCombs, Juan Pablo Llamas, Esteban Lopez-Escobar and Federico Rey, "Candidate Images in Spanish Elections: Second-level Agenda-setting Effects", *Journalism & Mass Communication Quarterly*, vol. 74, no. 4 (1997), pp. 707-708.

Donaald R. Kinder 从个体认知结构的角度提出，公民基于能力（competence）、领导力（leadership）、正直（integrity）和同理心（empathy）4 个基本的个性维度，组织有关政治人物的印象，每个维度体现为 6 个特征（3 个正面和 3 个负面）。[②] Kinder 以这 4 个维度 24 个特征（12 个正面特征和 12 个对应的负面特征）为标准，结合密歇根大学政治研究中心（CPS）在 1983 年 7 月和 8

———————————

　①　Maxwell McCombs, Juan Pablo Llamas, Esteban Lopez-Escobar and Federico Rey, "Candidate Images in Spanish Elections: Second-level Agenda-setting Effects", *Journalism & Mass Communication Quarterly*, vol. 74, no. 4 (1997), pp. 703-717.

　②　Donaald R. Kinder, "Presidential Character Revisited", in Richard R. Lau and David O. Sears (eds.), *Political Cognition*, Hillsdale, New Jersey: Lawrence Erlbaum Associates, 1986, pp. 233-255.

月前后两次的调查数据（两次调查间隔一个月），考察公民所感知的里根、肯尼迪和蒙代尔的个性特征，以此检验政治人物形象的结构和稳定性。James A. McCann 采用 Kinder 的理论框架和特征分类，根据 CPS 关于 1984 年总统大选五个时间点的调查数据，研究政治角色改变对公民认知的影响。CPS 的调查把候选人的形象分为 12 个特征，受访者根据四点量表对每个特征是否描述了候选人形象进行评价，这 12 个特征对应 Kinder 所提出政治人物形象的 4 个维度：[①]

表 2.5　美国 1984 年总统竞选中的候选人形象类目

| 力量<br>（personal strength） | 强有力的领导者（strong leader）、鼓舞人心的（inspirational）、受到尊敬（commands respect） |
|---|---|
| 行政能力<br>（administrative competence） | 聪明的（intelligent）、博学的（knowledgeable）、努力工作的（hardworking） |
| 正直<br>（integrity） | 得体的（decent）、道德的（moral）、树立榜样（sets a good example） |
| 同理心<br>（empathy） | 关心他人（cares for someone like you）、友善（kind）、有同情心的（compassionate） |

资料来源：James A. McCann, "Changing Electoral Contexts and Changing Candidate Images during the 1984 Presidential Campaign", *American Politics Quarterly*, vol. 18, no. 2 (1990), p. 126.

表 2.5 中，力量维度对应 Kinder 提出的领导力维度，12 个特征则对应 Kinder 研究中个性的 12 个正面特征。Kinder 和 McCann 所研究的均是基于公民感知的政治人物形象，形象的内涵指政治人物的个性特征（character），不涉及政治人物的议题立场和政策。

Graber、Shyles、Kinder、McCann 等人的研究均偏重候选人形象的个人特质，未考虑其议题立场。Graber 的候选人个人特质除了个人属性、领导能力、领导风格外，还包括候选人的公共关系、政治哲学和组织改变。Shyles 的候选人形象类目除了候选人的品德（利他主义、正直）、能力、领导力、个人品质外，还强调候选人的经历和力量。Kinder 和 McCann 均强调候选人的力量（领导力）、能力、正直和同理心，McCann 将 Kinder 的力量概念等同于领导力。麦

---

① 　James A. McCann, "Changing Electoral Contexts and Changing Candidate Images during the 1984 Presidential Campaign", *American Politics Quarterly*, vol. 18, no. 2 (1990), pp. 123-140.

库姆斯等人将议题立场纳入形象的内容范围。

由此可见，国外的候选人形象研究并没有固定的类目体系，体现了尼谋和萨维奇所说的，研究形象最主要的困难之一，在于很难获得形象的操作化定义。尼谋和萨维奇从纷繁复杂的候选人形象特征中提炼出两种基本的角色：政治角色和风格角色。政治角色是与职位和政治团体领袖相关的属性，风格角色是与政治不直接相关的属性。政治角色和风格角色可进一步分为领导者、政党代表、表演者、个人四种，前两者为政治角色，后两者为风格角色。[①] 其中，领导者指候选人担任政府官员的角色，表演者指候选人作为传播者的角色。尼谋和萨维奇的这种二分法或四分法能够将不同研究者的形象类目体系纳入其框架，体现了候选人形象属性共性的部分，因此也成为本书类目建构的重要参考。

在台湾，政治人物形象的操作化定义和类目建构也没有统一的标准。胡淑裕在研究台湾政治人物形象时，将上述 SRC/CPS 候选人形象指标中的"国内政策"和"外交政策"合并为"政策施行"，并舍弃"政党代表"一项，修订后的 8 个形象特征类目分别是：经验能力、领导特质、个人属性、政府管理、政府哲学、政策施行、团体关系和其他共 8 项。胡淑裕采用这 8 个形象类目，结合梅瑞尔研究《时代》如何塑造美国总统形象时所使用的文意、形容词、副词、动词属性、直接意见和图片 6 个定向类目，建构政治人物形象"说什么""如何说"类目，以此考察台湾《中央日报》《联合报》1978 年 6 月至 1984 年 5 月期间的新闻评论所塑造的孙运璿、林洋港、李登辉形象。[②]

黄秀在考察政治人物在大众传播媒介中的形象时，从播出时段及播出次序、报道形式、主控新闻内容者、声刺（画面和声音同时出现的片段）秒数 4 个形式类目，报道议题、新闻报道性质、互动对象、陈水扁新闻角色、报道评价偏向 5 个文字内容类目，陈水扁个人特质镜头、陈水扁与其他消息来源共同出现、陈水扁与民众互动或民众反应镜头 3 个画面内容类目，综合分析和比较台视、中视、民视、无线卫星电视台的新闻报道所塑造的陈水扁形象，以及四家电视台新闻报道的偏差问题。[③]

①　Dan Nimmo and Robert L. Savage, *Candidates and Their Images: Concepts, Methods, and Findings*, Pacific Palisades, California: Goodyear Publishing Company, 1976, p. 46.

②　胡淑裕：《大众传播媒介塑造政治人物形象之研究——孙运璿、林洋港、李登辉之个案研究》，台北：中国文化大学硕士论文，1987 年，第 47—49 页。

③　黄秀：《政治人物在大众传播媒介中的形象研究——以台视、中视、民视及无线卫星电视台对陈水扁报导为例》，台北：台湾政治大学硕士论文，1999 年，第 41—48 页。

陈世敏认为候选人形象包括候选人个人特质和政见，候选人个人特质可分为品德良好、学识丰富、办事能力很强、做人很热心、很会替人民谋福利、可以代表地方 6 项。[①]

梁世武使用"候选人形象指标"预测模式验证 1994 年台北市市长选举时，将"候选人形象指标"分为候选人个人特质（包括学经历和能力）、候选人的政党属性、候选人的政见属性。[②]

金溥聪将候选人形象属性分为个人特质、政党背景和政见立场三大类目。其中，个人特质类目又细分为四个与政治有关的个人特质（能力、经验、领导才能 / 魄力、政治风格）和六个与政治无关的个人特质（品德、个性、仪表、聪明才智、教育 / 成长背景、口才），加上政党背景和政见立场共 12 个形象指标，每个形象属性依据新闻报道内容记录为正面、负面或中性。[③] 金溥聪的形象类目体系，和麦库姆斯等人一样，将政治人物的政党背景和政见视为形象内容的组成部分。

李郁青综合国内外形象研究类目结论、台湾民情以及台湾选举期间报纸上所呈现的重要议题，并配合多次开放式问卷调查的前测结果，将候选人的形象类目，依其性质分为 12 类：能力，经验与能力，领导才能与魄力，政治风格，品德，仪表，个性、性格、脾气与风度，聪明才智，个人背景，口才，政党代表因素，议题政见。[④]

此后多项政治人物形象研究参照了金溥聪、李郁青的形象属性分类标准。连珊惠在研究《中国时报》《联合报》《自由时报》所呈现的马英九、陈水扁、王建煊三人形象时，将候选人形象分为 12 个类目：能力、经验与经历、领导才能、政治风格、品德、仪表、个性、聪明才智、个人背景、省籍、政党、政见。[⑤]

陈信助研究 2000 年台湾地区领导人选举期间选民心目中的连战、陈水扁、

① 陈世敏：《候选人形象与选民投票行为》，《新闻学研究》，1992 年第 46 集，第 149—168 页。

② 梁世武：《一九九四年台北市长选举之预测——"候选人形象指标"预测模式之验证》，《选举研究》，1994 年第 1 卷第 2 期，第 97—129 页。

③ 金溥聪：《报纸的形象设定效果研究》，《新闻学研究》，1997 年第 55 集，第 203—223 页。

④ 李郁青：《媒介议题设定的第二面向——候选人形象设定效果研究》，台北：台湾政治大学硕士论文，1996 年，第 23 页。

⑤ 连珊惠：《从报纸呈现之候选人形象看编辑之守门行为》，台北：世新大学硕士论文，1999 年，第 15 页。

宋楚瑜形象时，将候选人形象特质分为"与政治相关个人特质"和"与政治无关个人特质"，并具体细分为：亲和力（很亲切）、领导能力、清廉（不贪污）、值得信任、了解民众需求、国际观、魄力、群众魅力（很有人气）、解决问题的能力、领袖气质，共 10 个类目。[①]

梁心乔借鉴金溥聪、李郁青候选人形象类目观点，将候选人形象类目分为个人特质、政党因素、公共议题政见和其他四大类。其中，个人特质在金溥聪10 个类目的基础上，去掉"聪明才智"，增加"省籍 / 族群 / 国家认同"和"熟悉度 / 印象深浅"两项；政党因素则包括所属政党背景、政治理念与意识形态、政治关系 / 政治人脉三项。[②]胡馨云在研究报纸所呈现的马英九形象时，所采用的形象类目体系，也是主要借鉴了金溥聪的形象分类。[③]

本书考察的是台湾电视综艺节目中的政治人物形象，所采用的政治人物形象内涵不仅包括政治人物的个人属性，还包括其政党因素、政见立场、政策施行和公共关系。

## 三、本研究类目体系

建构类目的过程其实就是对政治人物形象进行操作化定义的过程，使之可以进行量化、系统、可重复的观察和测量。建构类目主要有两种路径：一种是借鉴现成的类目框架；另一种是根据研究目的和研究对象，遵循一定的原则和方法自行设计。由于政治人物形象研究的复杂性和多样性，若将前人的政治人物形象类目体系直接拿来使用，可能会出现一些问题。考虑到已有类目体系在不同文化情境、文本类型和研究方法中的适用性和局限性，本书在借鉴已有政治人物形象特征类目的基础上，针对《全民最大党》的节目特点进行调整和修改。本书赞同政治人物形象应该包括政治人物个人属性和政见立场的观点，所参照的形象类目主要包括 SRC/CPS、尼谋和萨维奇、麦库姆斯、金溥聪的候选人形象特征分类。具体而言，本书将政治人物形象属性分为实质维度和情感维度：实质维度包括能力、个性、政党背景、政见立场等方面，研究者根据穷尽、互斥、独立和同一分类标准的原则，自行设计适合《全民最大党》的具体类目；

① 陈信助：《候选人形象研究》，新北：淡江大学硕士论文，2000 年，第 95—96 页。
② 梁心乔：《候选人形象设定效果——以 2002 年台北市长选举为例》，新北：淡江大学硕士论文，2003 年，第 41—42 页。
③ 胡馨云：《报纸呈现候选人形象变化研究——以 1998 与 2002 年台北市长候选人马英九为例》，台北：台湾政治大学硕士论文，2004 年，第 50—51 页。

情感维度包括正面、负面和中立。政治人物的角色分为领导者、政党代表、传播者和个人四种基本角色类型。

本章主要从广度上探讨《全民最大党》所呈现的政治人物形象，基于语言符号进行分析，因此"说什么"和"如何说"类目，主要是针对笔者整理出来的《全民最大党》116集样本节目的文字摘要和视频中的人物对话。摘要包括节目的播出日期、主持人、讨论主题、现场嘉宾、讨论内容梗概和单元设置等。"说什么"类目主要包括主题类目和方向类目，包括节目主持人、人物设置、讨论主题的类型、讨论主题中政治人物的形象特征分类及偏向等。"如何说"类目包括主题中有关政治人物的称谓和形容词短语。分析的层次包括词语、短语、主题句和整个视频节目。本书将在第三章对节目中政治人物的完整台词和视觉符号进行详细的分析。

如前文所述，艾英戈（Shanto Iyengar）把电视新闻节目的框架类型分为事件框架和主题框架。《全民最大党》属于政治模仿秀节目，在形式上模仿政论节目，由主持人和嘉宾围绕特定主题进行讨论。其节目框架类型属于主题框架，即根据主题组织事件，介绍事件的背景、发展过程和结果，并进行现场讨论。贝雷尔森认为主题是"关于一个话题的一则断言"，经常以一个简单句或复合句的形式出现。[1]霍尔斯蒂同样将主题看作是"关于某个话题的单一断言"，认为在某些研究中主题是内容分析最重要的单位。[2]讨论主题体现了节目的主旨和节目制作者对节目的框架建构，是节目的中心组织思想。因此，本书除了对讨论主题的类型及其偏向进行分析外，还对主题中有关马英九和蔡英文角色的词语和短语及其偏向进行编码。

（一）"说什么"类目

1.节目基本信息

（1）播出时间：节目播出的年月日。

（2）主持人：在节目开头自我介绍、统领贯穿整个节目、串联各个单元、组织现场讨论的人。

（3）主持人性别：虚构的主持人角色／被模仿者的性别，男或女。

---

① Bernard Berelson, *Content Analysis in Communication Research*, New York: Hafner Press, 1984, p. 138.

② Ole R. Holsti, *Content Analysis for the Social Sciences and Humanities*, Reading, Massachusetts: Addison-Wesley Publications, 1969, p. 116.

（4）模仿者：扮演主持人的喜剧演员姓名。

（5）模仿者性别：扮演主持人的喜剧演员本人的性别，男或女。

（6）人物设置是否体现蓝绿：人物包括主持人和现场嘉宾。现场嘉宾指和节目主持人围绕节目主题进行讨论的人物，在节目开头由主持人介绍出场并进行自我介绍，其身份经常是知名政治人物和社会各界人士。现场嘉宾均为虚构的角色，采用与现实政治人物或公众人物相同发音的字命名。该类目的赋值为是或否。若人物来自政治立场对立的泛蓝阵营和泛绿阵营，判断为是；若人物属于泛蓝阵营和无党籍人士，或属于泛绿阵营和无党籍人士，或全部属于无党籍人士，需要判断无党籍人士的政治立场，再进行判断；若人物全部来自同一个阵营，或来自泛蓝阵营和中间阵营，或来自泛绿阵营和中间阵营，判断为否。来自大陆和国外的人物以及历史人物不归属蓝绿阵营，不作为判断对象。

泛蓝阵营指认同"九二共识"、坚持"一个中国"的台湾岛内政治团体，主要包括国民党、亲民党、新党及其支持者；泛绿阵营指不承认"九二共识"、或隐或显坚持"台独意识"的台湾岛内政治团体，主要包括民进党、"台联党""新国家连线""建国党"及其支持者。无党籍人士或节目未提到其党派归属的人物，若拥护泛蓝阵营的领导人，认同泛蓝阵营的政见，归入泛蓝阵营；若拥护泛绿阵营的领导人，认同泛绿阵营的政见，归入泛绿阵营；否则，归入"未明确表明政治立场"。

判断人物蓝绿的依据依次是有关人物说明的字幕、人物的自我介绍、人物的政见立场。首先，字幕明确说明人物是"国民党×××""行政院院长"等"马团队"人员，可判断其属于泛蓝阵营；字幕明确说明人物是"民进党×××""高雄市长"、李登辉孙女等，可判断其属于泛绿阵营。其次，人物在自我介绍或对话中明确表示自己所属阵营，可据此判断，例如"我们绿营""我们国民党"。最后，人物在讨论中强烈抨击某个阵营的领导人物和政治立场，可判断其属于对立阵营，例如自称"打马悍将"的人物可归入绿营。根据以上三点无法明确判断其立场的人物，归入"未明确表明政治立场"，在进行判断时不考虑其政治色彩。需要说明的是，本书只根据节目明确表达的信息判断人物所属的蓝绿阵营，至于节目未明确表达、需进行延伸解读的隐含信息不作为判断的依据，节目人物角色所指涉的真实人物在现实世界中的政治色彩不在本书的考虑范围之内，也不作为判断的依据。

（7）讨论内容是否体现冲突：讨论内容指主持人和现场嘉宾围绕主题所进

行的对话，不包括提前录制好的体现各种主题的短剧。判断的标准如下：讨论内容是否反映了代表不同利益的阵营、个人、集体的不同意见？或是否一个阵营、个人、集体在斥责另一方？或内容是否呈现了对抗、冲突、论战等？若对这三个问题的其中一个的回答是肯定的，则讨论内容体现冲突。①

2. 节目讨论主题

（1）主题的类型：指节目所讨论的关于马英九角色或蔡英文角色的主要议题。讨论主题以陈述句和疑问句的方式，在节目开头由主持人引出，并经由字幕显示在屏幕下方。国内新闻学者根据内容，将新闻分为政法新闻、经济新闻、文教卫生新闻（包括文艺）、体育新闻、社会新闻。②更细的分类是，将新闻报道分为时政新闻、经济新闻、科教文卫新闻、法制新闻、社会新闻、民生新闻、娱乐新闻、体育新闻、军事新闻等。③《全民最大党》属于"新闻综艺"节目，④因此本书参照以上新闻内容分类标准，结合《全民最大党》的特殊情况进行细化，将讨论主题分为：

**政治类**

领导人/民进党代表人物：领导人指台湾地区历任领导人马英九、陈水扁、李登辉，民进党代表人物指民进党主席蔡英文、民进党重要人物苏贞昌和谢长廷、前民进党主席施明德。蔡英文的身份为样本选取时间 2008—2012 年所担任的主要职务，即民进党主席。施明德曾任民进党主席，后来退出民进党。此类目指对以上七位政治人物的评价、七位政治人物之间的互动关系以及七位政治人物的言论和活动，但其言论和活动不包括所有其他类目的议题，例如选举活动、游行示威、两岸事务等主题类型已单列出来，不在此类目范畴之内。若以上七位政治人物出现在选举或游行等活动中，则根据活动的类型进行判断。例如，"扁讲话没人信，马讲话又跳票"，归入此类目。

官员/民意代表：有关台湾各级官员和民意代表的言论和活动的议题，例如，"马团队是累了，还是没有魂"，"老咖要回锅"。

选举活动：有关台湾地区领导人选举和各级选举活动的议题，例如，"选举后小马哥被骂臭头，还被说会三连败"。

① 周翔：《传播学内容分析研究与应用》，重庆：重庆大学出版社，2014 年，第 377 页。
② 李良荣：《新闻学概论》，上海：复旦大学出版社，2001 年，第 35 页。
③ 鲍海波、王敏芝编著：《新闻学基础理论》，西安：陕西师范大学出版总社，2015 年，第 36 页。
④ 根据《全民最大党》制作人王伟忠讲座录音整理，2016 年 5 月 10 日。

游行示威：有关游行、示威、集会等社会运动的议题，例如，"830 呛马大游行"。

两岸事务：有关台湾地区与祖国大陆的关系、海峡两岸交流活动和政策、两岸政治人物互动往来的议题。

对外事务：有关台湾地区领导人到其他国家的参访活动、与外国领导人之间的互动往来，以及台湾地区对外国的政策。

**经济类**

经济形势：有关台湾整体经济发展情况、未来走势的议题，例如，"国庆日，马说风雨过后必是晴天"；有关股市动态的议题，例如，"秋天到了，股票还在跌"；有关普通民众的消费情况、购买力，台湾当局刺激消费的做法等，例如，马英九买鞋带头刺激买气；有关毕业生就业情况的议题。此类目主要包括以上四个方面，不包括经济政策。

经济政策：有关经济发展政策、措施的议题，例如，油电双涨问题。

**社会类**

食品安全：有关食品质量、食品安全的议题，例如，毒奶粉事件。

卫生防疫：有关公共卫生、疾病防疫的议题，例如，禽流感问题。

自然灾害：有关自然灾害的议题，例如，风灾、水灾议题。

交通 / 基础设施：有关交通建设、硬件设施和其他民生基础设施的议题。

社会福利：有关老百姓生活保障、社会福利的议题，例如，保险、养老金、老农津贴等议题。

**体育类**

体育：有关体育活动、赛事的议题，例如，奥运会、职业棒球比赛。

**军事类**

军事：有关"国防"科技、军事演习的议题。

**其他**

除以上 15 项之外的其他议题。例如，"南韩总统政策跳票，捐薪水财产。有人叫小马哥也要捐，你认为还有谁该捐？"讨论的主要对象是"南韩总统""有人"，归入此类目。

讨论主题的类型主要根据节目开头的字幕提示、主持人对讨论主题的背景介绍和解释进行判断。当节目提到多个议题时，根据节目的核心议题进行判断，核心议题是节目最主要的议题，例如，"闻奶色变，闻马呛声，闻扁心酸"，同时提到食品安全和领导人。由于核心议题是食品安全，领导人议题的提出是以此为背景的，因此根据核心议题编码为"食品安全"。

（2）主题是否体现冲突：主题是否反映了代表不同利益的阵营、个人、集体的不同意见？或是否一个阵营、个人、集体在攻击、斥责另一方？或主题是否呈现了对抗、冲突等？若对这三个问题的其中一个的回答是肯定的，则主题体现冲突。

（3）主题提到的政治人物：包括只提到马英九角色、只提到蔡英文角色、同时提到马英九角色和蔡英文角色三种情况。

（4）主题中政治人物的形象特征分类及其偏向：这里的政治人物指马英九角色和（或）蔡英文角色。形象特征（image traits）指政治人物某些突出的、可识别的属性，是政治人物形象的构成内容。此类目根据讨论主题涉及的政治人物形象维度而设定，旨在考察节目主题所体现的政治人物属性及其偏向，从而了解《全民最大党》在塑造马英九角色和蔡英文角色形象时所侧重的方面。在类目建构上，本书借鉴上述国外学者和台湾研究者的形象类目研究成果，参照麦库姆斯等人的做法，将讨论主题中政治人物的形象特征分为实质维度和情感维度两大类，实质维度包括：

行政能力：Shyles 将能力（competence）定义为政治人物的知识、技能、能力和资源等；Kinder 和 McCann 将行政能力（administrative competence）操作化为是否聪明、博学、努力工作。本书参照以上观点，将行政能力定义为政治人物的做事能力和执行力，这些能力由政治人物的知识、技能、聪明才智和资源等因素决定。

领导力/魄力：Shyles 将领导力（leadership）定义为引导、管理团队和制定方向的能力；Kinder 和 McCann 将领导力分为强有力的领导者、鼓励人心和受人尊敬与否。本书的领导力/魄力包括政治人物的判断力、决策力、号召力、用人哲学、与团队和下属的关系、魄力等。

政治风格：Graber 将风格（style）定义为自我克制、直率、坚强、亲民、反智与否；尼谋和萨维奇的政治风格（political style）含义更为广泛，包括候选人作为表演者（传播者）和作为个人的属性；台湾研究者李郁青将政治风格定义为温和/攻击性等行动取向。本书的政治风格指政治人物领导其团队和下属的方式以及政治行动取向，例如温和或攻击性、强势或弱势、强硬或软弱等。

群众魅力：美国密歇根大学调查研究中心/政治研究中心（SRC/CPS）在

1952—1972 年的总统候选人形象调查中（以下简称"SRC/CPS 相关研究"），将个人吸引力（personal attraction）作为候选人形象的一个指标。台湾研究者陈信助将群众魅力定义为很有人气。本书的群众魅力指政治人物在民众心目中的信任度和好感度，民众对政治人物的喜欢程度和民调的高低。

议题立场：SRC/CPS 相关研究将议题（issues）作为候选人形象的一个指标；麦库姆斯等人亦将候选人的意识形态和议题立场作为候选人形象的实质维度之一。可见，政治人物的议题立场是政治人物形象的重要组成部分。本书的议题立场指政治人物对于公共议题的意见和立场，公共议题包括两岸事务、经济形势、消费、就业、卫生防疫等有关台湾政治、经济和社会的议题。

政策施行：SRC/CPS 相关研究将候选人的国内政策和外交政策作为候选人形象的两个指标。可见，政策也是评估候选人形象的因素。本书的政策施行指政治人物所提出的旨在促进台湾社会发展和提高人民生活质量的各项政策，以及政策的实施情况，包括岛内政策和岛外政策。岛内政策包括经济政策、社会福利政策等。岛外政策包括两岸政策和对外政策。

公共关系：Graber 将公共关系（relations with public）定义为保持公众知情、允许争议、使用自己的判断力、拥有众多顾问、倾听民众声音、动员公众支持、保持渠道畅通、倾听批评意见；SRC/CPS 相关研究将团体关系（relation to groups）视为总统候选人形象的构成内容。本书的公共关系指政治人物与普通民众的互动关系；政治人物是否倾听民众声音，体察民间疾苦；政治人物与所属政党之外的政界知名人士的互动关系。需要说明的是，李登辉原为国民党籍人士，2011 年 9 月 21 日被国民党开除党籍，虽然是"台联党"的"精神领袖"，但并非该党党员，本书将其视为支持主张"台独"的无党籍人士；陈水扁 2008年因贪污弊案"退出"民进党，2013 年恢复党籍，目前为民进党籍人士。

与其他国家的关系：此类目为本书根据需要自行设计，指政治人物与外国政治人物的互动关系。

政党领袖：政党代表是尼谋和萨维奇归纳的政治人物四种角色中的一种。美国 SRC/CPS 在 1952—1972 年的总统候选人形象调查中，将政党代表（party representative）作为候选人形象的一个重要指标。金溥聪等研究者亦将候选人的政党背景作为重要的形象类目。本书的政治领袖指政治人物担任政党领导者的资质和能力；政治人物对所属政党理念的表达，对所属政党利益的代表。

党内关系：此类目为本书根据需要自行设计，指政治人物与党内成员的互动关系。

媒体表现：媒体表现是政治人物作为传播者的能力体现，指政治人物使用媒体进行政治传播的情况、政治人物在媒体面前的表现情况，以及媒体对政治人物的报道情况。

沟通能力：美国 AIPC 相关研究将表达能力（speaking ability）作为候选人形象的五个指标之一。本书的沟通能力指政治人物在特定活动和情境中使用恰当的语言进行沟通的能力，以及政治人物的口才。

竞选宣传：此类目为本书根据需要自行设计，指政治人物进行竞选宣传的手段和方式。

品德：Shyles 将利他主义作为政治人物形象的一个方面；Kinder 和 McCann 的候选人形象维度包含正直和同理心；金溥聪将品德视为候选人形象中与政治无关的个人特质。本书的品德指政治人物的道德品质，例如正直、诚实、可靠、同情心、关心他人、道德模范等。

个性：在麦库姆斯等人的候选人形象研究中，个性（personality）是候选人形象实质维度的一个重要方面。本书的个性指政治人物的性格特征，例如忠厚、老实、勇敢、独立等。

仪表：政治人物的外显特征，包括外貌、着装、举止等。

私生活：此类目为本书根据需要自行设计，指政治人物与家庭成员的互动关系、个人隐私和性别取向。家庭背景是候选人个人属性的组成部分。由于本书的节目样本只提到政治人物与其家人的互动，因此家庭背景特指政治人物与家庭成员的互动关系，并归入政治人物的私生活类目。

以上选项皆不适用：讨论主题提到政治人物以上 17 项之外的形象特征；或者讨论主题只是陈述政治人物的活动，没有提到政治人物的形象特征；或者讨论主题主要是关于其他政治人物，虽然提及马英九角色或蔡英文角色，但并未提到马英九角色或蔡英文角色的形象特征。

在上述形象特征中，行政能力、领导力 / 魄力、领导风格、群众魅力、议题立场、政策施行、公共关系等体现政治人物作为政治角色的形象特征，品德、个性、仪表、性取向、与家庭成员的互动关系属于政治人物的个人属性，体现政治人物作为风格角色的形象特征。

此外，本书在讨论主题下面设有方向类目。编码员在对讨论主题所涉及政治人物形象属性进行归类后，对政治人物形象的整体方向进行判断。"方向类目指的是对一个主题、目标人物等的赞成或反对的处理方式。"[1] 费德勒等人将偏向（bias）定义为"任何意见的表达或偏离中立"。[2] 本书所设置的方向类目包括正面、中立和负面，这三个类目也就是麦库姆斯等人所说的政治人物形象的情感维度。

正面：讨论主题对马英九角色／蔡英文角色支持、肯定、赞扬或持有利意见，使用积极正面词语描述和评价马英九角色／蔡英文角色，例如很拼、民主、有 guts（有魄力）等。

中立：讨论主题对马英九角色／蔡英文角色的意见是没有偏向的，同时使用正面和负面词语描述和评价马英九角色／蔡英文角色，或者未使用任何正面或负面词语。讨论主题中的疑问句部分，并未表明意见立场，本书将其偏向视为中立。

负面：讨论主题对马英九角色／蔡英文角色否定、反对、批评或持不利意见，使用负面词语描述和评价马英九角色／蔡英文角色，或呈现冲突性，例如民调低、软弱、生气、被骂、无能、不会说话等。

（5）主题中政治人物的角色类型：角色（roles）是从各种各样的形象特征中归纳出来的政治人物形象的基本组成要素。尼谋和萨维奇将这些概括性的形象组成要素（image components）称为角色，将政治人物的角色分为政治角色和风格角色，并进一步分为领导者、政党代表、表演者（传播者）和个人。也就是说，如果将政治人物视为行动者，那么政治人物在不同的情境中扮演不同的角色。从操作层面上讲，角色是通过统计学上的因子分析，从一系列政治人物形象特征中提炼出来的共同因素。形象特征和形象角色的区别在于，形象特征较为具体和多样，形象角色较为抽象和固定。本书参照尼谋和萨维奇的研究成果，将马英九角色和蔡英文角色的形象分为四种基本角色类型：领导者、政党代表、传播者和个人。

领导者：与过去、现在、将来所担任的官方职务有关的形象属性，包括资格、履历、能力等。

政党领袖：与担任政党领袖有关的形象属性，包括政治哲学、党内关系等。

传播者：与作为传播者有关的形象属性，包括媒体使用、表达能力等。

---

[1] 周翔：《传播学内容分析研究与应用》，重庆：重庆大学出版社，2014 年，第 206 页。

[2] Fred Fedler, Mike Meeske and Joe Hall, "Time Magazine Revisited: Presidential Stereotypes Persist", *Journalism Quarterly*, vol. 56, no. 2 (1979), p. 354.

个人：与作为个人有关的形象属性，包括年龄、外表、举止、诚实、可靠、教育背景、家庭背景等。

以上选项皆不适用：讨论主题没有提到政治人物的形象特征。

政治人物在不同的情境下，扮演领导者、政党领袖、传播者和个人中的一种或多种角色。因此，一个讨论主题涉及的政治人物形象可能是多种角色的结合。本书在编码过程中只记录最重要的一种角色类型。

（二）"如何说"类目

讨论主题中的词语和短语：从词语和短语的角度考察马英九角色 / 蔡英文角色的形象。

（1）讨论主题有关马英九角色 / 蔡英文角色的称谓：指以何种方式称呼马英九角色 / 蔡英文角色。

（2）讨论主题有关马英九角色 / 蔡英文角色的形容词短语及其偏向：以何种形容词短语描述马英九角色 / 蔡英文角色，分为正面、中性和负面。讨论主题疑问句部分有关马英九角色 / 蔡英文角色的形容词短语不在编码范围内。

本书在初步设计出类目体系后，随机抽取节目样本进行试编码，反复修改类目和变量的操作化定义，形成最终的编码表和编码须知。编码表是记录编码信息的表格，便于后续的资料分析。编码须知是编码员的操作指南，告诉编码员每个变量的操作化定义，如何对内容进行归类，以及如何给变量赋值。具体编码表和编码须知详见附录二和附录三。

## 第四节　信度检验与编码

信度和效度是衡量内容分析是否可信和有效的两项重要指标。"信度（reliability）要求不同的编码员对相同的内容运用相同的分类规则，所赋的值相同。效度（validity）要求赋值是可信的，而且所赋的值准确地反映了所研究的抽象概念。"[1] 简言之，信度指所测量的结果是否准确，效度指所测量的是否是研究者想要测量的。在内容分析中，信度指编码员信度（intercoder reliability），也就是不同编码员编码结果的一致程度。编码表是内容分析的测量工具，编码员根据编码表所提取出来的信息则是测量的结果。本书的类目体系主要源于前人

---

① ［美］里夫、［美］赖斯、［美］菲克:《媒介信息量化研究技巧》（第2版），嵇美云译，北京：清华大学出版社，2010年，第64页。

经验研究的成果和通用的类目，在效度上有所保障。此外，作者在初步拟定编码表和编码须知后，与台湾政治传播学者多次进行讨论，反复修改，以检验每个类目的效度，确保每个类目的操作化定义就是作者所要测量的概念。在信度方面，维曼和多米尼克建议，在编码数据中选择10%—25%作为子样本，计算编码员间的信度系数。[①] 彭增军认为，如果总体样本数大于500，选取10%；如果总体样本小于500，则可考虑加倍（20%，40%）或者普查。[②] 由于本书涉及需要进行主观判断的类目，因此进行全部样本的信度检验，即普查。也就是说，三位编码员分别对《全民最大党》116个样本节目独立进行编码，然后计算三位编码员对每个类目编码的一致程度。

内容分析至少需要两名编码员进行信度检验和编码，本书选定三名编码员是因为有些方向类目的赋值需要编码员的主观判断，当编码出现分歧时可根据多数意见确定编码结果。这三位编码员分别为作者本人和厦门大学两名选修过台湾传媒课程且经过编码培训的本科生。在正式编码之前，作者对其他两名编码员进行培训，为她们讲解编码表每个类目的操作化定义、编码步骤和编码注意事项。在编码员培训会结束之后，三位编码员对10%的样本节目（随机抽取的12集）进行试编码，由作者计算三名编码员之间的信度。有些需要主观判断的类目信度较低，未达到80%的最低要求，因此作者对编码员进行第二次培训。在这之后，研究进入正式编码阶段，三位编码员各自独立完成全部样本116个节目的编码，编码结果作为最后信度检验和统计分析的基础。

在计算信度之前，首先根据以下公式计算三位编码员两两之间对每个类目编码的相互同意度：[③]

$$相互同意度 = \frac{2M}{N_1 + N_2}$$

M为两位编码员完全一致的编码数目，$N_1$为第一位编码员编码的总量，$N_2$为第二位编码员编码的总量。根据上述公式计算出编码员A和B、A和C、B和C之间的相互同意度之后，取平均值，再根据以下公式计算信度：[④]

① ［美］罗杰·D.维曼、约瑟夫·R.多米尼克：《大众媒介研究导论》，金兼斌等译，北京：清华大学出版社，2005年，第168页。

② 彭增军：《媒介内容分析法》，北京：中国人民大学出版社，2012年，第91页。

③ 王石番：《传播内容分析法：理论与实证》，台北：幼狮文化事业公司，1991年，第312页。

④ 王石番：《传播内容分析法：理论与实证》，台北：幼狮文化事业公司，1991年，第312页。

$$信度 = \frac{n \times 平均相互同意度}{1+(n-1) \times 平均相互同意度}$$

n 为参与的编码员数目，在本书的研究中，n=3。

根据上述两个公式，每个类目的相互同意度和信度计算结果如表 2.6：

表 2.6  编码员之间的相互同意度和信度

| 类目 | AB 相互同意度 | AC 相互同意度 | BC 相互同意度 | 平均相互同意度 | 信度 |
|---|---|---|---|---|---|
| 主持人 | 1 | 1 | 1 | 1 | 1 |
| 主持人性别 | 1 | 1 | 1 | 1 | 1 |
| 模仿者 | 1 | 1 | 1 | 1 | 1 |
| 模仿者性别 | 1 | 1 | 1 | 1 | 1 |
| 人物设置是否体现蓝绿 | 0.888 | 0.862 | 0.836 | 0.862 | 0.949 |
| 主题类型 | 0.690 | 0.810 | 0.681 | 0.727 | 0.889 |
| 主题是否体现冲突 | 0.828 | 0.845 | 0.759 | 0.811 | 0.928 |
| 内容是否体现冲突 | 0.922 | 0.957 | 0.931 | 0.937 | 0.978 |
| 主题提到的政治人物 | 1 | 1 | 1 | 1 | 1 |
| 主题中马英九角色的称谓 | 0.966 | 0.940 | 0.974 | 0.960 | 0.986 |
| 主题中马英九角色整体偏向 | 0.552 | 0.690 | 0.603 | 0.615 | 0.827 |
| 主题中马英九角色形象特征 | 0.560 | 0.647 | 0.534 | 0.580 | 0.806 |
| 主题中马英九角色形象类型 | 0.595 | 0.655 | 0.543 | 0.598 | 0.817 |
| 主题中蔡英文角色的称谓 | 0.958 | 0.917 | 0.958 | 0.944 | 0.981 |
| 主题中蔡英文角色整体偏向 | 0.833 | 0.792 | 0.875 | 0.833 | 0.937 |
| 主题中蔡英文角色形象特征 | 0.667 | 0.792 | 0.583 | 0.681 | 0.865 |
| 主题中蔡英文角色形象类型 | 0.75 | 0.708 | 0.625 | 0.694 | 0.872 |

资料来源：作者根据信度检验结果自行绘制。

每个类目编码结果的录入规则是，当三位编码员的编码一致时，直接录入统一的编码结果；当三位编码员的意见出现分歧时，根据多数意见确定编码结果，也就是说，当有一位编码员与其他两位编码员的意见不一致时，以两位编码员的意见为编码结果；当三位编码员的意见均不一致时，编码员讨论协商取得一致意见后，再确定编码结果。虽然这不能确保编码结果没有偏差，但是保证编码结果遵从多数意见原则，在一定程度上保证编码的客观性。

在内容分析中，类目信度的最低标准水平是80%。[①]从表2.6可知，本书每个类目的信度都超过80%，符合内容分析的信度要求。主持人、主持人性别、模仿者、模仿者性别、主题提到的政治人物，这几项为客观的显性传播内容，编码员的一致程度很高，信度均达到100%。讨论主题中有关马英九角色/蔡英文角色的整体文意偏向、讨论主题中马英九角色/蔡英文角色的形象特征、讨论主题中马英九角色/蔡英文角色的形象类型，这几项为主观的隐性传播内容，且下属的子类目较多，编码员的一致程度较低，信度最低的一项为80.6%，但也达到80%的最低接受门槛。这说明内容分析在对需要主观判断的隐性传播内容进行编码时，信度系数会受到影响。这也是为什么贝雷尔森在提出内容分析的定义时，强调内容分析是对显性传播内容进行客观、系统和定量地描述的一种研究技巧。

需要说明的是，一期节目的讨论主题可能同时提到马英九角色/蔡英文角色一种以上的形象特征，编码员在编码的过程中记录下讨论主题提到的所有形象特征，并按照重要性依次进行排列，最重要的排在最前面。在计算信度和确定编码结果时，只取最重要的一个形象特征。最重要的形象特征依据多数意见原则进行判断，也就是说，三位编码员都排在第一位的那个形象特征，是该节目讨论主题有关马英九角色或蔡英文角色的主要形象特征。若编码员意见出现分歧，取多数意见的编码结果，即若两位编码员排在第一位的形象特征一致，另一位编码员持不同意见，则取两位编码员共同的编码结果。若三位编码员排在第一位的形象特征都不同，则取该讨论主题中编码员共同记录且记录次数最多的那个形象特征，同等条件下，取排在前面的形象特征。若根据以上方法，依然无法确定编码结果，由三位编码员讨论协商取得一致意见后确定。讨论主题中有关马英九角色/蔡英文角色的形容词短语因信度太低，不计入最后的统计分析。

① ［美］里夫、［美］赖斯、［美］菲克:《媒介信息量化研究技巧》（第2版），嵇美云译，北京：清华大学出版社，2010年，第150页。

## 第五节　资料分析

在完成编码员之间的信度检验和所有编码后，本书使用 SPSS 22 中的描述性统计工具和相关性统计工具进行数据资料分析。

### 一、人物的设置

在《全民最大党》的主持人角色方面，116 个样本节目中，主持人角色出现最多的是胡中信和郑鸿仪，分别出现 10 次；其次是郭掏，出现 9 次；排在第三位的是桃子，出现 7 次；王仕坚（6 次）、吴国冻（6 次）、黎智瑛（5 次）、郝伯村（4 次）、施明得（4 次）、苏真昌（4 次）、王郁奇（4 次）、刘宝桀（4 次）。主持人角色以及节目中其他角色，均以与现实中真实人物谐音的名字命名，体现《全民最大党》戏仿的特点。主持人角色的身份最多的是媒体人士，其次是政治人物。扮演主持人角色的喜剧演员主要是台湾男艺人郭子乾和邰智源，在主持人角色中分别出现 60 次和 56 次。台湾女艺人吴怡霈在主持人角色中出现 2 次（搭配郭子乾），郭惠妮在主持人角色中出现 1 次（搭配邰智源）。在 116 个样本节目中，有 18 集节目（15.5%）的主持人角色出现性别反串的现象，由男性演员模仿女性角色；有 81 集节目（69.8%）的人物设置（包括主持人和现场嘉宾）体现蓝绿对立。《全民最大党》系列节目是模仿台湾政论节目的综艺节目。在人物设置上，《全民最大党》模仿政论节目的形态，兼顾来自不同阵营的人物角色，表面上是为了保持观点的平衡和中立，实则加强了节目内容的冲突性。

表 2.7　人物设置是否体现蓝绿对立

| 类目 | 频率 | 百分比 | 有效百分比 | 累积百分比 |
|---|---|---|---|---|
| 1 是 | 81 | 69.8 | 69.8 | 69.8 |
| 2 否 | 35 | 30.2 | 30.2 | 100.0 |
| 总计 | 116 | 100.0 | 100.0 | — |

资料来源：作者根据统计结果自行绘制。

## 二、讨论主题的类型

在 116 个样本节目中，有关台湾地区历任领导人马英九、陈水扁、李登辉，以及民进党代表人物施明德、蔡英文、苏贞昌、谢长廷 7 位政治人物的互动关系、言论、活动和评论的议题最多，占 37.9%，这项内容不包括类目 2-16。选举活动的议题排在第二位，占总样本的 20.7%。其次是官员 / 民意代表和经济形势，分别占总样本的 6% 和 5.2%。政治议题（类目 1-6）共占 74.1%。经济政策、经济形势、自然灾害和体育等经济、社会议题也是《全民最大党》在 2008—2012 年期间模仿的内容。前文提到，《全民最大党》在选题上往往是针对当时的社会热点问题进行模仿，因此可以说是一种另类的记录历史的方式。

由以上数据和具体节目内容可知，政治人物形象和议题是很难分开的，《全民最大党》通过特定社会议题的讨论塑造马英九角色 / 蔡英文形象。在马英九角色方面，节目突出马英九角色与李登辉、陈水扁、蔡英文角色的互动关系，并且在选举活动、经济形势、游行示威、体育赛事、两岸事务、经济政策、自然灾害等议题中呈现马英九角色形象。与马英九角色相关的议题最主要集中在马英九角色与李登辉、陈水扁、蔡英文、民众以及家庭成员的互动，其次是竞选活动。相关的议题类型更加多元，这是因为马英九角色时任台湾地区领导人，影响台湾社会的各个方面。在蔡英文角色方面，节目突出蔡英文角色与马英九、陈水扁、施明德的互动关系，并且在选举活动、游行示威、两岸事务等议题中呈现蔡英文角色形象。与蔡英文角色相关的议题最主要集中在选举活动（2012年台湾地区领导人选举），其次是蔡英文角色与马英九、陈水扁、施明德的互动。

表 2.8　主题类型分布情况

| 类目 | 频率 | 百分比 | 有效百分比 | 累积百分比 |
|---|---|---|---|---|
| 1 领导人 / 民进党代表人物 | 44 | 37.9 | 37.9 | 37.9 |
| 2 官员 / 民意代表 | 7 | 6.0 | 6.0 | 44.0 |
| 3 选举活动 | 24 | 20.7 | 20.7 | 64.7 |
| 4 游行示威 | 5 | 4.3 | 4.3 | 69.0 |
| 5 两岸事务 | 4 | 3.4 | 3.4 | 72.4 |
| 6 对外事务 | 2 | 1.7 | 1.7 | 74.1 |
| 7 经济形势 | 6 | 5.2 | 5.2 | 79.3 |
| 8 经济政策 | 4 | 3.4 | 3.4 | 82.8 |
| 9 食品安全 | 2 | 1.7 | 1.7 | 84.5 |
| 10 卫生防疫 | 1 | 0.9 | 0.9 | 85.3 |
| 11 自然灾害 | 4 | 3.4 | 3.4 | 88.8 |
| 12 交通 / 基础设施 | 2 | 1.7 | 1.7 | 90.5 |
| 13 社会福利 | 1 | 0.9 | 0.9 | 91.4 |
| 14 体育 | 5 | 4.3 | 4.3 | 95.7 |
| 15 军事 | 1 | 0.9 | 0.9 | 96.6 |
| 16 其他 | 4 | 3.4 | 3.4 | 100.0 |
| 总计 | 116 | 100.0 | 100.0 | — |

资料来源：作者根据统计结果自行绘制。

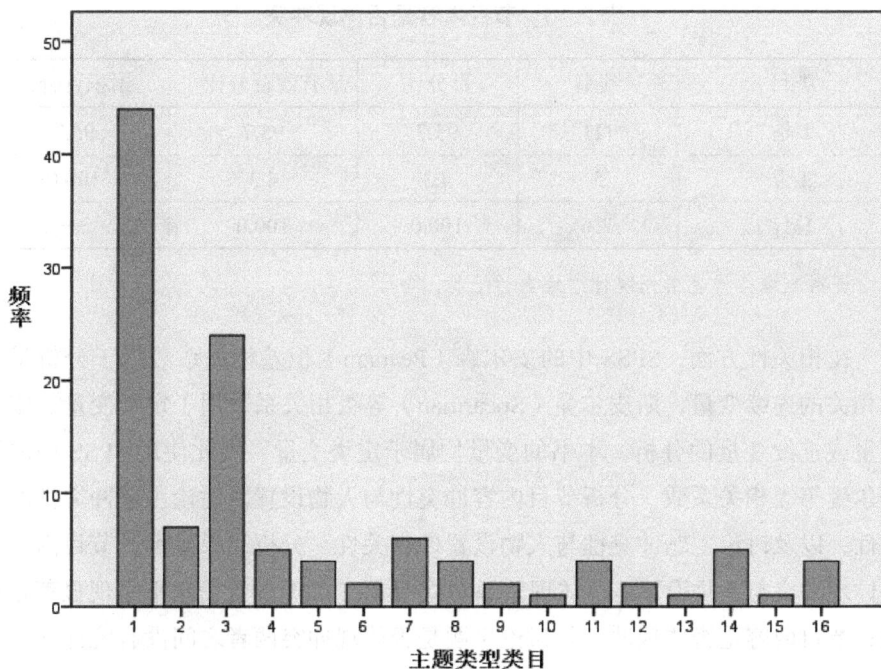

资料来源：作者根据统计结果自行绘制。

图 2.2　主题类型分布情况

## 三、讨论主题和节目内容的冲突性

在所有讨论主题中，有 44 期节目（37.9%）的讨论主题体现冲突，有 72 期节目（62.1%）的讨论主题没有体现冲突。在与讨论主题相关的节目内容方面（现场讨论部分，不包括预先录制好的单元剧），有 111 期节目（95.7%）的内容体现冲突，有 5 期节目（4.3%）的内容没有体现冲突。

表 2.9　讨论主题是否体现冲突

| 类目 | 频率 | 百分比 | 有效百分比 | 累积百分比 |
|---|---|---|---|---|
| 1 是 | 44 | 37.9 | 37.9 | 37.9 |
| 2 否 | 72 | 62.1 | 62.1 | 100.0 |
| 总计 | 116 | 100.0 | 100.0 | — |

资料来源：作者根据统计结果自行绘制。

表 2.10　节目内容是否体现冲突

| 类目 | 频率 | 百分比 | 有效百分比 | 累积百分比 |
|---|---|---|---|---|
| 1 是 | 111 | 95.7 | 95.7 | 95.7 |
| 2 否 | 5 | 4.3 | 4.3 | 100.0 |
| 总计 | 116 | 100.0 | 100.0 | — |

资料来源：作者根据统计结果自行绘制。

在相关性方面，SPSS 中的皮尔森（Pearson）积差相关系数用于分析呈线性相关的连续变量，斯皮尔曼（Spearman）等级相关系数用于定类变量、定序变量或连续变量的分析。本书的变量均属于定类变量，因此使用 SPSS 中的斯皮尔曼等级相关系数，分析节目内容冲突性与人物设置、讨论主题冲突性的相关性，以及讨论主题冲突性与人物设置的相关性。分析结果显示，节目内容是否体现冲突与人物设置是否体现蓝绿对立两者在 0.01 的置信水平呈现显著正相关；节目内容是否体现冲突与讨论主题是否体现冲突两者之间没有统计学意义上的相关性；讨论主题是否体现冲突与人物设置是否体现蓝绿对立两者之间也没有统计学意义上的相关性。

表 2.11　节目内容冲突性与人物设置的相关性

| 项目 | | | 人物代表蓝绿 | 内容体现冲突 |
|---|---|---|---|---|
| 斯皮尔曼等级相关系数 | 人物代表蓝绿 | 相关系数 | 1.000 | 0.323** |
| | | 显著性（双尾） | — | 0 |
| | | N | 116 | 116 |
| | 内容体现冲突 | 相关系数 | 0.323** | 1.000 |
| | | 显著性（双尾） | 0 | — |
| | | N | 116 | 116 |
| **. 相关性在 0.01 级别显著（双尾）。 | | | | |

资料来源：作者根据统计结果自行绘制。

## 四、马英九角色和蔡英文角色的形象特征

在马英九担任台湾地区领导人的第一任期内，2008 年 5 月 20 日至 2012 年 5 月 19 日期间，《全民最大党》讨论主题直接提到马英九角色的节目共有 106 集，讨论主题直接提到蔡英文角色的节目共有 24 集。在上述时间段内，蔡英文担任民进党主席，也是 2010 年新北市市长民进党候选人、2012 年台湾地区领导人民进党候选人。两者在当时台湾政治中的重要程度在《全民最大党》中得到体现。

表 2.12  讨论主题提到的政治人物

| 类目 | 频率 | 百分比 | 有效百分比 | 累积百分比 |
|---|---|---|---|---|
| 1 只提到马英九角色 | 92 | 79.3 | 79.3 | 79.3 |
| 2 只提到蔡英文角色 | 10 | 8.6 | 8.6 | 87.9 |
| 3 两者都提到 | 14 | 12.1 | 12.1 | 100.0 |
| 总计 | 116 | 100.0 | 100.0 | — |

资料来源：作者根据统计结果自行绘制。

《全民最大党》属于调侃政治的综艺节目，对政治人物的称谓有别于新闻节目对政治人物的称谓。节目讨论主题对马英九角色的称谓出现最多的是非正式称谓"小马""小马哥"（两者占 70%），"马英九""×总统"（×代表马、现任、现、现在、新）"马主席"等较为正式的称谓占 16.5%，其他的称谓还包括"马""英""九"三种简称；对蔡英文角色的称谓出现最多的是非正式称谓"小英""蔡小英"（两者占 72%），"蔡英文""×主席"（×代表蔡、旧）等较为正式的称谓占 20%，其他的称谓还包括"蔡""英"两种简称。

表2.13 讨论主题对马英九角色的称谓

| 称谓 | 频率 | 百分比 | 有效百分比 | 累积百分比 |
|---|---|---|---|---|
| "总统" | 6 | 5.0 | 5.0 | 5.0 |
| （双）英 | 1 | 0.8 | 0.8 | 5.8 |
| 九 | 2 | 1.7 | 1.7 | 7.5 |
| 马 | 13 | 10.8 | 10.8 | 18.3 |
| 马"总统" | 4 | 3.3 | 3.3 | 21.7 |
| 马英九 | 5 | 4.2 | 4.2 | 25.8 |
| 马主席 | 1 | 0.8 | 0.8 | 26.7 |
| 现"总统" | 1 | 0.8 | 0.8 | 27.5 |
| 现任（"总统"） | 1 | 0.8 | 0.8 | 28.3 |
| 现在"总统" | 1 | 0.8 | 0.8 | 29.2 |
| 小马 | 55 | 45.8 | 45.8 | 75.0 |
| 小马哥 | 29 | 24.2 | 24.2 | 99.2 |
| 新"总统" | 1 | 0.8 | 0.8 | 100.0 |
| 总计 | 120 | 100.0 | 100.0 | — |

资料来源：作者根据统计结果自行绘制。

表2.14 讨论主题对蔡英文角色的称谓

| 称谓 | 频率 | 百分比 | 有效百分比 | 累积百分比 |
|---|---|---|---|---|
| （双）英 | 1 | 4.0 | 4.0 | 4.0 |
| 蔡 | 1 | 4.0 | 4.0 | 8.0 |
| 蔡小英 | 1 | 4.0 | 4.0 | 12.0 |
| 蔡英文 | 3 | 12.0 | 12.0 | 24.0 |
| 旧主席 | 1 | 4.0 | 4.0 | 28.0 |
| 小英 | 17 | 68.0 | 68.0 | 96.0 |
| 主席 | 1 | 4.0 | 4.0 | 100.0 |
| 总计 | 25 | 100.0 | 100.0 | — |

资料来源：作者根据统计结果自行绘制。

　　讨论主题中马英九角色的形象特征（每个讨论主题中最主要的那个形象特征），出现频率最多的是公共关系（24.5%），其次是议题立场（13.2%），再次是群众魅力（10.4%）。竞选宣传、行政能力、政治风格、政策施行、媒体表现、私生活也是较常出现的形象特征。类目15"个性"未出现。

表2.15　讨论主题中马英九角色的形象特征

| 类目 | 频率 | 百分比 | 有效百分比 | 累积百分比 |
|---|---|---|---|---|
| 1 行政能力 | 6 | 5.7 | 5.7 | 5.7 |
| 2 领导力 / 魄力 | 4 | 3.8 | 3.8 | 9.4 |
| 3 政治风格 | 6 | 5.7 | 5.7 | 15.1 |
| 4 群众魅力 | 11 | 10.4 | 10.4 | 25.5 |
| 5 议题立场 | 14 | 13.2 | 13.2 | 38.7 |
| 6 政策施行 | 5 | 4.7 | 4.7 | 43.4 |
| 7 公共关系 | 26 | 24.5 | 24.5 | 67.9 |
| 8 与其他国家的关系 | 2 | 1.9 | 1.9 | 69.8 |
| 9 政党领袖 | 1 | 0.9 | 0.9 | 70.8 |
| 10 党内关系 | 1 | 0.9 | 0.9 | 71.7 |
| 11 媒体表现 | 5 | 4.7 | 4.7 | 76.4 |
| 12 沟通能力 | 4 | 3.8 | 3.8 | 80.2 |
| 13 竞选宣传 | 9 | 8.5 | 8.5 | 88.7 |
| 14 品德 | 2 | 1.9 | 1.9 | 90.6 |
| 16 仪表 | 1 | 0.9 | 0.9 | 91.5 |
| 17 私生活 | 5 | 4.7 | 4.7 | 96.2 |
| 18 以上皆不适用 | 4 | 3.8 | 3.8 | 100.0 |
| 总计 | 106 | 100.0 | 100.0 | — |

资料来源：作者根据统计结果自行绘制。

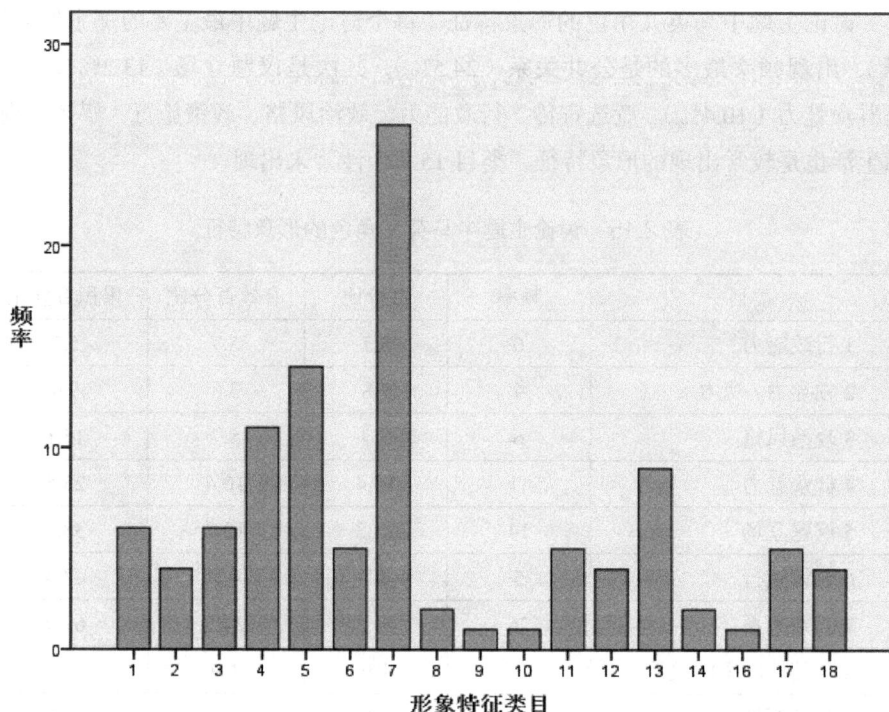

资料来源：作者根据统计结果自行绘制。

图 2.3　讨论主题中马英九角色的主要形象特征分布

讨论主题中有关马英九角色的整体文意偏向以中立居多（62.3%），其次是负面（35.8%），少数为正面（1.9%）。从整体上说，这与《全民最大党》属于政治模仿秀节目有关。节目对政治事件和政治人物进行模仿和讽刺的基调，决定了节目对政治人物的负面情感偏向占有较大的比重。

表 2.16　讨论主题中有关马英九角色的整体文意偏向

| 类目 | 频率 | 百分比 | 有效百分比 | 累积百分比 |
| --- | --- | --- | --- | --- |
| 1 正面 | 2 | 1.9 | 1.9 | 1.9 |
| 2 中立 | 66 | 62.3 | 62.3 | 64.2 |
| 3 负面 | 38 | 35.8 | 35.8 | 100.0 |
| 总计 | 106 | 100.0 | 100.0 | — |

资料来源：作者根据统计结果自行绘制。

从具体因素上看，本书使用 SPSS 中的斯皮尔曼等级相关系数，分析讨论主题中马英九角色的整体文意偏向与人物设置、讨论主题冲突性、节目内容冲突性的相关性。分析结果显示，讨论主题中马英九角色整体文意偏向与人物设置是否体现蓝绿对立两者在 0.05 的置信水平呈现显著负相关；讨论主题中马英九角色整体文意偏向与讨论主题是否体现冲突两者在 0.01 的置信水平呈现显著负相关；讨论主题中马英九角色整体文意偏向与节目内容是否体现冲突两者在 0.05 的置信水平呈现显著负相关。也就是说，《全民最大党》节目的人物设置体现蓝绿对立、讨论主题体现冲突性、节目内容体现冲突性，则讨论主题中所呈现的马英九角色形象偏向负面。

表 2.17　马英九角色整体文意偏向与人物设置的相关性

| 项目 | | | 人物代表蓝绿 | 马英九角色整体偏向 |
|---|---|---|---|---|
| 斯皮尔曼等级相关系数 | 人物代表蓝绿 | 相关系数 | 1.000 | −0.196* |
| | | 显著性（双尾） | — | 0.044 |
| | | N | 106 | 106 |
| | 马英九角色整体偏向 | 相关系数 | −0.196* | 1.000 |
| | | 显著性（双尾） | 0.044 | — |
| | | N | 106 | 106 |
| *. 相关性在 0.05 级别显著（双尾）。 | | | | |

资料来源：作者根据统计结果自行绘制。

表2.18　马英九角色整体文意偏向与讨论主题冲突性的相关性

| 项目 | | | 主题体现冲突 | 马英九角色整体偏向 |
|---|---|---|---|---|
| 斯皮尔曼等级相关系数 | 主题体现冲突 | 相关系数 | 1.000 | −0.265** |
| | | 显著性（双尾） | — | 0.006 |
| | | N | 106 | 106 |
| | 马英九角色整体偏向 | 相关系数 | −0.265** | 1.000 |
| | | 显著性（双尾） | 0.006 | — |
| | | N | 106 | 106 |
| **. 相关性在0.01级别显著（双尾）。 | | | | |

资料来源：作者根据统计结果自行绘制。

表2.19　马英九角色整体文意偏向与节目内容冲突性的相关性

| 项目 | | | 内容体现冲突 | 马英九角色整体偏向 |
|---|---|---|---|---|
| 斯皮尔曼等级相关系数 | 内容体现冲突 | 相关系数 | 1.000 | −0.203* |
| | | 显著性（双尾） | — | 0.037 |
| | | N | 106 | 106 |
| | 马英九角色整体偏向 | 相关系数 | −0.203* | 1.000 |
| | | 显著性（双尾） | 0.037 | — |
| | | N | 106 | 106 |
| *. 相关性在0.05级别显著（双尾）。 | | | | |

资料来源：作者根据统计结果自行绘制。

讨论主题中蔡英文角色的形象特征（每个讨论主题中最主要的那个形象特征），出现频率最多的是竞选宣传（25%），其次是政党领袖和党内关系（均为12%），再次是政治风格、议题立场和私生活（均为8.3%）。群众魅力、公共关系和沟通能力各出现1次（4.2%）。

表 2.20　讨论主题中蔡英文角色的主要形象特征

| 类目 | 频率 | 百分比 | 有效百分比 | 累积百分比 |
|---|---|---|---|---|
| 3 政治风格 | 2 | 8.3 | 8.3 | 8.3 |
| 4 群众魅力 | 1 | 4.2 | 4.2 | 12.5 |
| 5 议题立场 | 2 | 8.3 | 8.3 | 20.8 |
| 7 公共关系 | 1 | 4.2 | 4.2 | 25.0 |
| 9 政党领袖 | 3 | 12.5 | 12.5 | 37.5 |
| 10 党内关系 | 3 | 12.5 | 12.5 | 50.0 |
| 12 沟通能力 | 1 | 4.2 | 4.2 | 54.2 |
| 13 竞选宣传 | 6 | 25.0 | 25.0 | 79.2 |
| 17 私生活 | 2 | 8.3 | 8.3 | 87.5 |
| 18 以上皆不适用 | 3 | 12.5 | 12.5 | 100.0 |
| 总计 | 24 | 100.0 | 100.0 | — |

资料来源：作者根据统计结果自行绘制。

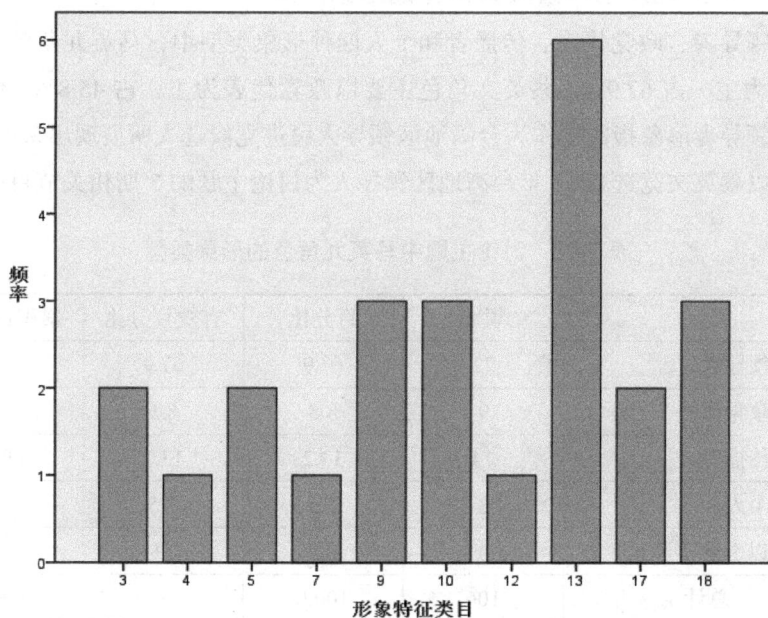

资料来源：作者根据统计结果自行绘制。

图 2.4　讨论主题中蔡英文角色的主要形象特征分布情况

讨论主题中有关蔡英文角色的整体文意偏向，同样以中立居多（87.5%），其次是正面（8.3%），最后是负面（4.2%）。

表2.21　讨论主题中有关蔡英文角色的整体文意偏向

| 类目 | 频率 | 百分比 | 有效百分比 | 累积百分比 |
|---|---|---|---|---|
| 1 正面 | 2 | 8.3 | 8.3 | 8.3 |
| 2 中立 | 21 | 87.5 | 87.5 | 95.8 |
| 3 负面 | 1 | 4.2 | 4.2 | 100.0 |
| 总计 | 24 | 100.0 | 100.0 | —— |

资料来源：作者根据统计结果自行绘制。

本书使用SPSS中的斯皮尔曼等级相关系数，分析讨论主题中蔡英文角色的整体文意偏向与人物设置、讨论主题冲突性、节目内容冲突性的相关性。分析结果并没有发现统计学意义上的相关性。

### 五、马英九角色和蔡英文角色的形象类型

在领导者、政党代表、传播者和个人四种形象类型中，马英九角色主要以领导者为主，占67.9%，蔡英文角色主要以政党代表为主，占45.8%。蔡英文角色的领导者形象指的是作为台湾地区领导人民进党候选人所展现出来的形象，出现在以蔡英文竞选2012年台湾地区领导人为讨论主题的3期相关节目中。

表2.22　讨论主题中马英九角色的形象类型

| 类目 | 频率 | 百分比 | 有效百分比 | 累积百分比 |
|---|---|---|---|---|
| 1 领导者 | 72 | 67.9 | 67.9 | 67.9 |
| 2 政党代表 | 9 | 8.5 | 8.5 | 76.4 |
| 3 传播者 | 14 | 13.2 | 13.2 | 89.6 |
| 4 个人 | 8 | 7.5 | 7.5 | 97.2 |
| 5 以上皆不适用 | 3 | 2.8 | 2.8 | 100.0 |
| 总计 | 106 | 100.0 | 100.0 | —— |

资料来源：作者根据统计结果自行绘制。

表 2.23　讨论主题中蔡英文角色的形象类型

| 类目 | 频率 | 百分比 | 有效百分比 | 累积百分比 |
|---|---|---|---|---|
| 1 领导者 | 3 | 12.5 | 12.5 | 12.5 |
| 2 政党代表 | 11 | 45.8 | 45.8 | 58.3 |
| 3 传播者 | 6 | 25.0 | 25.0 | 83.3 |
| 4 个人 | 2 | 8.3 | 8.3 | 91.7 |
| 5 以上皆不适用 | 2 | 8.3 | 8.3 | 100.0 |
| 总计 | 24 | 100.0 | 100.0 | — |

资料来源：作者根据统计结果自行绘制。

　　由斯皮尔曼等级相关系数计算结果可知，马英九角色的形象特征和形象类型两者在 0.01 的置信水平呈现显著正相关，蔡英文角色的形象特征和形象类型两者在 0.01 的置信水平呈现显著正相关。这说明，马英九角色和蔡英文角色在扮演某种政治角色时，所展现出的是与该政治角色相关的形象特征。领导者这一政治角色类型主要与行政能力、领导力 / 魄力、政治风格、群众魅力、议题立场、政策施行等形象特征相关；政党代表主要与政党领袖、党内关系等形象特征相关；传播者主要与媒体表现、沟通能力、竞选宣传等形象特征相关；个人主要与品德、仪表、私生活等形象特征相关。

表 2.24　马英九角色形象特征与形象类型的相关性

| 项目 | | | 马英九角色形象特征 | 马英九角色形象类型 |
|---|---|---|---|---|
| 斯皮尔曼等级相关系数 | 马英九角色形象特征 | 相关系数 | 1.000 | 0.714** |
| | | 显著性（双尾） | — | 0.000 |
| | | N | 106 | 106 |
| | 马英九角色形象类型 | 相关系数 | 0.714** | 1.000 |
| | | 显著性（双尾） | 0.000 | — |
| | | N | 106 | 106 |
| **. 相关性在 0.01 级别显著（双尾）。 | | | | |

资料来源：作者根据统计结果自行绘制。

表 2.25　蔡英文角色形象特征与形象类型的相关性

| 项目 | | | 蔡英文角色形象特征 | 蔡英文角色形象类型 |
|---|---|---|---|---|
| 斯皮尔曼等级相关系数 | 蔡英文角色形象特征 | 相关系数 | 1.000 | 0.819** |
| | | 显著性（双尾） | — | 0.000 |
| | | N | 24 | 24 |
| | 蔡英文角色形象类型 | 相关系数 | 0.819** | 1.000 |
| | | 显著性（双尾） | 0.000 | — |
| | | N | 24 | 24 |
| **. 相关性在 0.01 级别显著（双尾）。 | | | | |

资料来源：作者根据统计结果自行绘制。

## 第六节　本章小结

　　本章通过量化内容分析对《全民最大党》116 个样本节目的人物设置、讨论主题的冲突性、节目内容的冲突性、讨论主题中所涉及的马英九角色和蔡英文角色形象特征、形象类型及整体文意偏向等进行研究，描绘出《全民最大党》所塑造的马英九角色和蔡英文角色形象的轮廓。

　　分析结果发现，在 116 个样本节目中，95.7% 节目的内容体现冲突性，这与节目的人物设置是否体现蓝绿对立显著正相关。《全民最大党》所呈现的马英九角色以中立和负面情感偏向为主（中立 62.3%，负面 35.8%，两者共占 98.1%），这与节目的人物设置是否体现蓝绿对立、讨论主题是否体现冲突、节目内容是否体现冲突均显著负相关。节目所呈现的蔡英文角色以中立情感偏向为主（占 87.5%），正面和负面各占 8.7% 和 4.2%。相关分析结果没有发现蔡英文角色的整体情感偏向与节目人物设置、讨论主题冲突性、节目冲突性在统计学意义上的相关性，这与样本中讨论主题直接提到蔡英文角色的节目比例偏小、不足以形成统计学意义上的规律可能具有一定关系。由此可见，讨论主题有关马英九角色和蔡英文角色的整体情感偏向主要与政治模仿秀节目的戏仿性质和政治人物本身的特点有关，与政治人物的党派和电视台的政治立场没有太大关系。尽管中天电视是"泛蓝"媒体集团旺旺中时集团旗下的电视网，但其政治模仿秀节目处理不同党派的马英九角色和蔡英文角色的情感向度均以中立为主，负面情感向度次之（马英九角色）。在具体形象特征和形象类型方面，《全民最大党》所呈现的马英九角色形象特征主要有公共关系、议题立场、群众魅力等，所呈现的马英九角色形象类型主要是领导者（67.9%），形象类型和形象特征之间显著正相关。《全民最大党》所呈现的蔡英文角色形象特征主要有竞选宣传、党内关系等，所呈现的蔡英文角色形象类型主要是政党代表（45.8%），形象类型和形象特征之间显著正相关。第三章将对《全民最大党》所塑造的马英九角色和蔡英文角色形象进行细节方面的研究。

# 第三章　台湾电视综艺节目中政治人物形象的解读

　　媒体不仅具有传播信息的认知作用，还具有分析、评估和评论的解释功能。"媒体不仅仅报道政治事件，它们还是从事政治活动的环境中的一部分。"[①] 为了理解台湾电视综艺节目在建构政治事实和塑造政治人物形象方面的功能，本章采用质化的研究方法进行解释性的研究。

　　在研究台湾电视综艺节目和政治的互动关系时，将量化的内容分析与质化的批判／文化研究或修辞分析结合起来，可以在不同认识论之间建立起联系，这种多方法的研究路径（multi-method approach）对政治传播研究者来说很重要。[②] 本书借鉴这种多方法的研究路径，所不同的是在质化分析部分采用符号学分析方法。在第二章中，本书对台湾地区中天电视《全民最大党》116 个样本节目进行量化的内容分析，在广度上对《全民最大党》所塑造的马英九角色和蔡英文角色（马英九角色包括真实的马英九和虚构的"马瑛九""马英久"，蔡英文角色包括真实的蔡英文和虚构的"蔡瑛文"，下同）形象进行总体性的探讨，主要回答 what 方面的问题。在本章中，本书对这 116 期节目内容中出现（指由喜剧演员扮演出现在节目的某些场景中）马英九角色或蔡英文角色的 18 期节目进行质化的框架分析和符号学分析，在深度上对《全民最大党》所塑造的马英九角色和蔡英文角色形象进行细节性的考察，主要回答 how 方面的问题。在此基础上，本书进一步探讨《全民最大党》在塑造政治人物时所使用的框架，以及虚构的政治人物形象和纪实的政治人物形象之间的异同。

　　量化研究方法和质化研究方法各有所长，不同之处大致体现在以下几个方

---

　　① ［英］布赖恩·麦克奈尔:《政治传播学引论》，殷祺译，北京：新华出版社，2005 年，第 76 页。

　　② R. Lance Holbert et al, "The West Wing and the Depictions of the American Presidency: Expanding the Domains of Framing in Political Communication", *Communication Quarterly*, vol. 53, no. 4 (2005), p. 518.

面：质化研究侧重对研究对象的解释，量化研究则经常对研究对象进行计数，并用统计的方法对结果进行解释；质化研究经常始于模糊的研究问题甚至直觉，量化研究则往往从表述清晰、有待验证的假设开始；质化研究强调研究者或批评者就是研究工具，量化研究则使用设备、调查／问卷收集数据，把研究者放在背景的位置；质化研究把研究者的主观性融入最终的作品，量化研究则试图最小化研究者的主观性。①

本章采用质化研究方法，对《全民最大党》上述 18 期相关节目进行文本细读，目的在于从细节处发现节目的深层结构和政治人物的形象意涵，以弥补前一章量化内容分析的不足。在具体操作上，本研究借鉴框架理论的观点，特别是学者总结出的新闻报道的框架机制，结合符号学分析方法，对《全民最大党》所使用的主要框架和所塑造的马英九角色和蔡英文角色形象进行研究，并总结出作为台湾政治模仿秀节目典型的《全民最大党》塑造政治人物的常用技巧。在进行质化分析之前，笔者对出现马英九角色或蔡英文角色的 18 期节目进行反复观看，并将所有马英九角色和蔡英文角色的台词和上下文对白转录为文字。

本书在对出现马英九角色或蔡英文角色的 18 集节目进行分析时，以场景为分析单位。场景是比镜头大的分析单位，通常包含一系列镜头，这一系列镜头构成一个完整的叙事单位。在电影研究中，狭义的场景是"发生在一个地点并且涉及一个单独的行动的一系列的镜头（或者一个镜头）"；广义的场景是"序列或者蒙太奇"。②本书的场景概念是人物在同一个时空的一系列行动的一系列镜头。韩国学者 Yun Jung Choi 和 Jong Hyuk Lee 认为，场景是新闻故事中表现时间、地点、人物、思想和主题连续性的一个单位。③在电视综艺节目中，场景的变化频率比电影或电视剧低很多，往往在演播室内完成大部分动作，插入一些外景或情景短剧。因此，本书根据 Yun Jung Choi 和 Jong Hyuk Lee 再现形式和内容的变化这两个主要标准划分场景。若再现形式和内容均没有变化，视为一个场景；若空间、布景等再现形式发生变化，或者场景内的动作或事件内容发生变化，视为一个新的场景。在《全民最大党》节目的讨论现场，地点、布

---

① Jim A. Kuypers, "GT", in Paul D' Angelo and Jim A. Kuypers (eds.), *Doing News Framing Analysis: Empirical and Theoretical Perspectives*, New York: Routledge, 2010, p. 287.

② 周翔：《传播学内容分析研究与应用》，重庆：重庆大学出版社，2014 年，第 161 页。

③ Yun Jung Choi and Jong Hyuk Lee, "The Role of a Scene in Framing a Story: An Analysis of a Scene's Length, Position, and Proporttion", *Journal of Broadcasting & Electronic Media*, vol. 50, no. 4 (2006), p. 703.

景、人物、讨论主题均固定，虽然中间插入广告或其他单元，讨论现场仍被视为一个场景。场景是角色行动的时空统一体，因此笔者试图通过场景以及场景中人和物的分析，发现其中语言符号和视觉符号的意义。本书所分析的场景指出现马英九角色或蔡英文角色的场景。

## 第一节　政治人物形象的框架分析

框架理论和框架分析是形象研究的重要理论依据和研究方法。框架分析属于质化的研究方法。美国学者 Jim A. Kuypers 认为质化的研究方法能够使研究者从"说了什么""存在什么样的框架"这种描述性问题，进入"如何说""如何被框架"这种解释性的问题。[①]

在"如何说"方面，选择和重组是框架运作的两种重要机制。作为电视媒体中的一种政治喜剧，政治模仿秀节目正是采用选择和重组这两种重要手段来框架现实，塑造政治人物形象。政治模仿秀选择政治人物某些显著的外形特点和性格特征，对这些特征进行强调和重新组合，并以一种夸张幽默的漫画式手法表现出来，使模仿政治人物的角色具有很高的辨识度，从而在模仿角色和政治人物本尊之间建立明确的能指和所指关系。

媒体文本框架在一定程度上决定观众对文本的解码以及所获得的意义。台湾学者臧国仁认为框架的内在结构包括高层次结构（事件的抽象意义或主旨）、中层次结构（主要事件、历史、先前事件、结果、影响、归因、评价）和低层次结构（语言或符号组成的表现形式，例如修辞、文法、譬喻）。[②]

在第二章，通过对《全民最大党》116 个样本节目的讨论主题、人物设置、内容冲突性等类目进行量化内容分析，笔者发现，与新闻节目较多采用事件框架不同，模仿政论节目的《全民最大党》主要采用主题框架、冲突框架和角色框架组织节目内容，塑造政治人物形象。马英九角色和蔡英文角色的形象主要是在这三种不同层次的框架中进行呈现，形成对照。下面，笔者对《全民最大党》18 期出现马英九角色或蔡英文角色的样本节目进行分析，检验节目文本框

---

① Jim A. Kuypers, "Framing Analysis from a Rhetorical Perspective", in Paul D'Angelo and Jim A. Kuypers (eds.), *Doing News Framing Analysis: Empirical and Theoretical Perspectives*, New York: Routledge, 2010, p. 308.

② 臧国仁：《新闻媒体与消息来源——媒介框架与真实建构之论述》，台北：三民书局，1999年，第34—43页。

架的存在情况。这 18 期节目是笔者在观看 116 个样本节目之后，根据节目是否出现马英九角色或蔡英文角色选取出来的。在这 18 期节目中，马英九角色出现 5 次，其中 4 次出现在单元剧中（"宝来秘密花园"和"猪哥唬歌厅秀"），1 次出现在电话连线现场；蔡英文角色出现 15 次，其中 13 次以现场嘉宾的身份出现在讨论环节，1 次出现在单元剧中（"猪哥唬歌厅秀"），1 次出现在 SNG 连线。马英九角色和蔡英文角色有 2 次同时出现在一期节目中。

## 一、主题框架

主题框架属于高层次的框架或主旨层面的框架。艾英戈（Shanto Iyengar）认为，采用主题框架（thematic frame）的新闻报道将政治议题放在大的背景环境中，根据特定主题组织政治事件，进行深度分析、解释和评价，旨在归纳出一般性的结论，事件（可以是多个事件或事件的多个方面）是为论证主题服务的。①《全民最大党》的主题框架体现在每期节目围绕一个讨论主题展开，根据主题安排节目元素、现场嘉宾和讨论内容。以 18 期出现马英九角色或蔡英文角色的节目为例，这 18 期节目的讨论主题如表 3.1。

表 3.1 《全民最大党》出现马英九角色或蔡英文角色的 18 期节目

| 序号 | 日期 | 讨论主题 |
| --- | --- | --- |
| 1 | 2008-09-04 | 扁讲话没人信，马讲话又跳票。前后任"总统"都这样，你们会不会想离家出走？ |
| 2 | 2008-09-09 | 股价大涨又跌，大家又慌了，慌得骂小马，慌的要换"内阁"，你是不是太慌了？ |
| 3 | 2008-09-10 | 前"总统"太强势，现任太弱势。台湾要有什么领导风格，才能重振雄风？ |
| 4 | 2008-10-30 | 现"总统"好像要判前"总统"贪污，前"总统"好像要判现"总统"死刑，我们历任"总统"好像处得很不好？ |
| 5 | 2008-11-07 | 蔡英文说攻击人的是黑道，丢石头的是国民党，受伤要小马负责，你听了头上会不会有一堆问号？ |
| 6 | 2009-02-27 | 阿扁想放回家哭了，光碟让小马笑不出来，台湾还有什么事让你哭笑不得？ |

---

① Shanto Iyengar, *Is Anyone Responsible: How Television Frames Political Issues*, Chicago and London: The University of Chicago Press, 1991, pp. 2-5, 13-16.

续表

| 序号 | 日期 | 讨论主题 |
|---|---|---|
| 7 | 2009–05–08 | 母亲节，马英九要回家陪妈妈，阿扁想出去看妈妈。政治人物真要好好做，天下的妈妈更多。 |
| 8 | 2009–05–11 | 就任满周年，马"总统"要成立部落格。如果你是他网友，你要跟他 MSN 什么？ |
| 9 | 2009–05–18 | 517 呛马也挺扁，绿大老（佬）说拿回政权，就把小马铐起来。你听了是好爽，还是好怕？ |
| 10 | 2009–06–02 | 小马哥与希拉蕊相见 25 秒，还说我是台湾"总统"。你觉得这 25 秒很珍贵，还是没什么了不起？ |
| 11 | 2009–06–26 | 小英连署救阿扁，大家怕。是怕放出来，台湾就会乱吗？ |
| 12 | 2009–07–16 | 高雄世运今天开幕，马"总统"致词，是不是帮台湾打了一个强心剂？ |
| 13 | 2009–08–27 | 大陆赈灾慷慨解囊，绿营出考题邀达赖来台，小马哥这题要怎么解？ |
| 14 | 2009–12–09 | 选举后小马哥被骂臭头，还被说会三连败，国民党真的会逊到底吗？ |
| 15 | 2010–10–26 | 女大（学）生呛马，"总统"亲自打电话慰问。如果你接到小马来电，你想要跟他热线些什么？ |
| 16 | 2010–12–02 | "五都"选后，小马说要用更多诚意感动南部乡亲，你建议小马怎么跟他们搏感情？ |
| 17 | 2011–03–11 | 小英表态选"总统"，小红荣登新首富，台湾郎在干嘛？ |
| 18 | 2011–09–26 | 拼选举，小英打造专属香水，你希望小马哥，出什么来拼一下？ |

资料来源：作者根据节目视频自行整理。

根据第二章内容分析对讨论主题类型的分类标准（详见第二章第三节的操作化定义），以上 18 期节目的讨论主题类型分布如表 3.2：

表 3.2　主题类型分布

| 类目 | 频率 | 百分比 | 有效百分比 | 累积百分比 |
|---|---|---|---|---|
| 1 领导人 / 民进党代表人物 | 8 | 44.4 | 44.4 | 44.4 |
| 3 选举活动 | 4 | 22.2 | 22.2 | 66.7 |
| 4 游行示威 | 2 | 11.1 | 11.1 | 77.8 |
| 6 对外事务 | 1 | 5.6 | 5.6 | 83.3 |
| 7 经济形势 | 1 | 5.6 | 5.6 | 88.9 |
| 11 自然灾害 | 1 | 5.6 | 5.6 | 94.4 |
| 14 体育 | 1 | 5.6 | 5.6 | 100.0 |
| 总计 | 18 | 100.0 | 100.0 | — |

资料来源：作者根据统计结果自行绘制。

　　在 18 期出现马英九角色或蔡英文角色的节目中，讨论主题出现频率最多是"领导人 / 民进党代表人物"这一类，共出现 8 次，其中有 5 次同时提到马英九和陈水扁（两人的对比或两人的互动关系），有 2 次单独提到马英九（使用部落格和女大学生呛马），有 1 次单独提到蔡英文和陈水扁的互动关系。讨论主题出现频率排第二位和第三位的分别是选举活动和游行示威。这与第二章的统计结果基本一致。一方面，从主题框架的角度看，《全民最大党》通过各种社会议题组织内容，塑造政治人物形象。另一方面，从政治模仿秀与现实社会的紧密联系来看，《全民最大党》所呈现的各种社会议题可以看作一种社会性的档案形式，一种特殊的历史表现形式。

表3.3 马英九角色的形象特征

| 类目 | 频率 | 百分比 | 有效百分比 | 累积百分比 |
|---|---|---|---|---|
| 1 行政能力 | 2 | 12.5 | 12.5 | 12.5 |
| 3 政治风格 | 1 | 6.3 | 6.3 | 18.8 |
| 4 群众魅力 | 2 | 12.5 | 12.5 | 31.3 |
| 5 议题立场 | 1 | 6.3 | 6.3 | 37.5 |
| 7 公共关系 | 4 | 25.0 | 25.0 | 62.5 |
| 8 与其他国家的关系 | 1 | 6.3 | 6.3 | 68.8 |
| 11 媒体表现 | 2 | 12.5 | 12.5 | 81.3 |
| 13 竞选宣传 | 1 | 6.3 | 6.3 | 87.5 |
| 17 私生活 | 2 | 12.5 | 12.5 | 100.0 |
| 总计 | 16 | 100.0 | 100.0 | — |

资料来源：作者根据统计结果自行绘制。

根据第二章内容分析对政治人物形象特征的分类标准（详见第二章第三节的操作化定义）。在以上18期节目中，有16期节目的讨论主题直接提到马英九角色，其中最常提到的马英九角色形象特征是公共关系，共提到4次，马英九角色的互动对象分别是前"总统"陈水扁、民进党主席蔡英文、"绿大佬"辜宽敏、女大学生。在这4次中，马英九角色的公共关系3次为负面，1次为中立。一方面，这是因为马英九角色的互动对象为反对党人士时，双方的关系一般是负面的。另一方面，《全民最大党》为了节目的观赏性，经常选择具有冲突性的议题，例如"女大（学）生呛马"这样的话题，节目中马英九角色与民众的负面关系在一定程度上被放大。16期节目的讨论主题还提到马英九角色的行政能力（2次皆为负面）、群众魅力（1次负面，1次中立）、媒体表现（2次均为中立）、私生活（2次均为负面）、政治风格（负面）、议题立场（中立）、与其他国家的关系（中立）、竞选宣传（中立）等形象特征。在16次所提到的马英九角色主要形象特征中，带有负面情感向度的居多（频率为9），带有中性情感向度的次之（频率为7）。在这18期节目中，讨论主题直接提到马英九角色的样本占多数，但马英九角色仅出现5次，分别是关于马英九角色与陈水扁角色的互动对话，马英九角色的性取向、马英九角色与蔡英文角色和民众的互动对话。

以上讨论主题所呈现的马英九角色是一个行政能力欠佳（"633"政见跳票）、领导风格弱势（"太弱势"）、群众魅力下降（"被骂臭头"）、公共关系不佳（与陈水扁、蔡英文互相攻击）、私生活有问题（"与外国艺人有染"），媒体表现、议题立场、与其他国家关系、竞选宣传方面都没有明显问题的政治人物。由于《全民最大党》选择的主题大部分为冲突性或具有争议性的议题，因此所塑造的马英九角色形象偏向负面。《全民最大党》讽刺政治人物的特点，决定了节目所呈现的政治人物形象在一定程度上反映了政治人物的特点，同时在一定程度上夸大了政治人物的缺点。

在以上18期节目中，有4期节目的讨论主题直接提到蔡英文角色。所提到的蔡英文角色形象特征有政党领袖（1次）、党内关系（1次）、竞选宣传（2次）。政党领袖的情感向度为中立。党内关系指与陈水扁的互动关系，情感向度为中立。竞选宣传的情感向度为中立。由于讨论主题直接提到蔡英文角色的样本数较少，所呈现的蔡英文角色形象特征也较少。与此相反，在这18期节目中，蔡英文角色出现的次数较多，共有15次，多数情况下以现场嘉宾的身份出现。在讨论内容中，蔡英文角色呈现出来的形象主要是作为反对党领袖的议题立场以及与马英九角色的互动关系。例如，在2008年9月4日的节目中，蔡英文角色针对台湾股票下跌、民生经济萧条的问题对马英九角色进行批评；在2008年10月30日的节目中，蔡英文角色针对陈云琳（陈云林的谐音，指虚构的人物，下同）访台质问马英九角色使用何种身份与陈云琳会面，并明确表明反对陈云琳访台的议题立场；在2008年11月7日的节目中，蔡英文角色为自己带领民众"呛马围陈"（"马"指马英九，"陈"指陈云林）游行抗议进行辩护，并谴责马英九角色用警察"镇压"民众。蔡英文角色的政党领袖形象也是讨论内容着重塑造的一项。蔡英文角色每次出场都会强调自己作为民进党主席的身份，以及领导民进党的能力，其政党领袖的形象在游行和选举相关的议题中得到凸显。例如，在2009年5月11日和2009年5月18日的节目中，蔡英文角色强调自己要办好"517呛马"大游行，其在野党领袖的形象在对话和SNG现场连线中展现出来。

## 二、冲突框架

冲突框架属于中层次或情节和人物关系层面的框架，在事件的发展过程和前因后果中展现冲突，是新闻报道或其他媒体内容经常采用的通用框架。周翔在《传播学内容分析研究与应用》中对冲突框架的识别进行操作化定义。第一，判定所编码的媒体内容"是否涉及具有不同利益的两个党派、个人、团体或国家"，"是否提到正在争议当中的议题、事件、问题、思想或辩论的两个或多个方面"，如果这两个问题中任何一个的答案是肯定的，那么进入第二个步骤；第二，该媒体内容"是否反映出了不同党派、个人、团体或国家之间的分歧"，"是否其中一个党派、个人、团体或国家指责另一个"，"是否描述了一场战争、对抗、碰撞或纠纷等"，如果这三个问题中任何一个的回答是肯定的，那么，编码员将该媒体内容判定为呈现了冲突框架。

本书第二章参照以上判断标准，对《全民最大党》116个样本节目的人物设置是否体现蓝绿对立、讨论主题是否体现冲突、讨论内容是否体现冲突三个方面进行内容分析，发现节目存在冲突框架。在所有样本中，69.8%的节目人物设置体现蓝绿对立，37.9%的节目讨论主题体现冲突，95.7%的节目内容体现冲突。在《全民最大党》出现马英九角色或蔡英文角色的18期节目中，83.3%的节目人物设置体现蓝绿对立，38.9%的节目讨论主题体现冲突，100%的节目内容体现冲突。从全部样本和子样本来看，《全民最大党》采用冲突框架呈现节目内容，塑造政治人物形象。节目的冲突框架主要体现在以下三个方面。

首先，《全民最大党》的人物角色（包括主持人和现场嘉宾，详见附录一）经常是来持有不同政治观点的阵营，包括以国民党为主的泛蓝阵营人士和以民进党为主的泛绿阵营人士。例如，在2008年9月9日的节目中，既有前国民党"立委"雷茜，又有民进党"立委"叶怡津；在2010年10月26日的节目中，既有马英九角色的妻子周美清，又有民进党新北市市长候选人蔡瑛文。可见，节目的嘉宾设置兼顾蓝绿两个阵营，同时考虑到无党籍人士和当时社会的热点人物。人物设置是台湾政治生态的写照，来自泛蓝和泛绿阵营的人士反映台湾蓝绿对峙的政治格局，无党籍人士代表台湾政坛的中间力量，社会话题人物则体现节目在时效性方面的考虑。这种人物安排模仿台湾政论节目的形式特点，所邀请的嘉宾名为体现不同党派以及中间力量的意见，保持节目平衡和公正，实则为制造节目的冲突性和戏剧性埋下伏笔。

第二，节目讨论的主题大多是存在争议的问题，超过三分之一的讨论主题的表述存在冲突性。例如，"517呛马也挺扁，绿大老（佬）说拿回政权，就把小马铐起来。你听了是好爽，还是好怕？"主题体现了"绿大佬"和"小马"之间的矛盾冲突。虽然讨论主题部分采用冲突性语言进行表述，但节目的冲突框架主要体现在讨论内容方面。

第三，绝大部分节目的内容展现代表不同利益的阵营或个人之间的意见分歧，泛蓝和泛绿阵营针锋相对，互相指责。即使节目中没有出现明显的蓝绿对立，现场嘉宾之间也经常针对主题发表不同看法，驳斥他人观点。特别是经常作为节目嘉宾出现的民进党主席蔡英文角色，几乎在出现的每期节目中都会对时任台湾地区领导人的马英九角色及其团队进行严厉批评和质疑，充分体现两个政治人物之间的冲突和对立。

例如，2008 年 11 月 7 日，《全民最大党》讨论海协会陈云林访台期间民进党发动的"呛马围陈"大游行，这期节目将蓝绿双方的对峙和冲突表现得淋漓尽致，以下是部分现场对白：

蔡瑛文：我要说的是，今天的题目不应该用问号，应该用惊叹号。因为我们真的是受到了很大的惊吓，我们没有想到。

王仕坚：用惊叹号。

蔡瑛文："马政府"竟然会这样子，用警察来镇压人民，打自己的小孩给我们的敌人看，我们真的受到很大的惊吓，我觉得这真的太超过了啦。

……

洪秀注：而且，好笑的是昨天所有的"立委"跟领导人全部通通落跑。蔡瑛文，你昨天有在现场吗，你敢把群众带到现场，你没有把他们带走。这就是你要负责任的啊，你讲。

蔡瑛文：我想，这个部分我要好好解释一下，请大家郑重地选择你们的用语，这个不叫做落跑，这个叫做一样的重要，一样的发出"民主"的怒吼。

洪秀注：好，一样的重要，你有把你那些群众看得很重要吗？

蔡瑛文：很重要。

洪秀注：丢石头的叫做黑道，不是你们民进党的，然后丢企鹅蛋的也不是民进党的，通通是国民党派来的。

## 三、角色框架

角色框架属于低层次的框架或人物层面的框架。政治人物在不同的情境扮演不同的角色。政治人物的活动领域可以分为三类：第一，政治机构和过程，例如政党、政治办公室、政府，政治人物在这里确定政治身份，享受职业发展，承担一定的责任和义务；第二，公共的和大众的领域，即政治人物被视为公众人物的媒介化的复杂背景；第三，私人领域，包括政治人物的自传、家庭、朋友、休闲等。①

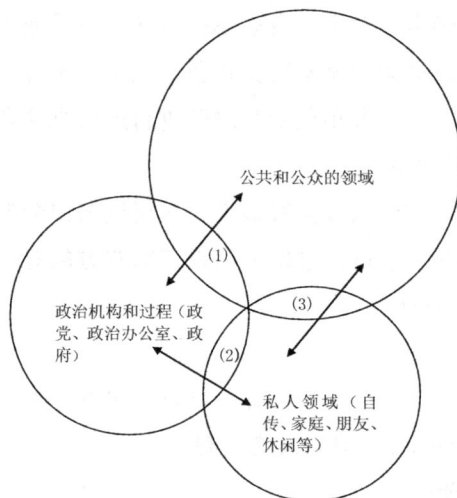

资料来源：John Corner, "Mediated Persona and Political Culture", in John Corner and Dick Pels (eds.). *Media and Restyling of Politics: Consumerism, Celebrity and Cynicism*, London: Sage, 2003, p. 73.

图 3.1　政治角色及其行动领域

在图 3.1 中，三个圆圈的交叉点分别表示：（1）政治身份在宣传中的策略投射，以及新闻记者的中介和批评（互动式信息提供，互动式表演）；（2）私人生活与政治机构的互动；（3）私人领域在宣传中的策略投射，新闻记者对私人生活的揭露，谣言和丑闻。政治人物在不同的活动领域展现不同的形象特征。媒体是政治人物形象进入公众领域的重要中介。

在第二章，我们提到，政治候选人作为被感知的对象（object-of-perception）至少向公众展现了四种角色：领导者、政党代表、传播者（表演者）和个人，前两者为政治角色，后两者为风格角色。②政治人物在政治机构和过程中主要展现领导者和政党代表的角色，在公共领域展现传播者角色，在私人领域展现个

---

① 　John Corner, "Mediated Persona and Political Culture", in John Corner and Dick Pels (eds.), *Media and Restyling of Politics: Consumerism, Celebrity and Cynicism*, London: Sage, 2003, pp. 72-76.

② 　Dan Nimmo and Robert L. Savage, *Candidates and Their Images: Concepts, Methods, and Findings*, Pacific Palisades, California: Goodyear Publishing Company, 1976, p. 46.

人角色。本书依据尼谋和萨维奇有关政治人物的四种角色区分，对《全民最大党》中马英九角色和蔡英文角色的形象类型进行分析。第二章内容分析的结果显示，在《全民最大党》116 个样本节目的讨论主题中，马英九角色的形象主要以领导者为主，占 67.9%，其次是传播者、政党代表和个人；蔡英文角色主要以政党代表为主，占 45.8%，其次是传播者、领导者和个人。由此可见，《全民最大党》在塑造马英九角色形象时，侧重其领导者的角色；在塑造蔡英文角色形象时，侧重其政党代表的角色。这种角色框架与两位政治人物的身份是一致的。在《全民最大党》出现马英九角色的 5 期节目中，马英九角色均以"总统"身份（领导者）出现，仅有一次在和妻子周美清（周美青的谐音）电话连线时展现丈夫（个人）的角色形象。在《全民最大党》出现蔡英文角色的 15 期节目中，蔡英文角色 13 次以民进党主席的身份（政党代表）出现，1 次以民进党新北市市长候选人（可能的领导者）的身份出现，1 次以民进党"总统"候选人（可能的领导者）的身份出现。

马英九角色和蔡英文角色（这里的"角色"指节目中的人物）的角色框架（这里的"角色"指政治人物在不同行动领域的身份定位）除了在节目讨论主题、人物身份上有所体现外，在两个人物的出场和台词中也可得到具体化。"隐喻、典型、标语、描述和视觉图像"是五种常见的框架装置。在 116 个样本节目中，马英九角色出现了 5 次，其中 3 次出现在"宝来秘密花园"单元，1 次出现在"猪哥喨歌厅秀"单元，1 次出现在电话连线中的办公室。马英九角色每次出场都是身着西装领带，以"总统"的身份和其他人物进行对话。从名字的角度看，马英九角色在节目单元中的名字是"马英久"或"马瑛九"（马英九的谐音，指同一个虚构的人物，下同）。"久"隐喻马英九角色的"633"政见久久不能实现，说话跳票（跳票是开空头支票的意思，这里指没有实现诺言），政策落实不到位。"633"是马英九在 2008 年竞选台湾地区领导人时提出的政见，即四年内台湾经济增长率达到 6% 以上，失业率降到 3% 以下，民众年平均所得达到 3 万美元以上。因马英九角色声称有些经济发展目标要到 2016 年才能实现，被指政见跳票，没有兑现竞选承诺。甚至，"你很马英久"变成"你很娘""你说话不算话"的意思（详见 2008 年 9 月 4 日"宝来秘密花园"单元，陈水匾的台词）。从马英久与陈水匾（陈水扁的谐音，指虚构的人物，下同）在"宝来秘密花园"中的对话来看，马英久口才良好、反应机智，最后在对话中总能巧妙地占据上风。例如，在 2008 年 9 月 10 日的"宝来秘密花园中"，当马英久试图和陈水匾谈论"南线专案"问题时，陈水匾不想谈论此事把话题转到毛线上面，马英久趁机说，"水匾兄，你知不知道这个，七亿可以买到1400万团的毛线。"马英久说完起身得意地离开。七亿暗指陈水匾贪污七亿新台币。最后剩下陈水匾自言自语，"1400万团，有七亿……一团50块钱，那也很……喂……你在揶揄我，我听得懂喔。"由此可见，节目塑造的马英久是一个温和、谦逊、政见跳票但不乏聪明才智的领导者。

标语是《全民最大党》塑造蔡瑛文（蔡英文的谐音，指虚构的人物，下同）形象的一个重要技巧。蔡瑛文在进行自我介绍时反复使用的标语有："我是英文不菜的蔡瑛文""民主小瑛""我是硬起来的小瑛"等，这些标语体现了蔡瑛文的语言能力、政治理念和领导风格，在不断重复中加深观众的印象。在2009年5月18日的节目中，蔡瑛文在"呛马"大游行现场也使用标语突出其个人能力："为了要我们台湾的民主站起来，硬起来，我是硬起来的小瑛"。由此可见，节目塑造的蔡瑛文是一个英文不菜、"民主"、领导风格强硬的民进党领袖。

## 第二节　政治人物形象的符号学分析

汉纳·阿多尼（Hanna Adoni）和谢瑞尔·曼恩（Sherrill Mane）将社会真实分为客观真实、符号真实和主观真实。符号真实是通过各种符号来描述的真实，例如以文学、艺术或媒介来表达呈现的真实。符号真实是从传播者角度看待的真实，影响个人对真实的认知，政治社会化、议程设置则是影响主观真实的两个主要效果指标。[①]

作为符号真实呈现手段的媒体，在政治过程和政治传播中扮演着重要角色。媒体是政治组织与公众之间沟通交流的中介。媒体不仅提供政治信息，还建构政治事实。媒体通过新闻报道和评论定义政治事实，强调某些事件，忽略其他事件，并且提供给观众一个"成型"的阐释，提醒观众政治事件中哪些是"真正"重要的。[②]

在政治人物形象方面，媒体通过三种方式投射政治人物形象：第一，形象，通过绘画、摄影等展现政治人物的行为举止、姿势和联想的情境；第二，声音，

---

① 翁秀琪：《大众传播理论与实证》，台北：三民书局，2011年，第117页。

② ［英］布赖恩·麦克奈尔：《政治传播学引论》，殷祺译，北京：新华出版社，2005年，第76页。

通过录音技术记录政治人物的声音；第三，运动元素，描述政治人物的活动。①
电视媒体通过声音和视觉符号建构政治真实和塑造政治人物。符号是政治人物
形象和意识形态的传播载体。"所谓意识形态（ideology），就是一套思想或者信
仰。所有的媒介产品都是意识形态的产物。"②法国结构主义马克思主义思想家
阿尔都塞认为意识形态是一种思想构架，通过它"人们阐释、感知、经验和生
活于他们置身其中的物质条件里面"，他把意识形态定义为"个人同他所存在于
其中的现实环境的想象性关系的再现"。③从传播的角度看，意识形态是传播过
程中表达的观念系统，是一整套的通过技术化的媒介和人际交流而表达的价值
观念、方法论和假设，是内部连贯的思维方法。④因此，分析电视节目中的各
种符号及其含义，有助于我们对符号所形塑的政治人物形象和背后隐藏的意识
形态进行解读。

　　符号学能够有效地与其他分析方法综合运用，如果与内容分析结合，将会
格外富有成效。⑤本书在量化内容分析的基础上，采用质化的符号学分析方法对
《全民最大党》中构成马英九角色和蔡英文角色形象的语言符号和视觉符号进行
解读，发掘符号的隐含意义和意识形态。《全民最大党》属于政治模仿秀节目，
节目所使用的政治符号是本书关注的焦点。"政治符号（political symbol）是指
那些在某种重要程度上运作于权力实践之中的符号。"⑥政治符号和一般符号的
区别在于，政治符号运作于权力实践之中，是政治情绪激发、行动促发和事物
客体符号化的结果，是表达和灌输政治观念的一种媒介。

　　政治模仿秀节目通过使用谐音名字、模拟政治场景、模仿政治人物的语言
和动作等技巧，突出政治人物的外表和性格特点，塑造政治人物形象。在这些
模仿技巧中，政治模仿秀形成了其特有的声音符号和视觉符号。本书中的口头

---

　　①　John Corner, "Mediated Persona and Political Culture", in John Corner and Dick Pels (eds.). *Media and Restyling of Politics: Consumerism, Celebrity and Cynicism*, London: Sage, 2003, p. 69.

　　②　［英］斯托克斯（Stokes, J.）：《媒介与文化研究方法》，黄红宇、曾妮译，上海：复旦大学出版社，2006年，第88页。

　　③　转引自罗钢、刘象愚主编：《文化研究读本》，北京：中国社会出版社，2000年，第11—12页（前言）。

　　④　［美］詹姆斯·罗尔：《媒介、传播、文化——一个全球性的路径》，董洪川译，北京：商务印书馆，2005年，第13页。

　　⑤　［英］斯托克斯（Stokes, J.）：《媒介与文化研究方法》，黄红宇、曾妮译，上海：复旦大学出版社，2006年，第87页。

　　⑥　［美］哈罗德·D.拉斯韦尔、亚伯拉罕·卡普兰：《权力与社会：一项政治研究的框架》，王菲易译，上海：上海人民出版社，2012年，第106页。

语言符号指角色在《全民最大党》节目中所说的话语，主要为对白，包括普通话和闽南语。本书中的视觉符号包括：（1）角色的造型（服装、化妆、道具）；（2）角色的眼神、面部表情、头部运动、姿势和手势；（3）角色出现的场景和场景中的物品。《全民最大党》的镜头主要由全景、中景、近景三种景别构成，每个政治人物的处理大同小异，且遵循一般的剪辑原则。因此本书不对镜头和画面剪辑进行详细分析。

在研究过程中，笔者在观看所有116期样本节目的基础上，选取出现马英九角色或蔡英文角色的18期节目，进行文本细读，分析节目中马英九角色和蔡英文角色形象的符号构成及其含义。在分析之前，笔者已经将马英九角色和蔡英文角色的所有台词和对话的上下文转录为文字。

在分析框架上，本书借鉴费斯克和哈特利等人在巴尔特符号学观点基础上所归纳的符号的三个表意层次（orders of signification），如图3.2所示：

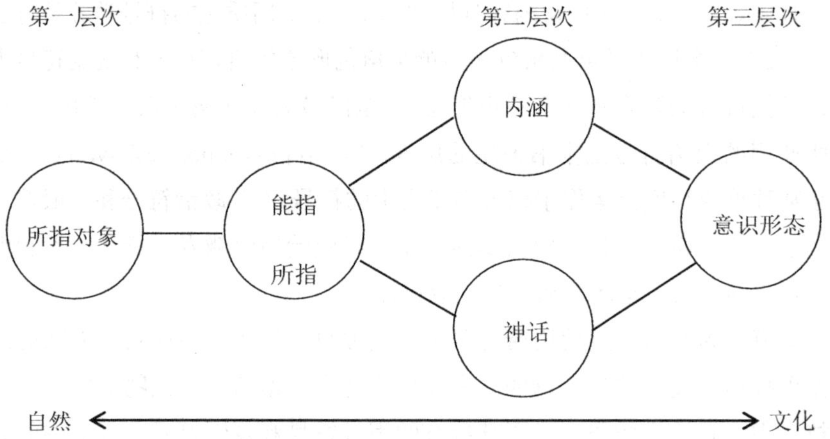

资料来源：［美］约翰·费斯克等编撰：《关键概念：传播与文化研究辞典》（第二版），李彬译注，北京：新华出版社，2004年，第262页。

图3.2 符号的三个表意层次

根据费斯克等人的观点，符号表意的第一层次是外延（denotatoion），即符号的明示义，指某个符号与其所指对象间的简单关系或字面关系，并假定这种关系具有客观性而无涉价值，例如"马"这一文字形象所指的动物。[1] 符号表意的第二层次包括内涵（connotation）和神话（myth），内涵即符号的隐含义，指

①　［美］约翰·费斯克等编撰：《关键概念：传播与文化研究辞典》（第二版），李彬译注，北京：新华出版社，2004年，第260页。

符号所象征的价值、感情和态度，例如镜头的角度、距离、焦点、光影效果所代表的意义；神话指"遍及某种文化的一系列广为接受的概念"，代表某种文化价值，其含义经常以自然化的方式固定下来，例如"玫瑰花"代表爱情和浪漫的神话。① 巴尔特将符号与其内涵共生而形成特殊信息的社会现象称为"神话"的制造，这里的神话不是传统故事神话，而是"指被建构来为文本读者或观众传送特别信息的关于人群、产品、地点和思想的思考方法"，是"利用现有符号及其内涵，有意使它们担当起一种特殊社会角色的语言"。② 费斯克等人认为内涵是评价性的、诉诸情感的，在能指的层面上发挥作用，神话是概念化的，在所指的层面上发挥作用。③ 内涵和神话都是符号第一层含义的延伸。在符号表意的第二层次中，第一层次的能指和所指共同构成第二层次的能指。符号表意的第三层次是意识形态（idiology），指符号中隐藏的、潜在的组织化原则，也就是符号背后的思想或信仰体系，例如通过部队行进中的各种符号传达"军队装备精良"的意识形态。④

此外，本书还借鉴 Arhlene A. Flowers 和 Cory L. Young 分析政治模仿秀节目《周六夜现场》（*Saturday Night Live*）所塑造的美国 2008 年共和党副总统候选人、阿拉斯加州州长萨拉·佩林形象时所采用的社会符号学和肖像研究方法。⑤ 社会符号学和肖像研究均聚焦于意义的三个层次：代表性或指示含义（representative or denotative），指构成一个形象的人物（people）、地点（places）和物品（things）；内涵或象征性含义（connotative or symbolic），指再现的人物、地点和物品所代表的广义概念、想法和价值；互动性含义（interactive or

---

① ［美］约翰·费斯克等编撰：《关键概念：传播与文化研究辞典》（第二版），李彬译注，北京：新华出版社，2004 年，第 260—261 页；J. Fiske & J. Hartley：《解读电视》，郑明椿译，台北：远流出版事业股份有限公司，1993 年，第 30—35 页；［法］罗兰·巴尔特：《符号学原理》，李幼蒸译，北京：中国人民大学出版社，2008 年，第 68—72 页。

② ［英］乔纳森·比格内尔：《传媒符号学》，白冰、黄立译，成都：四川教育出版社，2012 年，第 13 页。

③ ［美］约翰·费斯克等编撰：《关键概念：传播与文化研究辞典》（第二版），李彬译注，北京：新华出版社，2004 年，第 261 页。

④ ［美］约翰·费斯克等编撰：《关键概念：传播与文化研究辞典》（第二版），李彬译注，北京：新华出版社，2004 年，第 261 页；J. Fiske & J. Hartley：《解读电视》，郑明椿译，台北：远流出版事业股份有限公司，1993 年，第 30—35 页。

⑤ Arhlene A. Flowers and Cory L. Young, "Parodying Palin: How Tina Fey's Visual and Verbal Impersonations Revived a Comedy Show and Impacted the 2008 Election", *Journal of Visual Literacy*, vol. 29, no. 1 (2010), pp. 47-67.

interactional），则在图像中观众与世界的关系中显现出来，并建议观众对图像中再现的人物和事物应该采取何种态度。① 本书在传统符号学的基础上，将社会符号学所强调的社会维度纳入考察范畴。不同于结构主义符号学对结构和符码的强调，社会符号学认为文本和语境，施为者和对象，社会结构和各种力量，包括其间复杂的相互关系，都是符号学分析最基本的对象。② 社会符号学把符号的意义放在特定的语境中进行解读，强调相关参与者所构成的社会组织、参与者之间的相互作用，关注符号中隐含的权力与稳定性，以及意识形态。③ 本书除了分析马英九角色和蔡英文角色的口头语言符号和视觉符号外，还分析两位人物出现的场景和互动对象，将符号的意义放在台湾社会语境下进行解读。

## 一、马英九角色形象

在 116 期《全民最大党》抽样节目中，出现马英九角色的节目共有 5 期，节目日期分别是：2008 年 9 月 4 日（"宝来秘密花园"单元，马英久和陈水匾）、2008 年 9 月 9 日（"宝来秘密花园"单元）、2008 年 9 月 10 日（"宝来秘密花园"单元）、2009 年 2 月 27 日（"猪哥唬歌厅秀"单元）、2010 年 10 月 26 日（马英久出现在电话连线部分）。其中，在 2008 年 9 月 4 日、2010 年 10 月 26 日两期节目中，蔡英文角色作为嘉宾出现。出现马英九角色的这 5 期节目的日期、人物、地点和物品具体如表 3.4：

表 3.4 《全民最大党》出现马英九角色的 5 期节目 ④

| 日期 | 人物 | 地点 | 物品 |
|---|---|---|---|
| 2008-09-04 | 马英久（张明兴），陈水匾（丛丛） | 宝来花园陈水匾家里 | 黑色本子 |

① Arhlene A. Flowers and Cory L. Young, "Parodying Palin: How Tina Fey's Visual and Verbal Impersonations Revived a Comedy Show and Impacted the 2008 Election", *Journal of Visual Literacy*, vol. 29, no. 1 (2010), p. 51.

② ［英］罗伯特·霍奇（Robert Hodge）、冈瑟·克雷斯（Gunther Kress）：《社会符号学》，周劲松、张碧译，成都：四川教育出版社，2012 年：第 2 页（序言）。

③ ［英］罗伯特·霍奇（Robert Hodge）、冈瑟·克雷斯（Gunther Kress）：《社会符号学》，周劲松、张碧译，成都：四川教育出版社，2012 年，第 39—54 页。

④ 被模仿的人物、机构、作品等名称均采用谐音字，括号里面是模仿者；地点指马英久（马瑛九）出现的地点，物品指与马英久（马瑛九）有关的物品。

| 日期 | 人物 | 地点 | 物品 |
|---|---|---|---|
| 2008-09-09 | 马英久（张明兴），陈水匾（丛丛） | 宝来花园陈水匾家里 | 同上 |
| 2008-09-10 | 马英久（张明兴），陈水匾（丛丛） | 宝来花园陈水匾家里 | 同上 |
| 2009-02-27 | 马瑛九（张明兴），猪哥唬（郭子乾） | 猪哥唬歌厅 | 话筒，肥皂 |
| 2010-10-26 | 马英久（张明兴），马英久的下属，周美清（郭子乾），蔡瑛文（寇乃馨），李登辉孙女李昆仪（九孔），美声高校生朱育升（阿KEN），《第四张画》男配角手枪仔（纳豆）、手枪仔朋友（陈汉典） | SNG连线马英久的办公室 | 黑色皮椅，手机 |

资料来源：作者根据节目视频自行整理。

（一）语言符号

索绪尔认为符号由能指和所指构成。能指是符号的物质形式，所指是符号的概念内容。索绪尔的符号指的是口头语言符号。名字是政治人物的基本语言符号。在本书中，作为能指的角色名字，"马瑛九""马英久"的第一层含义是《全民最大党》中虚构的台湾地区领导人，第二层含义是真实世界中的台湾地区领导人马英九。马英九角色指《全民最大党》讨论主题中以"小马哥""马总统""马英九"等方式提到的真实的台湾地区领导人马英九，以及以"马瑛九"或"马英久"命名的虚构的台湾地区领导人（由台湾艺人张明兴扮演）。

第二章内容分析结果显示，在《全民最大党》116集样本节目的讨论主题中，对马英九角色的称呼以"小马哥""小马"这样的非正式称谓为主，两者占主题中马英九角色称谓的70%，以"×总统"（×代表马、现任、现、现在、新）、"马英九""马主席"这样的正式称谓加起来仅占16.5%。"总统""马主席"暗示公共领域的取向，被称呼者与交谈对象（节目以及节目中的人物）之间的权力不对等关系，被称呼者处于高高在上的位置。"小马哥""小马"则取向私人领域，暗示被称呼者与交谈对象之间的权力和地位是平等的，甚至有权力反转的意味。节目主题大部分以"小马哥""小马"称呼马英九角色，符合《全民最大党》狂欢化和戏仿的特点。就像在传统的狂欢节世界中，国王和小丑的地位是颠倒的，正统和权威是被颠覆的，秩序在这样的情况下被重建。在这样的政治模仿秀节目中，马英九角色不是一个权威政治人物，而是一个被戏仿和调侃的对象。

《全民最大党》的"宝来秘密花园"单元，是关于马英久到宝来花园拜访陈水匾的单元剧，着重塑造马英久作为台湾地区领导人的形象，反映当时的台湾地区领导人与前领导人之间的性格特点和权力关系。

"宝来秘密花园"单元开头播放的是陈水扁与马英九握手的真实新闻画面，并伴随陈水扁的画外音："马总统，以后遇到任何的问题，欢迎随时随地来找我，我可以提供你作参考，到宝来花园来找我。"这样的开头提示了陈水扁角色的前领导人身份，以及可以为时任台湾地区领导人马英九角色提供参考意见的"长者"身份。在单元剧中，陈水匾称马英久为"马先生""区长"，马英久则称陈水匾为"水匾兄"。"马先生"是一个中性的称谓，陈水匾称马英久为"马先生"，而不是"马总统"，说明陈水匾与马英久之间至少是平等的关系，而不是被领导者与领导者的关系。陈水匾称马英久为"区长"，是因为陈水匾认为马英久把两岸的关系定调为"区与区"的关系，因此称马英久为"台湾区区长"。"区长"的称谓暗示陈水匾对马英久的嘲讽和不屑。

在马英久与陈水匾的对话中，马英久重复最多的台词是"是是是""对对对"，显示其温和、谦逊的性格特质，与陈水匾强势、咄咄逼人的性格特质形成对比。在两人的权力关系上，表面上，陈水匾属于主导和强势的位置，宝来花园陈水匾家中的场景设置也表明陈水匾是主、马英久是客的人物关系。实际上，对话的内容是对陈水匾不利的贪污案和"南线专案"，虽然其中不乏陈水匾对马英久"633"政见跳票、救市（股市）无方、倡导节能减碳的指责，但对话的结尾都是马英久占上风，实现陈水匾和马英久权力关系的反转，马英久最后在两人的关系中占有优势。这种人物关系的设置体现了节目的倾向以及中天电视的政治立场，也展现了马英久的机智和口才。

归纳起来，"宝来秘密花园"3期节目，在口头语言符号中提到的马英久形象特征包括：

行政能力："633政策全部跳票"、股市持续下跌

议题立场：两岸关系、倡导节能减碳、中秋节不烤肉

口才：以"五亿探长雷洛"暗指陈水匾"A"钱后的下场，以"总统选阿匾，台湾好可怜""总统选阿匾，人头会洗钱"暗指陈水匾贪污洗钱，以"七亿可以买到1400万团的毛线"暗指陈水匾贪污

仪表："你很娘"

品德："你说话不算话"

个性：经常以"是是是""对对对""谢谢谢谢"回应对方

马英久与陈水匾的对话内容可参见 2008 年 9 月 4 日"宝来秘密花园"对话片段，括号里的内容为作者加注：

陈水匾：这同学有什么好笑的，你有没有想过，几年前我正红的时候，大家抢着改名字，改陈水匾喔，那时候陈水匾三个字代表什么，代表爱台湾。人家如果说，你很"陈水匾"，意思就是说，你很爱台湾，了解吗？

马英久：是是是，没错没错。可是现在很多人在骂别人的时候都说，你很"陈水匾"，意思是比这个，你很机车还要机车。

陈水匾：唉唷，唉唷，唉唷，你现在是说，我比机车还要机车。那你的意思就是说我，我，我是重型机车。意思就是说我很珍贵，我如果停在路边，会被骑走。没关系，你先别急着骑我喔。我先来举个例子就是说，如果我今天要照你的逻辑的话，我也可以说你很马英久。

马英久：什么意思啊？

陈水匾：意思就是说你很娘。

马英久：没有啦。（笑）

陈水匾：还有就是说你说话不算话。

……

陈水匾：你看过的电影，你会不记得，我批过的公文，我不记得这是人之常情嘛，对不对。

马英久：是是是，是是是。

陈水匾：好啦好啦，别坐在这，好不好，赶快回去把《蚀神》重新复习一次，多看看电影，有知识在那里面。

马英久：哦，这样子。水匾兄，那我可不可以也请教你一下，你有没有看过这个《五亿探长雷洛》？

陈水匾：有啊有啊有啊，很好看。

马英久：有是不是，那你知不知道这个，他 A 了钱之后啊，这个下场。

陈水匾：他好像……

马英久：我想你不想知道，他这个下场有多惨。（说完转身离开）

2008 年 9 月 9 日 "宝来秘密花园" 对话片段：

陈水匾：请你搞清楚，小弟我的确是有喊过，"总统选阿匾，股市上万点"。但是我有没有说多久上万点，没有啊，对不对？你给我做 50 年 "总统"，我绝对有机会，有那个能力做到上万点，对不对？而且我这个口号喊起来很好听，"总统选阿匾，股市上万点"，对不对？哪像你呢，"总统选小马，股市惨今今"。

马英久：水匾兄，不好意思喔，你那个最后一句话没有押韵，惨今今没有押韵。

陈水匾：唉唷，唉唷。你现在要跟我比口才就对了，好好，你等我，你等我，你不要走，你坐好坐好。我跟你讲，你让我想一下。有了，"总统选小马，股市往下滑"。漂亮，赞赞，想不出来了吧。

马英久：我也有我也有。

陈水匾：你有，你讲你讲。

马英久："总统选阿匾，台湾好可怜"。

陈水匾：算你狠。好，你给我记住，你不要走，你不要走。"总统选小马，总统选小马，人们有够……呆……有够笨，有够傻。"漂亮，怎么样，接不出来了吧。

马英久：有，我还有很多。

陈水匾：我知道你还要想对不对，我跟你讲，我这边没有字典让你翻，你回家找，多读几年书再过来，走啦，走。

马英久："总统选阿匾，人头会洗钱"。（说完得意地离开）

陈水匾：（气急败坏）你不要走，我跟你讲，是我脾气好，换做别人一定用三字经骂你。

2009 年 2 月 27 日的 "猪哥喨歌厅秀" 单元以马瑛九是同性恋的传言和光碟事件作为话题，主持人猪哥喨对马瑛九进行采访。猪哥喨称马瑛九为 "全台湾最帅的总统"，描述他 "真的很帅" "体格不错"，并问他与艺人巧克力的光碟是怎么回事，"是不是同志"。该单元剧提到的马瑛九形象特征有仪表（帅）和私生活（性取向）。

2010 年 10 月 26 日的电话连线则在马英久与不同身份地位的人物的互动中，

展现马英久的形象以及与其他参与者之间的相互关系。电话连线所展现的马英久形象特征有公共关系和私生活（与家庭成员的关系）

公共关系：与李前"总统"孙女李昆仪的互动中，两人的对话围绕应该称呼李昆仪为"女士""先生""太太"还是"小姐"而展开，最后李昆仪说要让他阿公（爷爷）接电话，马英久挂掉电话；与美声高校生朱育升的互动中，朱育升质疑对方是"总统"马英久，让对方学马叫，讽刺马英久说准备好了却什么都不做，并用歌声表达民众怨气大的情绪；与《第四张画》男配角手枪仔、手枪仔朋友的互动中，两位让马英久帮忙找工作；与民进党主席蔡瑛文的互动中，马英久以为对方是 pizza 餐厅，当听到对方是蔡瑛文，就说对不起打错了，然后挂断电话。

私生活：在节目中打电话给妻子周美清，在两人的对话关系中，周美清比较强势，马英久比较弱势。

周美清：喂。

马英久：喂，小清吗？

周美清：你打来做什么？

马英久：是是是。

周美清：你难道不知道我在主持吗？你这样会打乱我主持的节奏。

马英久：我在关心你一下，是是是是。我是在关心你一下。大家好，我是"总统"马英久。

周美清：好好好，有什么话回家再说好了，拜拜。

马英久：好好好好，是是。

由此可见，电话连线中的马英久作为台湾地区领导人的形象被颠覆：在反对派人士李前"总统"、蔡瑛文面前缺乏魄力，在妻子面前表现弱势、民众可以随意调侃，群众魅力不佳。

（二）视觉符号

视觉符号包括马英久（马瑛九）的服装、化妆、道具、眼神、面部表情、头部运动、姿势和手势，马英久（马瑛九）出现的场景元素。

在人物角色造型方面，饰演马英久（马瑛九）的台湾艺人张明兴在外形上与现实世界中的马英九有几分相似，张明兴抓住马英九着装、发型、表情和肢

149

体语言的特点进行模仿。马英久（马瑛九）每次出场都是身穿黑色西装和白衬衫，系领带（蓝底白点、蓝灰、灰色），左手戴手表，这些正式的着装元素凸显其作为台湾地区领导人的角色和专业形象。在肢体语言方面，马英久（马瑛九）在对话过程中始终保持微笑，没有夸张的肢体动作。在马英久（马瑛九）的随身物品方面，马英久与陈水匾会面手里都会拿一个黑色的笔记本。

在场景方面，在这5集节目中马英久（马瑛九）出现的场景有三个：第一个场景是台湾地区前领导人陈水匾的住所，宝来花园；第二个场景是猪哥哓的歌厅秀，作为被访问对象出现。第三个是马英久的办公室，模仿新闻节目中的电话连线。

马英久（马瑛九）是蓝营的代表，曾经担任国民党主席，时任台湾地区领导人，象征台湾地区最高行政权力。陈水匾，绿营的代表，民进党籍，曾是前台湾地区领导人，因贪腐案受调查，其形象经常与贪腐联系在一起。"宝来秘密花园"单元将两人放在一个场景中，充满对抗性和冲突性。蓝营与绿营的对峙，新权力与旧权力的对话，在短剧中得以展现。马英久与陈水匾在多个方面形成反差，正式着装与睡衣穿着，温和与强势、谦让与咄咄逼人。两个人的性格和政治立场形成鲜明对比。

## 二、蔡英文角色形象

蔡英文角色在节目中大多时候以民进党主席的身份出现，有时以新北市市长候选人、民进党"总统"候选人身份出现。在116期抽样节目中，出现蔡英文角色的节目共有15期，节目日期分别是：2008年9月4日、2008年10月30日、2008年11月7日、2009年5月8日、2009年5月11日（作为"猪哥哓歌厅秀"单元的访问对象）、2009年5月18日（出现在SNG连线部分）、2009年6月2日、2009年6月26日、2009年7月16日、2009年8月27日、2009年12月9日、2010年10月26日（以新北市市长候选人身份作为现场嘉宾）、2010年12月2日、2011年3月11日、2011年9月26日（以民进党"总统"候选人身份作为现场嘉宾）。出现蔡英文角色的这15期节目的日期、人物、地点和物品具体如表3.5：

表 3.5　《全民最大党》出现蔡英文角色的 15 期节目 ①

| 日期 | 人物 | 地点 | 物品 |
|---|---|---|---|
| 2008-09-04 | 主持人：名政论家胡中信（邰智源）<br>现场嘉宾：资深媒体人吴国冻（郭子乾），爆料天王邱昇（许杰辉），前花莲地检署检察官李子椿（纳豆）、民进党党主席蔡瑛文（寇乃馨），《海脚七号》男配角贸伯（洪都拉斯），爱国同心会会长周庆俊（九孔）、会员陈中华（陈汉典） | 《全民最大党》节目现场 | 桌子，纸，笔，两个玩偶 |
| 2008-10-30 | 主持人：政论名嘴胡中信（邰智源）<br>现场嘉宾：台南市"议员"王定于（许杰辉），抬大教授李鸿喜（郭子乾），民进党主席蔡瑛文（寇乃馨），中天骇客主持人赵少糠（九孔），塔罗牌算命师黄其（纳豆），本土歌手李丙辉（从从） | 《全民最大党》节目现场 | 桌子，纸，笔，写着"尴尬"的牌子 |
| 2008-11-07 | 主持人：国民党"立委"洪秀注（郭子乾）<br>现场嘉宾：民进党主席蔡瑛文（寇乃馨），前民进党"立委"王仕坚（邰智源），前民进党"立委"王叔惠（洪都拉斯），中天骇客主持人赵少糠（九孔），本土歌手李丙辉（从从） | 《全民最大党》节目现场 | 椅子，笔记本，笔，惊叹号牌子，挂在脖子上的黄色条幅 |
| 2009-05-08 | 主持人：桃子（邰智源）<br>现场嘉宾：前"中研院院长"李远折（九孔），国民党"立委"李庆哗（郭子乾），民进党"立委"翁金朱（许杰辉），民进党"立委"张花贯（洪都拉斯），民进党主席蔡瑛文（寇乃馨） | 《全民最大党》节目现场 | 桌子，纸，笔，粉色玩偶 |
| 2009-05-11 | 猪哥唬（郭子乾），蔡瑛文（寇乃馨） | 猪哥唬歌厅 | 话筒 |

---

　　① 被模仿的人物、机构、作品等名称均采用谐音字，括号里面是模仿者；地点指蔡英文出现的地点，物品指与蔡英文有关的物品。

| 日期 | 人物 | 地点 | 物品 |
|---|---|---|---|
| 2009-05-18 | 中天当家主播卢秀方（安心亚），蔡瑛文（寇乃馨），邱议莹（阿KEN），王叔慧（洪都拉斯） | SNG连线"人权不落日，团结护民主"静坐现场（凯达格兰大道） | 写着"呛马保台""马上倒""马英九下台"的标牌，只有一只眼睛的马英九画像，民进党党旗，系在头上的黄色、绿色条幅 |
| 2009-06-02 | 主持人："总统府"发言人王郁奇（郭子乾）<br>现场嘉宾：民进党主席蔡瑛文（寇乃馨），国民党"立委"朱凤之（许杰辉），台中市市长胡自强（邰智源），高雄市市长陈掬（白云），内地艺人小沈阳（九孔） | 《全民最大党》节目现场 | 椅子（特别来宾坐的位置），纸，笔 |
| 2009-06-26 | 主持人：黎智瑛（邰智源）<br>现场嘉宾：民进党主席蔡瑛文（寇乃馨），爆料天王邱异（许杰辉），前"中研院院长"李远折（九孔），前民进党"立委"蔡启方（纳豆），网络红人惠慈（郭子乾） | 《全民最大党》节目现场 | 椅子（特别来宾坐的位置），纸，笔 |
| 2009-07-16 | 主持人：嘿人（邰智源）<br>现场嘉宾：高雄市市长陈掬（白云），资深体育主播傅达人（许杰辉），民进党主席蔡瑛文（寇乃馨），世运举牌手徐咛（阿KEN） | 《全民最大党》节目现场 | 桌子，纸，笔 |
| 2009-08-27 | 主持人：郑鸿仪（郭子乾）<br>现场嘉宾："行政院长"刘兆玹（九孔），爆料天王邱异（许杰辉），民进党主席蔡瑛文（寇乃馨），民进党"议员"卢铜协（洪都拉斯） | 《全民最大党》节目现场 | 桌子，纸，笔 |
| 2009-12-09 | 主持人：胡中信（邰智源）<br>现场嘉宾：文化评论者南方蒴（郭子乾），军事专家张友哗（九孔），准国民党秘书长金浦聪（洪都拉斯），民进党"立委"蔡同嵘（许杰辉），民进党主席蔡瑛文（寇乃馨） | 《全民最大党》节目现场 | 桌子，纸，笔 |

续表

| 日期 | 人物 | 地点 | 物品 |
|---|---|---|---|
| 2010-10-26 | 主持人：周美清（郭子乾）<br>现场嘉宾：民进党新北市市长候选人蔡瑛文（寇乃馨），香港资深艺人薛傢燕（邰智源），李前"总统"孙女李昆仪（九孔），美声高校生朱育升（阿KEN），《第四张画》男配角手枪仔（纳豆）、手枪仔朋友（陈汉典），舞蹈教父蓝菠（从从）<br>SNG电话连线：马英久（张明兴） | 《全民最大党》节目现场 | 咖啡杯造型的座位，大红色的椅子，戴在左手的手表，手机 |
| 2010-12-02 | 主持人：猪哥喨（郭子乾）<br>现场嘉宾：台湾之光杨叔君（迅猛龙）、杨叔君男友刘聪哒（邰智源），爆料天王邱昇（许杰辉），民进党主席蔡瑛文（寇乃馨），高雄县县长杨萩兴（从从），《芜米乐》主角昆滨伯（洪都拉斯） | 《全民最大党》节目现场 | 桌子，纸，笔 |
| 2011-03-11 | 主持人：桃子（邰智源）<br>现场嘉宾：民进党党主席蔡瑛文（寇乃馨），宏哒电董事长王雪虹（郭子乾），本土剧演员秦阳（洪都拉斯），无党籍"立委"颜清镖（白云），民进党"立委"邱议萤（阿KEN），中国黄金剩女（陈汉典、袁艾菲） | 《全民最大党》节目现场 | 咖啡杯造型的桌子，大红色椅子，戴在左手的手表 |
| 2011-09-26 | 主持人：朱哮天（邰智源）<br>现场嘉宾：民进党"总统"候选人蔡瑛文（寇乃馨），前"行政院院长"苏真昌（郭子乾），全民咖啡好朋友篇阿拉比伖（九孔），"全民加油赞"执行长金浦聪（洪都拉斯） | 《全民最大党》节目现场 | 咖啡杯造型的桌子，大红色的椅子 |

资料来源：作者根据节目视频自行整理。

（一）语言符号

首先，作为能指的角色名字，"蔡瑛文"的第一层含义是节目中虚构的台湾民进党主席，第二层含义是真实世界中的民进党主席蔡英文。蔡英文角色指《全民最大党》讨论主题中以"小英""蔡英文"等方式提到的真实的民进党主席蔡英文，以及以"蔡瑛文"命名的虚构的民进党主席（由台湾艺人寇乃馨扮演）。

第二章的内容分析结果显示，在《全民最大党》116个样本节目中，讨论主题主要以"小英""蔡小英"称呼蔡英文角色，两者在讨论主题中占有关蔡英文角色称谓的72%，"主席""旧主席"这样的正式称谓仅占8%。"主席"的称谓指向公共领域，暗指节目和节目中的人物与蔡英文角色之间的权力关系是不对等的，双方之间的距离是远的，关系是不稳定的。"小英""蔡小英"则取向私人领域，暗指节目和节目中的人物与蔡英文角色之间的权力关系是平等甚至反转的，双方之间的距离是近的，关系是稳定的。节目主题经常以"小英"称呼蔡英文角色，符合《全民最大党》狂欢化和戏仿的特点，通过这样的方式对权威进行解构。同样，蔡英文角色不是一个权威政治人物，而是一个被戏仿和调侃的对象。

蔡瑛文的形象特征体现在其个性化的语言中。我们可以从蔡瑛文的台词分析其形象构成。蔡瑛文几乎每次出场自我介绍都以同样的英文台词作为开头。"Good evening, ladies and gentlemen, I am Yingwen Cai."这句英文台词，经过不断重复，已经成为蔡瑛文的一句标志性语言，同时也强调蔡瑛文的英文能力。

在出现蔡瑛文的15期节目中，蔡瑛文的自我介绍和现场讨论台词展现其作为民进党主席的女性政党领袖形象。以下是蔡瑛文在节目中的自我描述和定位：

表3.6 《全民最大党》蔡瑛文台词中的自我描述 [①]

| 日期 | 自我描述 |
| --- | --- |
| 2008-09-04 | 我是英文不菜的蔡瑛文 |
| 2008-10-30 | 我是英文不菜但是最近这个真的有时候偶尔会有一点小尴尬的小瑛 |
| 2008-11-07 | 我不是暴力小瑛，我是理性、"民主"小瑛 |
| 2009-05-08 | 我是硬起来的小瑛 |
| 2009-05-11 | 我是这个"民主"小瑛 |
| 2009-05-18 | 我是硬起来的小瑛 |
| 2009-06-26 | 我就是誓言要捍卫"司法人权"的小瑛 |
| 2009-08-27 | 我是救灾跑第一的小瑛 |
| 2009-12-09 | 我是一点都不菜的蔡瑛文，现在我可是站得直挺挺、抬头挺胸、扬眉吐气 |

---

[①] 2009年6月2日、2009年7月16日的节目中，蔡瑛文的台词没有出现自我描述的词句。

续表

| 日期 | 自我描述 |
|------|---------|
| 2010–10–26 | 我铁人小瑛；我是你可敬的对手，在野党的主席，也是新北市（市长）的候选人蔡瑛文，你可以叫我铁人小瑛；马"总统"就是听不进在野党的声音，所以人民还是支持我铁人小瑛 |
| 2010–12–02 | 我就是"民主"小瑛，在竞选当中是虽败犹荣的"民主"小瑛 |
| 2011–03–11 | 我就是英文一点都不菜的民进党主席"民主"小瑛，我真的硬起来了 |
| 2011–09–26 | 我就是"民主"小瑛，我也是未来很可能是第一任女"总统"的小瑛；请支持"民主"小瑛 |

资料来源：作者根据节目视频自行整理。

从表 3.6 可以看出，蔡瑛文的自我描述主要有："英文不菜""民主小瑛""理性""硬起来""誓言要捍卫司法人权""救灾跑第一""一点都不菜""铁人小瑛""虽败犹荣""未来很可能是第一任女总统"。蔡瑛文在自我描述和台词所展现的主要是沟通能力、领导能力／魄力、政治风格、政党代表、议题立场、个性等方面的形象特征。

沟通能力：蔡瑛文"英文不菜"。但是作为一个在台北长大的"本省人"，蔡瑛文的闽南语却讲得不太好。在 2010 年 12 月 2 日的节目中，当主持人要求她用闽南语重述自己的台词时，蔡瑛文的言语中掺杂着普通话和闽南语。"我是民主小瑛，我感觉很高兴，这一次选举我虽败犹荣，我虽败犹荣啦。"这句话中，蔡瑛文只能用闽南语说出"我是民主小瑛，我感觉很高兴"。虽然闽南语不太流利，蔡瑛文经常会在讨论中使用一些闽南语短语，并将民进党与民众互动的标志性语言"你说这样对不对"融入自己的话语中。"你说这样对不对""你说这样好不好"，是民进党的标志性语言，高雄市市长陈掬也经常使用。

领导能力／魄力：蔡瑛文在节目中强调自己能够带领台湾人民重新找回信心，"期待能够带领大家走出一条民主、重新找回信心的大道"。在确定参选 2012 年台湾地区领导人时，宣称自己"不但代表所有女性"，"也代表所有台湾人民的声音"，"要扛起未来"。蔡瑛文在节目中经常指责马瑛九做得不好，声称"女人有的时候就是比男人能够执政有 guts（有魄力）"。

政治风格：蔡瑛文自称是"硬起来的小瑛"，强调自己强硬的领导风格。蔡瑛文的强硬还体现在对民进党党员的领导方式上，在"517 呛马"大游行中要求民进党党员静坐 24 小时，并在抗议现场点名防止民进党党员擅自离场。蔡瑛文还声称自己是"民主小瑛"，坚持走"民主"道路，更能与民众"搏感情"。事实上，蔡瑛文在"民主""人权"的名义下，发动对马瑛九的抗议游行，当民众与警察发生暴力冲突时，推卸责任，称"攻击人的是黑道，丢石头的是国民党，受伤要小马负责"，说自己是"理性、民主小瑛"，"不是暴力小瑛"。《全民最大党》在 2008 年 11 月 7 日的节目中对蔡瑛文面对暴力事件推卸责任的事实进行模仿和嘲讽。

政党代表：蔡瑛文强调自己是能够带领民进党走出谷底、愿意负起责任、准备抗争到底、要扛起未来的民进党领袖。在 2010 年 12 月 2 日的节目中，蔡瑛文声称，"已经把民进党带往一个越来越好的方向"，"超过 71% 的选民认为我民主小瑛把民进党带到一个有热情而无激情、多政策而少政治路线上"。《全民最大党》塑造的蔡瑛文是一个"逢马必反""逢中必反"的极具煽动性和攻击性的绿营政治人物，始终站在与马英久（马瑛九）及其团队对立的政治立场，对马英久（马瑛九）及其团队进行严厉的批评甚至抹黑。例如，在 2008 年 9 月 4 日的节目中，当讨论到"扁讲话没人信，马讲话又跳票"主题的时候，蔡瑛文便不停地攻击马瑛九，"我希望马总统你能够深自反省"，"马瑛九如果说话跳票，是更严重的事"，"希望大家真的认清现实，千万不要继续被马瑛九骗下去了"，言语中充满挑衅。在 2008 年 10 月 30 日的节目中，蔡瑛文质问马瑛九，"陈云琳现在要来台，我不知道马总统，请问你是要用马总统的身份跟他见面，还是用马瑛九？"又如在 2008 年 11 月 7 日的节目中，当讨论到民进党发动的"呛马围陈"大游行时候，蔡瑛文言辞激烈，"马政府竟然会这样子，用警察来镇压人民，打自己的小孩给我们的敌人看，我们真的受到很大的惊吓，我觉得这真的太超过了"，"逼人民走上街头的政府是最糟糕的政府，而这个政府是小马哥率领的，所以马瑛九你要负责任"。蔡瑛文在母亲节议题上也不忘"呛马"："我要在这边奉劝马政府，马总统，我要呛你，听清楚了，我们的妈妈是台湾这块土地，它才是我们的母亲……"在 2011 年 3 月 11 日的节目中，蔡瑛文抨击马瑛九的政绩，"马瑛九先生当选之后，我们的所有的物价涨了，国债涨了，失业率涨了，但是所有的我们需要的经济成长率没涨"。社会运动是民进党经常使用的政治手段。作为政党领袖，蔡瑛文通过组织各种社会运动与台湾当局进行对抗。例如，2008 年 11 月 6 日的"呛马围陈"活动，2009 年 5 月 17 日的"517呛马"大游行，都在节目中得到体现。

在议题立场方面，蔡瑛文反对两岸的一些来往和政策，例如反对陈云琳

（陈云林的谐音）访台，反对开放大陆学生到台，表明自己敢与哒赖喇嘛（达赖喇嘛的谐音）站在一起为台湾人民祈福。在个性方面，蔡瑛文展现其"理性""坚决"的一面，例如在 2009 年 5 月 11 日的"猪哥唬歌厅秀"中，猪哥唬形容蔡瑛文"坚决""坚强"。在公共关系方面，蔡瑛文处处与蓝营制造对立和冲突。在党内关系方面，蔡瑛文试图与陈水匾切割，又联署救匾。在竞选宣传方面，蔡瑛文打造专属香水——"太平洋的风"，意思是"带来 loving、power、peace，代表未来的 hope 的 future hope"。

由以上可见，节目所塑造的蔡瑛文是一个英文良好、言辞激烈、政治风格强硬、善于组织社会运动、对两岸往来持有异议、以"民主"和"爱台湾"为由主张"台独"的民进党领袖和反马先锋。

（二）视觉符号

视觉符号包括蔡瑛文的服装、化妆、道具、眼神、面部表情、头部运动、姿势和手势，蔡瑛文出现的场景元素。

在人物造型方面，由台湾艺人寇乃馨扮演蔡瑛文，抓住人物的主要特点进行模仿。蔡瑛文戴着眼镜，留一头齐耳短发，身穿军绿色条纹西服、黑色西裤和白色衬衣。在出现蔡瑛文的 15 集样本节目中，蔡瑛文有 13 次身穿军绿色条纹西服和黑色西裤加上白色衬衫或白色打底衫，1 次穿粉红色短袖 POLO 衫（2010 年 10 月 26 日），1 次穿白色短袖 POLO 衫搭配西瓜红围巾（2011 年 9 月26 日）。绿色代表其党派色彩，即民进党和泛绿阵营。该角色在服装、化妆、道具方面追求与真实蔡英文的逼真性，整体偏中性气质。正式的西服体现蔡瑛文作为女性政治人物的角色和专业形象。《全民最大党》着重塑造蔡瑛文作为政党领袖的形象，因此角色在节目中主要以民进党主席的身份出现。在蔡瑛文不断重复的形体动作中，我们可以发现这个角色的一些标志性动作，包括：右手将头发然后甩头的动作（出场时的动作），右手或左手握拳举起，右手或左手举起食指上指，双手握拳举起，双手交叉放在胸前。在模仿的过程中，寇乃馨还抓住蔡英文有点驼背的形体特点。这些固定的造型、姿势和动作在重复中成为观众对蔡瑛文的刻板印象，具有稳定性和很高的辨识度。

在场景方面，蔡瑛文出现的场景有三类：一是《全民最大党》的讨论现场；二是游行抗议现场；三是"猪哥唬歌厅秀"的歌厅现场。第一类和第三类场景主要是为讨论内容的展开提供空间背景。第二类场景则充满了政治符号：写着"呛马保台""马上倒""马英九下台"的标牌，只有一只眼睛的马英九画像，民进党党旗，系在头上的黄色、绿色条幅，这些符号成为政治斗争的工具，也表明蔡瑛文的政治立场。

## 第三节　虚构与纪实的政治人物形象比较

政治模仿秀中出现的政治人物角色本质上是虚构的政治人物，因此节目能够以一种轻松调侃的方式对政治人物进行嘲讽，而这种嘲讽更多是为了达到娱乐和解闷的效果，而不是对政治人物的严肃批判。政治模仿秀的批判是一种狂欢式的颠覆和重构。正如《全民最大党》中的角色胡自强（模仿台中市市长胡志强的角色）在2009年5月15日的节目中谈到创意时所说的：创意的本身不是对别人的一种伤害，创意的本身是让人发笑，觉得很开心或者有趣。以《全民最大党》为代表的政治模仿秀节目的真正意图不是丑化政治人物的形象，而是在丰富的创意中对政治进行娱乐和批评。在这种漫画式的模仿中，政治人物的有些形象特征被挑选出来进行艺术加工，甚至显得有趣可爱。《全民最大党》曾被誉为台湾最具创新性的综艺节目，在单元设置上不断推陈出新，挖掘可资利用的政治内容，寻找政治与娱乐融合的崭新方式，让观众在娱乐之余获取政治信息。例如，在单元方面，节目曾推出"宝来秘密花园""猪哥哓歌厅秀""阿洪之声""夜市人笙""施主席的轰趴""海协会记者会""蓝绿蜘蛛网""许主席的榻榻米""周力波特秀""蓝绿新闻""啊奇凸新闻"等等。节目单元模仿地下电台、新闻节目、记者会、新闻发布会、脱口秀等形式，或者以短剧的形式表现政治内容。这些具有创新性的单元，将新闻、访谈、脱口秀、喜剧等各种娱乐元素组合在一起，在娱乐中传播政治信息。《全民最大党》作为政治喜剧类节目，最显著的两个特点就是：政治性和娱乐性。因此，《全民最大党》所塑造的马英九角色和蔡英文角色也同样具有娱乐性。

《全民最大党》通过戏仿的方式所塑造的马英九角色和蔡英文角色形象，可以说是现实世界中马英九和蔡英文形象的反射、折射和创造，与纪实类文本中的马英九和蔡英文形象有所不同。通过比较《全民最大党》中马英九角色/蔡英文角色形象与传记中的马英九/蔡英文形象，我们可以对不同类型文本中的政治人物形象有一个立体的认知。

根据大陆学者李立的《国民党沉浮台湾：从蒋氏父子到连战马英九》，马英九 1950 年出生于香港，从小深受中国传统文化和儒家思想的影响，是个品学兼优的"好学生"，从台湾大学法律系毕业后到美国纽约大学和哈佛大学攻读法律硕士和博士学位。1981 年，马英九从美国哈佛大学博士毕业返台，担任"总统府第一局副局长"兼时任台湾"总统"蒋经国的英文秘书，3 年后升至国民党中央委员会副秘书长。历经"研考会主委""陆委会副主委""法务部长""行政院政务委员"以及台北市市长等职位，马英九在台湾政坛沉浮多年，成为一个耀眼的政治明星。在当选台湾地区领导人之前，马英九在台湾政坛和民众中的形象向来是"清新""学历高""口才好""为人谦恭""温和理性""不结党营私""不粘锅""没有政治包袱""大好人""票房保证""票房灵丹""英俊潇洒""幽默风趣""乖乖牌""做事而不作秀""求全、求稳、求美""洁身自好""清廉"等等，是位居民调榜首的政治人物，在台湾妇女和青年中极受欢迎，"人人爱马英九"。①

《全民最大党》所塑造的马英久（马瑛九）则是一个帅气、温和、机智、口才好、"说话不算话""政见跳票""弱势""从票房保证变票房毒药""什么都不做""民调低"、经常被"呛声"的领导人。

由此可见，《全民最大党》中的马英九角色形象与传记中的马英九形象具有一定偏差。传记所呈现的马英九形象整体偏向正面，《全民最大党》所塑造的马英九角色形象主要为中性，其次是负面，少数正面（第二章内容分析结果）。负面形象占有较大的比例。首先，这与政治模仿秀本身的特点有关。批评行为和喜剧行为是政治模仿秀的两个重要特点。②政治模仿秀通常指向先前已经发生的情境、事件或已经存在的文本，在滑稽和逗乐中对相关的人物或事件进行批评。政治幽默倾向于利用政治人物的弱点和缺陷而不是正面属性进行创作。③这种艺术特征决定政治模仿秀中的政治人物形象偏向负面。目前，已有一些新闻传播学者对政治模仿秀的负面效果进行研究。例如，Flowers 和 Young 在研究《周末夜现场》时发现的"蒂娜·菲效应"（Tina Fey Effect），即对某个政治人物的模仿降低观众对该政治人物的评价。Matthes 和 Rauchfleisch 在研究瑞士的政治

---

① 李立：《国民党沉浮台湾：从蒋氏父子到连战马英九》，北京：台海出版社，2008 年，第 578—734 页。

② Richard Henry and Deborah F. Rossen-Knill, "The Princess Bride and the Parodic Impulse: The Seduction of Cinderella", *Humor*, vol. 11, no. 1 (1998), p. 43.

③ Jonathan S. Morris, "The Daily Show with Jon Stewart and Audience Attitude Change during the 2004 Party Conventions", *Political Behavior*, vol. 31, no. 1 (2009), pp. 85.

模仿秀节目 Giacobbo/Müller 时，进一步验证"蒂娜·菲效应"，发现节目中含蓄的负面政治信息对具有较高政治知识的观众具有较强的说服效果，能够降低这些人群对政治人物的印象和评价，增加这些观众的犬儒主义。其次，这与现实生活中马英九的政绩和支持度有关，马英九当选台湾地区领导人后，民调下降，《全民最大党》这样的政治模仿秀成为表达民众负面政治情绪的出口。马英九形象通过《全民最大党》的反射、折射和创造，变成喜剧化、娱乐化的马英九角色形象，后者的形象是部分真实、部分虚构、部分夸张、甚至部分扭曲的马英九形象。

台湾记者张瀞文在《蔡英文：从谈判桌到"总统府"》中，对蔡英文的从政过程、个人特质、领导风格及其经济、财政、教育和两岸政策进行叙述。蔡英文 1956 年出生于台北市中山区，1978 年毕业于台湾大学法律系，1980 年获得美国康奈尔大学法学院法学硕士，1984 年获得英国伦敦大学政治经济学院法学博士，主修国际贸易和国际经济组织。蔡英文因临时担任台湾"经济部国贸局顾问"而与台湾的国际经贸谈判产生联结，参与 WTO 谈判、汪辜会晤，从"国安会咨询委员"、陆委会主委、"行政院副院长"、民进党主席、新北市市长候选人到 2012 年民进党"总统"候选人、2016 年民进党"总统"候选人，逐渐走近台湾政治权力中心。在担任民进党主席方面，2008 年 5 月 20 日蔡英文首次担任民进党主席，2010 年 5 月 23 日获得连任，2012 年 1 月 14 日因竞选台湾地区领导人失败辞去党主席（留任至当年 2 月 29 日），2014 年 5 月 25 日再次当选民进党主席。在 2016 年台湾地区领导人选举中，蔡英文成为台湾地区领导人。在张瀞文看来，蔡英文"强韧""手腕也令人惊艳""拥有惊人的恒心"，是一位"一直努力学习逐渐成熟的政治领袖""极讲求务实，愿意也勇于承担的政治人物"，"带领民进党走出困局"。[①] 蔡英文在谈判桌上具备国际贸易和法律专业知识、英文表达能力好、"冷静、逻辑好、临危不乱"，她的风格是"不口出恶言、只为赢回信任"。[②]

《全民最大党》对蔡英文参选 2010 年新北市市长、2012 年台湾地区领导人都进行了模仿，所塑造的蔡英文角色是一个英文不菜、口出恶言、言辞激

---

① 张瀞文：《蔡英文：从谈判桌到"总统府"》，台北：城邦商业周刊，2015 年，第 13—20 页。

② 张瀞文 .：《蔡英文：从谈判桌到"总统府"》，台北：城邦商业周刊，2015 年，第 39、162 页。

烈、逢马必反、制造社会冲突和两岸对立、高喊"民主"口号、"坚强""硬起来""铁人"、带领民进党走出谷底的政党代表。

通过比较可见，传记中的蔡英文形象与《全民最大党》中的蔡英文角色形象具有较高的相似性。不同的是，由于传记作者的立场和角度，其所呈现的蔡英文形象整体为正面。《全民最大党》所塑造的蔡英文角色形象主要以中性为主，少数正面，少数负面（第二章内容分析结果）。《全民最大党》在塑造蔡英文角色形象时，在反映现实世界中蔡英文主要形象特点和政治立场的基础上，对其语言和动作进行一些重复、夸张、极端化、娱乐化的处理，使角色形象特征更加鲜明。《全民最大党》样本节目中蔡英文角色的负面形象比例较低，可能与现实政治世界中蔡英文领导民进党的表现以及还未真正进入台湾政治权力中心有关。

## 第四节　本章小结

本章结合上一章量化内容分析的结果，对《全民最大党》18期出现马英九角色/蔡英文角色的样本节目进行框架分析和符号学分析，通过质化的解读，描绘出《全民最大党》所塑造的马英九角色/蔡英文角色形象的细节，并与纪实类的传记文本所呈现的马英九/蔡英文形象进行比较。

分析结果发现，《全民最大党》主要使用主题框架、冲突框架和角色框架塑造马英九角色和蔡英文角色形象。具体而言，《全民最大党》通过特定的社会议题呈现马英九角色/蔡英文角色形象，验证了政治人物形象与议题不可分割的关系。在18期出现马英九角色/蔡英文角色的节目中，讨论主题类型比例最大的是"领导人/民进党代表人物"，其次是"选举活动"，再次是"游行示威"。这与第二章内容分析结果大体一致（"领导人/民进党代表人物"比重最大，其次是"选举活动"，再次是"官员/民意代表"）。在16期讨论主题提到马英九角色的节目中，马英九角色的公共关系在主题中最常被提及（4次），其次是行政能力、群众魅力、媒体表现、私生活（均为2次）。讨论主题有关马英九角色的整体文意偏向以负面为主（频率为9），中立次之（频率为7）。在4期讨论主题提到蔡英文角色的节目中，蔡英文角色的竞选宣传（2次）、政党领袖（1次）、党内关系（1次）在主题中被提及。讨论主题有关蔡英文角色的整体文意偏向均为中立。

在18期出现马英九角色/蔡英文角色的节目中，所有节目的内容均体现冲突框架。在马英九角色或蔡英文角色出现的场景中，除“猪哥喨歌厅秀”的两个场景没有明显冲突之外，其他的场景均体现冲突框架。蔡英文角色几乎每次出场都批评或质疑马英九角色及其团队。在18期质化分析的节目中，马英九角色出现5次，主要展现领导者形象；蔡英文角色出现15次，主要展现政党代表形象。

马英久（马瑛九）的语言符号展现了其行政能力（政绩不佳）、议题立场（推动两岸发展、倡导节能减碳）、口才（良好）、仪表（温和）、品德（没有诚信）、个性（谦逊）、公共关系（与反对党、民众关系不佳）、私生活（在夫妻关系中处于弱势，有性取向方面的传闻）等方面的形象特点。马英久（马瑛九）的视觉符号则展现其作为领导者的角色和专业形象。

蔡瑛文的语言符号展现了其沟通能力（英文不菜）、领导能力/魄力（领导台湾人民重新找回信心、有guts）、政治风格（硬起来）、政党代表（带领民进党走出谷底）、公共关系（与马英久针锋相对）、竞选宣传（打造专属香水）等方面的形象特征。蔡瑛文的视觉符号则展现其女性政党领袖的角色和专业形象，军绿色的着装体现其政治色彩，人物造型、肢体语言强化其外表特征，游行抗议的政治符号体现其政治运动组织者的形象。

《全民最大党》中的马英九角色/蔡英文角色在诸多形象特征上都有迥然差异。例如，在个性方面，马英久（马瑛九）温和、谦逊，蔡瑛文咄咄逼人；在政治风格方面，马英久（马瑛九）“弱势”和蔡瑛文“硬起来”；在议题立场方面，马英久（马瑛九）推动两岸互动往来，蔡瑛文则“呛马围陈”。

《全民最大党》所塑造的马英九角色/蔡英文角色形象与传记中的马英九/蔡英文形象有相似之处，但也存在差异。《全民最大党》属于政治模仿秀节目，其中由喜剧演员扮演的政治人物都是虚构的，是对现实政治世界中政治人物的戏仿。政治模仿秀能够反射（reflect）、折射（refract）和创造（create）政治现实。[①]《全民最大党》对现实政治世界中马英九/蔡英文的外表、性格、政策等方面的特征进行选择和重组，以娱乐化的方式创造出虚构的马英九角色/蔡英文角色形象，在一定程度上强化现实政治世界中马英九和蔡英文的刻板印象。《全民最大党》就像一面棱镜，虚构的马英九角色/蔡英文角色形象是对现实中的马英九/蔡英文形象的反射、折射和创造。

---

① Jason T. Peifer, "Palin, Saturday Night Live, and Framing: Examining the Dynamics of Political Parody", *The Communication Review*, vol. 16, no. 3 (2013), pp. 155-177.

# 第四章 台湾电视综艺节目中政治人物形象的评价

政治幽默在不同的国家或地区具有不同的表现形式和内涵。要理解一个国家或地区的政治幽默需要对当地的政治文化、新闻文化和幽默文化有所了解。[①]台湾特殊的政治制度、媒体制度和历史文化环境孕育了独特的政治文化、媒体文化和幽默文化。本章梳理了台湾的媒体文化特点和政党轮替之际的政治文化特点，并以此评价台湾电视综艺节目中的政治人物形象，进而探讨台湾电视综艺节目与政治的互动关系，以及台湾政治信息娱乐化的原因和内涵。《全民最大党》是台湾政治幽默在电视综艺节目中的一种具体表现。以《全民最大党》为代表的台湾政治模仿秀所传播的政治信息、所塑造的政治人物形象，蕴含着对台湾的政治人物和政治事件的解读和批判。《全民最大党》的文本往往指向其他的新闻文本和现实生活中政治人物的话语，因此观众若要理解节目中的幽默，需要具备一定的政治知识和媒体知识。

## 第一节 台湾媒体文化的产物

英国文化理论家雷蒙德·威廉斯（Raymond Henry Williams）认为"文化"一词有多种意思：第一，文化是"心灵的普遍状态或习惯"；第二，文化是"整个社会里知识发展的普遍状态"；第三，文化是"各种艺术的普遍状态"；第四，"文化是一种物质、知识与精神构成的整个生活方式"。[②]从第四种意思看，文化是一种整体的生活方式。

---

① Jörg Matthes & Adrian Rauchfleisch, "The Swiss 'Tina Fey Effect': The Content of Late-night Political Humor and the Negative Effects of Political Parody on the Evaluation of Politicians", *Communication Quarterly*, vol. 61, no. 5 (2013), p. 598.

② ［英］雷蒙德·威廉斯：《文化与社会》，吴松江、张文定译，北京：北京大学出版社，1991年，第18—19页。

媒体文化，是媒体与文化的结合，也被称为"媒介文化"或"媒介化文化"。媒体文化是一种以媒体为中介的包括物质、知识和精神在内的整个生活方式。美国学者道格拉斯·凯尔纳（Douglas Kellner）认为，媒体文化是一种产业文化，按照大规模生产的模式进行组织，遵照惯例性的程式、法则和规定等，为大众制作各种产品；媒体文化也是一种高科技的文化，调用了最为先进的科学技术。"所以，媒体文化是一种将文化和科技以新的形式和结构融为一体的科技—文化，它塑造诸种新型的社会，在这些社会中，媒体与技术成了组织的原则。"[①]

媒体文化的发展离不开政治和经济因素的影响。台湾经济高度发展的一个结果是中产阶级的崛起，而中产阶级在台湾政治"自由化"和"民主化"的过程中是必不可少的社会力量。在台湾政治"自由化"和"民主化"的过程中，伴随着台湾媒体的"自由化""民主化"、商业化和国际化。1986年，为适应岛内外政治环境的变迁，台湾当局决定进行所谓的"政治革新"，包括解除"报禁"、开放"党禁"等六项改革措施。有关媒体的改革措施对台湾媒体环境产生重要影响。

1988年1月1日台湾解除"报禁"以后，台湾媒体的经营权逐渐放开，媒体数量迅速增长，媒体环境走向多元。在电视媒体方面，1993年1月31日，台湾当局宣布开放电视媒体的申请；1993年8月，台湾当局公布"有线电视法"。"有线电视法"允许以往非法经营的各种"第四台"向新闻管理部门登记，允许民间经营有线电视播送系统、经营节目和电视频道。该法令的颁布使得"第四台"合法化，实质上是开放有线电视经营权。所谓的"第四台"是指台视、中视、"华视"三家主流电视台之外的有线电视播出系统。"有线电视法"的公布引起台湾有线电视频道数量在短时间内急剧增长。在该法令公布后的一个月，向新闻管理部门申报并获准登记的"有线电视经营者"达611家。[②]1994年，香港电视广播有限公司（简称"TVB"）和台湾年代集团合资创立台湾本土第一个无线卫星电视台TVBS，台湾电视媒体进入无线电视、有线电视、卫星电视激烈竞争的时代。国际电视媒体进入本地市场，加上电视数字化带来的频道剧增，使得台湾电视媒体的竞争进入白热化的状态。发展至今，台湾已经成为一个媒体分布密度极高的地区。收视率是台湾电视媒体竞争的商业逻辑

---

① ［美］道格拉斯·凯尔纳：《媒体文化：介于现代与后现代之间的文化研究、认同性与政治》，丁宁译，北京：商务印书馆，2004年，第10页（导言）。

② 王文昌：《透过电视看台湾》，香港：未来文化出版有限公司，2003年，第8页。

和生存法则。

随着台湾媒体经营权的开放，媒体话语权也逐渐向公众开放，舆论主体更加多元，媒体内容更加多样，以往禁忌的政治议题进入媒体的公共领域。媒体经营者和公众拥有更多的自由讨论政治。20世纪90年代，谈话节目、政论节目成为台湾各电视频道常见的节目类型。1990年初，台湾知名媒体人李涛在"华视"开设全台湾第一个电视政治评论节目《华视新闻广场》，1992年转至TVBS主持类似节目《李涛广场》。1995年，《李涛广场》因时段调整到晚上九点，改名为《2100全民开讲》。《2100全民开讲》创下TVBS收视高峰，掀起电视政论节目的风潮。2000年台湾政党轮替之后，电视场域充斥着蓝绿阵营的舆论斗争。政论节目具有明显的政治立场和蓝绿色彩。特别是选举期间，讨论大选政治的政论节目越来越多，政治色彩越来越鲜明。遗憾的是，台湾的电视政论节目并没有成为议论时政的理性平衡的"意见自由市场"，反而是各党政治人物环列的"假均衡"，以及政治力量动员入棚的"虚构公众"，形成"假公共领域"。[①]综艺性政论节目在这种情况中产生，如中天电视的《2100全民乱讲》、TBVS的《讦谯选举》用综艺化轻松戏谑的嘲讽手法，讨论新闻时事和政治议题。"《全民乱讲》用形似政坛人物的演员，扮演知名政治、财经的台面人物，模仿他们的行为、言论，用冷嘲热讽、荒腔走调言词，进行讽刺，在台湾社会沉沦中，坚持一种正义。《讦谯选举》邀请'立委'层级来宾，另邀一位政治色彩不鲜明的资深媒体人，共3位，来宾以轻松谐谑的方式讨论政治。主持人穿针引线，丢出议题，控制话题。"[②]

作为台湾电视综艺节目一种特殊类型的政治模仿秀节目，正是在台湾媒体"自由化""民主化"、商业化和国际化的过程中产生的。21世纪之际，新闻模仿秀成为全球流动的一种文化形式，从发达资本主义国家，到新兴民主国家，再到后殖民主义国家和后社会主义国家。[③]以《全民最大党》为代表的台湾政治模仿秀，因应了这种模仿新闻和调侃政治的潮流。从文化产品的角度看，《全民最大党》是电视商业逻辑下的产物，是一种商业化的文化产品，因此遵循大众文化的经济体制。美国文化研究学者约翰·费斯克（John Fiske）从快感理论的

---

①　陈飞宝：《当代台湾传媒》，北京：九州出版社，2007年，第351页。

②　陈飞宝：《当代台湾传媒》，北京：九州出版社，2007年，第353—354页。

③　Geoffrey Baym and Jeffrey P. Jones, "News Parody in Global Perspective: Politics, Power, and Resistance", *Popular Communication*, vol. 10, no. 1-2 (2012), pp. 2-13.

角度出发，将大众文化视为在社会体制内部创造并流通意义与快感的积极过程，强调大众的积极参与和创造、符号意义上的抵抗和快感。[①] 费斯克提出大众文化在其中运行的两种经济体制：金融经济体制和文化经济体制。以电视作为文化工业的范例，其模式如图4.1：

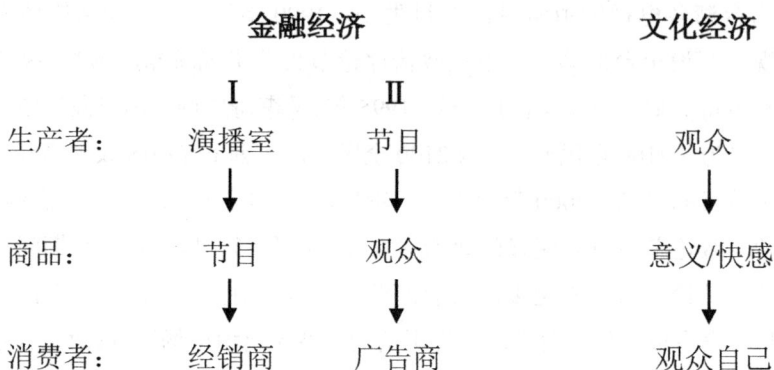

**金融经济**　　　　　　　　**文化经济**

Ⅰ　　　Ⅱ

生产者：　演播室　　节目　　　　　观众
↓　　　↓　　　　　　↓

商品：　　节目　　　观众　　　　意义/快感
↓　　　↓　　　　　　↓

消费者：　经销商　　广告商　　　　观众自己

资料来源：［美］约翰·费斯克：《理解大众文化》，王晓珏、宋伟杰译，北京：中央编译出版社，2001年，第32页。

图 4.1　电视的两种经济体制

首先，演播室生产出某一节目，把它卖给经销商，此时节目是一种直接的物质商品。然后，作为商品的节目转变角色，成为生产者，生产出作为新商品的观众，这种观众又被出售给广告商。在金融经济中，观众是被动的，在节目的生产和消费过程中，自身也变成了商品。在文化经济中，流通过程并非货币的周转，而是意义和快感的传播，观众从金融经济中的商品转变为意义和快感的主动生产者。[②] 费斯克认为，在这种文化经济中，没有消费者，只有意义的流通者，意义是整个过程的唯一要素。

从金融经济体制看，《全民最大党》这种政治娱乐形式的首要目标是收视率，收视率高低决定节目能否生存。中天电视的"全民"系列政治模仿秀几经改版，推陈出新，就是为了通过节目的创新和创意满足观众的需要，稳住收视率。"全民"系列最后版本《疯狂大闷锅》的停播，正是因为收视市场的改变和

---

① ［美］约翰·费斯克：《理解大众文化》，王晓珏、宋伟杰译，北京：中央编译出版社，2001年，第28页。

② ［美］约翰·费斯克：《理解大众文化》，王晓珏、宋伟杰译，北京：中央编译出版社，2001年，第33页。

收视率的低迷。在商业逻辑之下，《全民最大党》为了吸引眼球，在节目中使用各种娱乐元素，热门话题、政治幽默、音乐、短剧等。从文化经济体制看，《全民最大党》是对政治现实的一种再现和解读方式，生产出有别于传统新闻节目和政论节目的意义。这种方式是对政治权威的颠覆，是一种狂欢式的抵抗和批判。但是，这种抵抗和批判是在安全范围内的，更多的是对主流意识形态的复制和强化。

从政治传播的角度看，以《全民最大党》为代表的政治模仿秀节目是台湾政治传播的一种独特形式。政治传播学者荆学民认为："政治传播是政治共同体的政治信息的扩散、接受、认同、内化等有机系统的运行过程，是政治共同体内与政治共同体间的政治信息的流动过程。"[①] 政治信息是政治传播的核心内容，政治传播研究需要"解析政治中的传播要素与传播中的政治要素"。[②]

以《全民最大党》为代表的台湾政治模仿秀节目所塑造的政治人物形象，是媒介化政治的环境下政治信息娱乐化的具体表现，是台湾娱乐媒体与政治互动的产物。台湾政治模仿秀节目是在台湾特定的政治文化、媒体文化和消费文化的影响下产生的。政治模仿秀所塑造的政治人物形象，在反射、折射和创造台湾政治现实的同时，也体现了台湾商业媒体的逻辑。政治信息成为娱乐媒体的内容。

根据香农和维纳在信息论和控制论中提出的信息概念，以及施拉姆等人的观点，"凡是能减少情况不确定性的东西都叫信息"，[③] 政治信息可以说是政治领域减少情况不确定性的东西。政治新闻只是政治信息的一种专业化和组织化的形式。Paul R. Brewer 和 Emily Marquardt 把政治信息定义为与政治 / 政府人物、组织、机构、议题和过程有关的内容。[④] 王邦佐等编写的《政治学辞典》将政治信息界定为："在政治生活中，能够反映政治活动特征及其发展变化情况的、可以由人们分析鉴别并有助于人们认识政治现象的消息、情报、资料、倾向的总和。如各级领导机关作出的政治决策、命令，基层社会的政治活动以及有关消息、情报、资料、通讯、知识等都属于政治信息的内容。政治信息是促进政治

---

① 荆学民:《政治传播活动论》，北京：中国社会科学出版社，2014 年，第 93 页。

② 荆学民:《政治传播活动论》，北京：中国社会科学出版社，2014 年，第 17 页。

③ ［美］威尔伯·施拉姆、威廉·波特:《传播学概论》，何道宽译，北京：中国人民大学出版社，2010 年，第 40—41 页。

④ Paul R. Brewer and Emily Marquardt, "Mock News and Democracy: *Analyzing The Daily Show*", *Atlantic Journal of Communication*, vol. 15, no. 4 (2007), pp. 249-267.

社会化过程的有效工具，是政治统治体系进行政治决策的基础，实现政治沟通与政治协调的桥梁与纽带，以及实施政治控制的依据。"①

国内学者景跃进和张小劲在《政治学原理》中提出："政治信息是以中介形式对诸种政治关系相互作用以及运动过程的表征，它反映了人类社会生活中政治活动的内容、形式、特点和规律，以及人们对以国家政权为核心的政治制度、政治实践的要求和态度。"② 简而言之，"政治信息"是从"政治"中解构出来的本质因素，其要旨是"政治文明中能够传播和需要传播的东西"。③ 政治信息有各种不同的表现形态，在政治组织的决策、政治系统的控制以及政治问题的解决中具有决定性作用。政治新闻是政治信息在大众媒介中的一种重要形式。随着新闻与娱乐边界的融合，政治娱乐已经成为政治信息的一种新的表现形态。

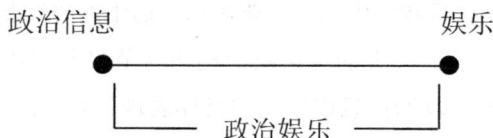

政治信息　　　　　　　　　　娱乐

————————政治娱乐————————

资料来源：作者自行绘制。

图 4.2　政治娱乐的连续统一体

图 4.2 连续统一体的两极分别是政治信息和娱乐，中间是政治信息与娱乐的混合体。政治新闻娱乐化是严肃政治新闻向娱乐倾斜，严肃话语带上娱乐的色彩；政治模仿秀则是娱乐节目向政治倾斜，即娱乐节目政治化，成为政治信息传播的一种新渠道。学界往往对前者持批判态度，认为娱乐侵害了严肃话语领域，最终会走向"娱乐至死"；然而对于后者，学界并不是简单地批判，已有学者对政治娱乐的具体形式和传播效果进行实证研究。例如，由 R. Lance Holbert 主编的《娱乐媒体和政治：基于效果的研究》收录了国外学者关于政治娱乐媒体的信息处理过程以及对公民政治参与、政治情绪、政治效能的影响等方面的研究成果。④

以《全民最大党》为代表的台湾政治模仿秀节目，是台湾政治信息与综艺节目结合的产物。这种混合体是台湾政治和媒体"自由化"和"民主化"之后，

————

① 王邦佐等编写：《政治学辞典》，上海：上海辞书出版社，2008 年，第 27 页。
② 景跃进、张小劲主编：《政治学原理》，北京：中国人民大学出版社，2015 年，第 217 页。
③ 荆学民：《政治传播活动论》，北京：中国社会科学出版社，2014 年，第 93 页。
④ R. Lance Holbert (ed.), *Entertainment Media and Politics: Advances in Effects-based Research*, London and New York: Routledge, 2015, pp. 1-4.

政治与娱乐媒体互动的一种结果。以《全民最大党》为代表的政治模仿秀反映了台湾政治文化特点，同时为台湾民众提供一个宣泄政治情绪的方式。

## 第二节　台湾政治文化的体现

自 1949 年国民党统治集团退踞台湾以后的 40 年中，台湾长期处于蒋介石和蒋经国的威权统治之下。然而，从 1980 年开始，受到内外环境的双重影响，台湾的威权统治逐渐瓦解。台湾"外交"的屡遭挫败和内部领导层面的结构性转换，迫使台湾当局调整其权威的基础，通过加速甄拔本土精英，提供在野精英适当的参政管道，促进政治整合，以维持政治权威的正当性。[①]"民主"选举带来多元政治，台湾自此朝向权威分化的方向转变。20 世纪 80 年代，国民党外的力量在权力结构中获得稳定缓慢的成长，多元化政治成为台湾的历史发展趋势。1986 年 9 月 28 日，民主进步党（简称民进党）在台北宣布成立，显示台湾"民主"已逐渐走向多元政党竞争的阶段。[②] 1987 年，台湾当局解除"戒严"、开放"党禁"，加速了台湾的"民主化"进程，此后台湾岛内的政治生态发生了巨大的变化，各种党派、社会团体在台湾政治舞台上展开角逐。李登辉成为台湾地区领导人和国民党主席之后，台湾继续政治"自由化"和"民主化"之路。在台湾"民主化"的过程中，受到统"独"等意识形态差异以及选举制度的影响，国民党和民进党两大党内部由于政见分歧而分化出新党、亲民党、建国党等其他党派，台湾政党政治走向多党制的形态。进入 21 世纪，台湾经历了国民党统治集团退台以来第一次政权的转移和权力结构的重组。在 2000 年 3 月 18 日台湾地区领导人的选举中，在台湾执政 55 年的国民党下野，民进党首次获得台湾的领导权。台湾政治进入政党轮替的阶段，多党竞争成为台湾"民主"政治的常态。

作为一种大众文化形式，电视节目反映特定社会的权力关系和传播主体的政治文化倾向。因此，我们可以透过对台湾电视政治模仿秀的研究，窥探台湾特定时期的政治文化景观，以及两者的互动关系。

---

① 彭怀恩:《台湾政治发展》, 台北：风云论坛出版有限公司, 2003 年, 第 286 页。
② 彭怀恩:《台湾政治发展》, 台北：风云论坛出版有限公司, 2003 年, 第 288 页。

### 一、政治文化的概念

政治文化的概念源于政治学。1956 年，美国政治学家加布里埃尔·A·阿尔蒙德（Gabriel A. Almond）在《比较政治系统》论文中首次提出"政治文化"的概念。[①] 阿尔蒙德和他的学生西德尼·维巴（Sidney Verba）在 1963 年面世的专著《公民文化》中强调，他们所使用的"政治文化"指的是："作为被内化（internalized）于该系统居民的认知、情感和评价之中的政治系统。"[②] 这个概念侧重对社会对象的心理取向这一层面的含义，表示特殊的政治取向，即对政治系统和系统各个部分的态度，以及对系统中自我角色的态度。也就是说，政治文化是某一个政治体系中成员的集体心理取向。"它与决定着一个民族或集团政治行为的方式、精神、情绪或价值观的概念有关。"[③]

政治取向的类型分为："（1）'认知的取向'，也就是关于政治系统、它的角色和角色的承担者、它的输入和输出的知识以及信念；（2）'情感的取向'，即关于政治系统、它的角色、人员和行为的感情，以及（3）'评价的取向'，关于政治对象的判断和见解，特别是那些涉及价值的标准和准则，可以和信息与感情相结合的政治对象。"[④] 因此，政治文化包括认知、情感、评价三个维度。阿尔蒙德和维巴进一步把政治取向对象（作为一般对象的政治系统的组成部分）分为三大类：特定的角色和结构，例如立法机关、行政机关或官僚机构；角色的承担者，例如君主、立法者和行政官员；具体的公共政策、决定或决定的执行。[⑤] 依据上述这些结构、承担者和决定是否进入政治或行政过程，把政治取向对象分为输入对象和输出对象。

政治文化连接着微观政治学和宏观政治学。阿尔蒙德和维巴根据个体对政治系统、输入对象、输出对象、自身政治角色的认知、情感和评价，将政治文化划分为三种类型：村落地域型（parochial）政治文化、臣民依附型（subject）

---

① Gabriel A. Almond, "Comparative Political Systems", *The Journal of Politics*, vol. 18, no. 3 (1956), pp. 391-409.

② ［美］加布里埃尔·A·阿尔蒙德、西德尼·维巴：《公民文化——五个国家的政治态度和民主制》，徐湘林等译，北京：东方出版社，2008 年，第 13 页。

③ 彭怀恩编著：《政治学辞典》，台北：风云论坛出版社有限公司，2004 年，第 337 页。

④ ［美］加布里埃尔·A·阿尔蒙德、西德尼·维巴：《公民文化——五个国家的政治态度和民主制》，徐湘林等译，北京：东方出版社，2008 年，第 14 页。

⑤ ［美］加布里埃尔·A·阿尔蒙德、西德尼·维巴：《公民文化——五个国家的政治态度和民主制》，徐湘林等译，北京：东方出版社，2008 年，第 14—15 页。

政治文化和积极参与型（participant）政治文化。① 在三种不同的政治文化中，人们的政治参与程度不同。在村落地域型政治文化中，人们更加认同自己属地而不是国家，公民权意识薄弱，没有意愿参与政治，也缺乏相应的能力；在臣民依附型政治文化中，公民认为自己对政府产生影响的能力很有限，易于服从，对政治参与也比较消极；在积极参与型政治文化中，公民密切关注政治，对政治有广泛的认知，并积极参与其中。

表 4.1　政治文化的类型

| 类型 | 作为一般对象的体系 | 输入对象 | 输出对象 | 积极参与者的自我 |
|---|---|---|---|---|
| 村民 | 0 | 0 | 0 | 0 |
| 臣民 | 1 | 0 | 1 | 0 |
| 参与者 | 1 | 1 | 1 | 1 |

资料来源：［美］加布里埃尔·A.阿尔蒙德、西德尼·维巴：《公民文化——五个国家的政治态度和民主制》，徐湘林等译，北京：东方出版社，2008 年，第 16 页。

随着台湾政治系统的结构性转变，台湾政治文化也发生变化。从国民党统治集团退台到"解严"以前，台湾处于国民党一党独大的威权统治之中，对应的政治文化是一种类似于服从型的"威权主义"政治文化。1987 年台湾当局宣布"解严"以后，台湾的政治文化从"威权主义"的政治文化演变成民主参与、自由参与型的政治文化，舆论议题在内容上逐渐走向开放。② 然而，在政党利益的驱动下，政治人物为了政治动员和赢得选票，故意制造对立和冲突，本省人与外省人、泛蓝阵营与泛绿阵营、统"独"意识，台湾社会被撕裂，不同的党派和族群之间形成难以跨越的沟壑。在这种情况下，台湾的社会运动频繁，但是台湾民众的政治参与具有很多非理性的成分，台湾参与型的政治文化也带上浓厚的"民粹主义""族群主义"色彩。邹振东认为，台湾的政治文化从"民族主义"加"威权主义"的政治文化，经由"民主化""自由化"和"本土化"的转型，最后发展到"民粹主义"加"族群主义"的政治文化，即"群粹主义"的政治文化。③ "民粹主义"（populism），强调平民大众的利益，并以此为由反

① ［美］加布里埃尔·A·阿尔蒙德、西德尼·维巴：《公民文化——五个国家的政治态度和民主制》，徐湘林等译，北京：东方出版社，2008 年，第 15—24 页。
② 邹振东：《台湾舆论议题与政治文化变迁》，北京：九州出版社，2014 年，第 216—217 页。
③ 邹振东：《台湾舆论议题与政治文化变迁》，北京：九州出版社，2014 年，第 211、224 页。

对社会权威和精英，已经成为政客进行社会动员的一种策略。"族群主义"强调同一族群内部的利益，具有很强的排他性和非理性。

### 二、台湾的政党轮替

台湾政治生态的剧烈变化和政治文化的转型可以追溯到二十世纪八九十年代。1988 年 1 月 13 日蒋经国去世，国民党失去维系内部稳定和威权的领袖。1988 年 7 月 8 日，李登辉出任国民党中央委员会主席，开始全面推动国民党"本土化"和直接选举制度，威权政体逐渐被"民主"政体取代。一方面，国民党内部矛盾重重，以李登辉、宋楚瑜、萧万长等为代表的"主流派"和以李焕、林洋港、蒋纬国、俞国华、郝伯村等为代表的"非主流派"之间争斗激烈。国民党内部在 1993 年发生了第一次分裂，"新国民党连线"成员不满李登辉的作为，在国民党召开"十四次全国代表大会"之前脱离国民党，于 1993 年 8 月 10 日组建了新党。[①] 此后国民党继续分裂，"非主流派"的林洋港、郝柏村在 1995 年 11 月 27 日登记为候选人，宣布竞选 1996 年"总统""副总统"，被国民党注销党籍。陈履安、王清峰随后也脱离国民党，成为 1996 年"总统""副总统"第三组候选人。另一方面，在李登辉极力推行的直接选举制度中，台湾本土势力越来越强大，民进党逐渐发展成为与国民党相互竞争的党派，统"独"问题也开始成为政客操弄选举争取选民的重要议题。"1996 年台湾第一次进行'总统'、'副总统'直接选举，对台湾的政治格局带来了极大的冲击，并最终导致国民党执政地位'易手'。1996 年至 2000 年，台湾共进行了 6 次选举。"[②]

李登辉连任"总统"之后，要求对台湾省采取"冻省"措施，精简省政府的人员和经费，终止台湾省省长和省议会的选举，但遭到时任台湾省省长的宋楚瑜的坚决反对，这导致国民党内部"主流派"的分裂。[③]

在 2000 年台湾地区领导人选举中，李登辉反对连战和宋楚瑜合作，导致宋楚瑜脱离国民党，并最终导致台湾在国民党统治集团退台以后的第一次政党轮替。在这场选举中，连战作为国民党"总统"候选人参选，从国民党退出的宋楚瑜以无党籍候选人身份参与"总统大选"，然而，国民党的分裂和选票的分散

① 史卫民：《解读台湾选举》，北京：九州出版社，2007 年，第 56 页。
② 史卫民：《解读台湾选举》，北京：九州出版社，2007 年，第 42 页。
③ 史卫民：《解读台湾选举》，北京：九州出版社，2007 年，第 57 页。

导致泛滥阵营的失败，宋楚瑜、张昭雄以 31 万多票的差距输给陈水扁、吕秀莲。陈水扁、吕秀莲当选为台湾地区正副领导人，民进党从在野走向执政的庙堂。国民党和民进党两大政党之间发生第一次领导权转移，政治生态由此改变，"北蓝南绿"的政治格局已然形成，蓝绿恶斗、统"独"议题更是成为此后台湾政坛难以逾越的困境和争论不休的命题。选举制度的改革进一步加深国民党、民进党的对峙局面。2007 年台湾"立委"选举开始实施"单一选区两票制"，以取代原来的"复数选区制"。在这种投票制度下，选民一票投给区域"立委"，一票投给政党，不同政党依据得票比例分配 34 席不分区及侨选"立委"席次，得票率未达到 5% 的政党不能参与分配。"单一选区两票制"进一步挤压小党的生存和发展空间，以国民党、民进党为主体的两党政治正式确立。[①]

陈水扁历经八年最终在贪腐中退出台湾政治舞台，2008 年国民党重新获得台湾领导权，马英九、萧万长当选为台湾地区正副领导人，台湾政治经历第二次政党轮替。然而，在政党轮替带来的政策断层和全球经济衰退的影响下，马英九当局的施政方针和政绩却反复受到民众的质疑。民进党在蔡英文的带领下进行重建，作为反对党不断对马英九当局进行质疑和批评，制造社会不稳定因素。2016 年，蔡英文、陈建仁当选为台湾地区正副领导人，台湾再次经历政党轮替。

### 三、台湾政党轮替之际的政治文化

本书着重考察台湾 2008 年政党轮替之际和马英九第一个任期内的台湾政治文化，这个时间段也是《全民最大党》样本抽取的时间范围。1996 年台湾首次进行"总统""副总统"直接选举以来，面对激烈的政党竞争和密集的选举活动，台湾民众的政治参与热情有所减退。"1995 年以后，除了'总统选举'还能够达到 75% 甚至 80% 以上的投票率外，其他选举的投票率大多在 70% 之下，并且呈现不断下降的趋势。"[②]特别是台湾"立法委员"选举，投票率下降最为明显。民众关心的是台湾经济的发展和教育、就业、社会福利、食品安全等民生问题，对泛蓝阵营和泛绿阵营之间的恶斗已有所厌倦，对领导人的能力和政绩也表现出不满情绪。

---

① 李立:《国民党沉浮台湾:从蒋氏父子到连战马英九》,北京:台海出版社,2008 年,第697 页。

② 史卫民:《解读台湾选举》,北京:九州出版社,2007 年,第 102 页。

以《全民最大党》为代表的政治模仿秀正是这种政治文化的体现。按照尼谋和萨维奇的观点，政治人物形象包括认知（cognitive/knowing）、情感（affective/feeling）和意动（conative/activity）三个维度，这三个维度恰好与政治文化的认知、情感和评价三个方面对应。因此，我们通过《全民最大党》所塑造的政治人物形象，可以窥探样本选取时期的台湾政治文化。

在政治认知维度，政治幽默的解码要求接受者具备一定程度的政治知识。以政治模仿秀为例，为了更好地理解政治模仿秀中的幽默和批判性含义，观众需要掌握节目所指向的真实政治人物及其所处环境的相关知识。[1]倘若没有相关政治知识和其他参照文本作为基础，政治模仿秀所欲传达的意义将不能被理解。《全民最大党》系列政治模仿秀节目，模仿了众多政治人物，成为了解台湾政治生态、认识台湾政治人物的一个窗口。《全民最大党》等政治模仿秀体现了节目组和民众对台湾政治的一种认知方式。

在政治情感维度，在经济萧条、失业率上升的形势下，台湾民众对当局的不满日积月累。《全民最大党》系列政治模仿秀节目，是政治信息娱乐化的一种形式。节目将政治人物和政治事件通过娱乐化的方式表达出来，调侃政治人物，在一定程度上迎合了民众宣泄政治不满情绪的需要。

在政治评价维度，《全民最大党》系列节目以戏谑的方式对政治人物和政治事件进行评价，在调侃和讽刺中，让观众看到不同于传统新闻媒体的视角和看法，在符号的世界中进行意义的抵抗。由于政治模仿秀以幽默和玩笑的方式表达对政治问题的意见和态度，因此这种评价负面的比重较大。例如，《全民最大党》所塑造的马英九角色形象以中立和负面为主。

《全民最大党》所塑造的马英九角色/蔡英文角色形象，体现了节目创作人员对时任台湾地区领导人马英九、民进党主席蔡英文这两位政治人物的认知、情感和评价。节目所传达出来的这种认知、情感和评价，为了获得观众的共鸣（体现为收视率），必然要符合台湾民众对两位政治人物的普遍认识。因此，《全民最大党》所塑造的政治人物形象是台湾政治文化的一种体现。

---

①     Jason T. Peifer, "Palin, Saturday Night Live, and Framing: Examining the Dynamics of Political Parody", *The Communication Review*, vol. 16, no. 3 (2013), p. 169.

## 第三节　台湾民众政治情绪的表达

美国传播学者拉斯韦尔（Harold Lasswell）和赖特（Charles Wright）认为大众媒介具有监视环境、联系社会各部分、传承社会遗产和娱乐四种功能。[①] 就影视传播而言，政治、经济和文化三种力量赋予影视传播三种功能：宣传、娱乐和文化，娱乐功能由经济和市场力量所决定。[②] 我们可依据该作品所激发的情感是否在日常事务中释放出来，从而影响实际生活，来判断艺术作品的功能。英国哲学家科林伍德在其美学著作《艺术原理》中提出："如果一件制造品的设计意在激起一种情感，并且不想使这种情感释放在日常生活的事物之中，而要作为本身有价值的某种东西加以享受，那么，这种制造品的功能就在于娱乐或消遣。"[③] 在市场经济条件下，以受众市场为目标的电视综艺节目，其功能首先是娱乐（如政治幽默），其次是告知（如政治信息）或教益。以《全民最大党》为代表的台湾政治模仿秀节目是台湾民众娱乐政治、宣泄政治情绪的一种形式。

《辞源》对"娱乐"的定义是：娱，"欢乐，戏乐"，娱乐，"欢娱行乐"。[④] 该定义指出"娱乐"的精神状态是欢乐。美国文化研究学者约翰·费斯克等(John Fiske et al.) 在《关键概念：传播与文化研究辞典》中对"娱乐"的解释如下："一个具有意识形态性的概念，属于 20 世纪比较成功的修辞化策略之一。它似乎将普遍接受的、源于印刷报刊与生动的电子媒介，包括视觉—听觉、叙事与表演等类型的主流产品轻而易举地归结为一种饮食起居制度（regime）。然而，它不过是个人满足、文本形态与工业组织的一种复杂的聚合过程。"[⑤] 费斯克等人强调"娱乐"是在个人需求、文本形态和文化工业相互作用的过程中聚合而成的。

---

① ［美］赛佛林、［美］坦卡德：《传播理论——起源、方法与应用》（第 5 版），郭镇之、徐培喜等译，北京：中国传媒大学出版社，2006 年，第 276 页。

② 阎立峰：《思考中国电视：文本、机构和受众》，西安：陕西人民教育出版社，2009 年，第 132、134 页。

③ ［英］罗宾·乔治·科林伍德：《艺术原理》，王至元、陈华中译，北京：中国社会科学出版社，1985 年，第 80 页。

④ 广东、广西、湖南、河南辞源修订组：《商务印书馆编辑部编 . 辞源修订本：建国 60 周年纪念版》（上册），北京：商务印书馆，2009 年，第 827 页。

⑤ ［美］约翰·费斯克等编撰：《关键概念：传播与文化研究辞典》（第二版），李彬译注，北京：新华出版社，2004 年，第 96 页。

从心理学的角度看，"娱乐"是一种轻松自在的愉悦状态。奥地利心理学家弗洛伊德认为心理过程自动受到"快乐原则"的调节，任意一种给定的过程如果源自不愉快的紧张状态，都必定采取使结果与这种状态的放松相一致的途径，即要避免"痛苦"，产生快乐。[①] 在"快乐原则"的作用下，心理过程的发展方向是要达到最终消除这种紧张状态的结果，避免不愉快，产生愉快。心理过程还受到"现实原则"的调节。"现实原则"是对"快乐原则"的改进，并没有放弃最终得到快乐的企图，而是延迟满足，暂时忍受"痛苦"以达到最后的快乐。[②] 可以说，直接或间接寻求快乐的心理倾向是"娱乐"的心理基础。按照弗洛伊德的观点，消除紧张、回归宁静能够给人带来快乐的感觉，这正是席勒所提出的"溶解性的美"，其作用是在精神和物质方面使心情松弛。[③]

政治模仿秀之类的综艺节目能够给观众带来什么样的娱乐体验？传播学者皮特·沃德尔等人（Peter Vorderer, Christoph Klimmt & Ute Ritterfeld）从媒体使用者体验的角度出发，重新审视媒体娱乐的复杂性，提出媒体娱乐的核心是"享受"（enjoyment）。[④] 媒体娱乐是一个复杂的体验过程，不仅包含"愉悦""快乐""高兴"等正面情绪，可能同时伴随"焦虑""忧郁""悲伤"等负面情绪。"享受"包括生理、认知和情感三个层面的元素，因此他们用"享受"这个更具有包容性的语汇来描述娱乐体验的复杂性。"享受"处于媒体娱乐体验的核心位置，是一个由媒体使用者的先决条件、动机以及媒体的先决条件相互作用形成的结果。皮特·沃德尔等人提出了一个关于娱乐体验复杂性的概念模型，具体如图4.3：

---

① 约翰·里克曼编：《弗洛伊德著作选》，贺明明译，成都：四川人民出版社，1986年，第190页。

② 约翰·里克曼编：《弗洛伊德著作选》，贺明明译，成都：四川人民出版社，1986年，第193页。

③ ［德］弗里德里希·席勒：《审美教育书简》，冯至、范大灿译，北京：北京大学出版社，1985年，第84—85页。

④ Peter Vorderer, Christoph Klimmt and Ute Ritterfeld, "Enjoyment: At the Heart of Media Entertainment", *Communication Theory*, vol. 14, no. 4 (2004), pp. 388-408.

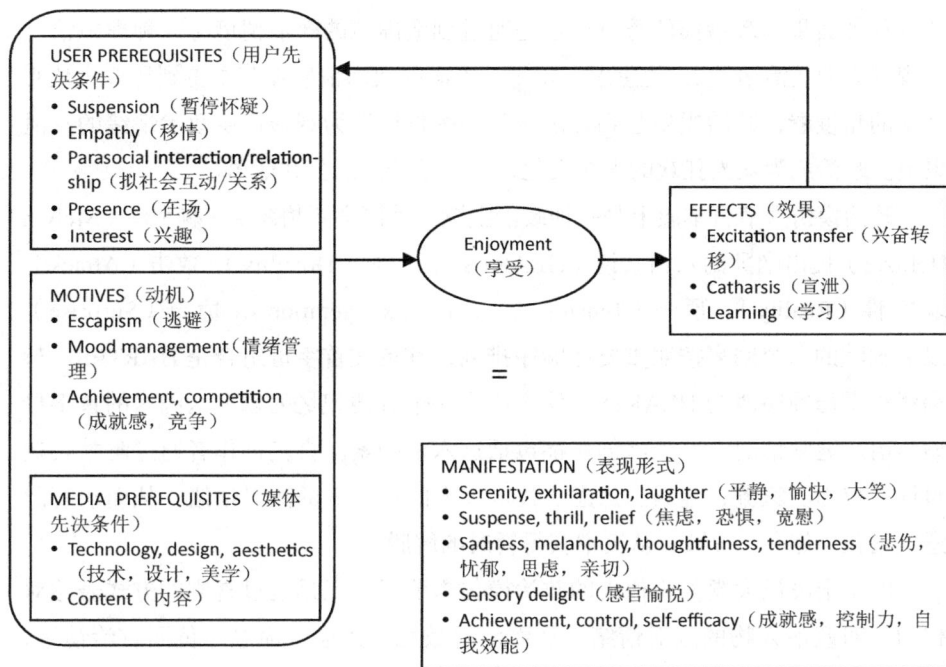

资料来源：Peter Vorderer, Christoph Klimmt and Ute Ritterfeld, "Enjoyment: At the Heart of Media Entertainment", *Communication Theory*, vol. 14, no. 4 (2004), p. 393.

图 4.3　娱乐体验复杂性的概念模型

上述娱乐体验的概念模型强调"享受"的重要性，以及"享受"作为一种体验过程的复杂性。由以上模型可知，娱乐是一种由个体先决条件、个体动机和媒体先决条件共同决定的体验过程。这个过程包含作为内因的个体审美、心理等因素的影响，同时离不开作为外因的媒体的中介作用。

政治模仿秀节目是政治与娱乐的混合体。其所带来的娱乐体验由观众个体的先决条件、观众个体的动机、节目内容和形式共同决定。从美学的角度看，政治娱乐是理性与感性的结合体。娱乐元素的加入，使理性的政治内容以感性的形式呈现出来，甚至带上狂欢的色彩。政治混入娱乐，使政治这一严肃领域成为戏谑的对象。娱乐的本质是享受。"娱乐是以不干预实际生活的方式释放情感的一种方法。"[①]科林伍德认为，为了使紧张情感的释放不影响实际生活，娱

---

[①]　［英］罗宾·乔治·科林伍德：《艺术原理》，王至元、陈华中译，北京：中国社会科学出版社，1985年，第80—81页。

乐艺术必须创造一种虚拟情境，这种虚拟情境不会涉及在实际生活条件下会涉及的种种后果。政治模仿秀节目正是通过创造虚拟的政治情境（这种虚拟情境再现真实的政治情境），使焦虑、紧张、不满的政治情感在其中得到释放。从心理学的角度看，政治娱乐起到心理减压阀的作用，为观众提供政治情绪的宣泄渠道。政治成为众人狂欢的大众文化，而不是严肃的公共话语。

政治模仿秀节目本质上是一种政治幽默。美国学者梅尔文·赫利泽（Melvin Helitzer）提出幽默的六因素说（HEARTS）：敌对（Hostility）、攻击（Attack）、现实性（Reality）、紧张（Tension）、夸张（Exaggeration）、惊奇（Surprise）。以上幽默的六个因素按照重要性顺序排列，其英文首字母组合是 HARTES。赫利泽将字母顺序改为 HEARTS，使之成为一个方便记忆的幽默六因素的首字母缩略语。通常情况下，幽默创作都包括这六个因素。喜剧创作者通过幽默表达对性、权力、家务、金钱、焦虑、技术、人的特征等的敌对情绪，从而消解敌意、紧张、焦虑和挫败，从笑中获得暂时的解脱。[①]

以《全民最大党》为代表的政治模仿秀节目，正是通过喜剧的方式表达对权力、对政治人物的敌对情绪，从而消解敌意、焦虑、愤怒等负面政治情绪，使民众在笑声中得到娱乐和放松。节目还通过电话连线，创造节目与观众互动交流的平台。以《全民最大党》为例，节目采用现场直播的方式，节目中设有 call-in 环节。观众在观看节目的过程中，可以拨打热线电话，针对讨论主题、某个政治事件、政策或政治人物发表看法，表达不满情绪。

## 第四节　本章小结

本章从台湾媒体文化、政治文化的角度，对台湾电视综艺节目所塑造的政治人物形象进行评价。以《全民最大党》为代表的台湾政治模仿秀节目，是台湾政治和媒体"自由化"和"民主化"之后，台湾政治与娱乐媒体相互渗透融合的产物，是台湾电视媒体的一种文化产品形式。政治人物形象是人们对政治人物的主观知识，是印象、意见和态度的综合体，而政治文化是政治体系中成员的集体心理取向，两者都具有认知、情感和评价的维度。政治人物形象在一定程度上是政治文化的体现。因此，透过《全民最大党》所塑造的政治人物形

---

① ［美］梅尔文·赫利泽：《喜剧技巧》，古丰译，南京：南京大学出版社，2003年，第10—22页。

象，我们可以从一个侧面认识台湾的政治文化。

在政治认知方面，《全民最大党》系列政治模仿秀对台湾政治事件和政治人物的另类呈现和解读，体现了节目创作人员和民众对台湾政治的认知，这种认知是基于笑谑文化的视角。节目所塑造的大量政治人物、所传播的政治信息，是观众了解台湾政治生态的一个窗口。在政治情感方面，《全民最大党》系列节目是台湾民众表达政治情绪的一个出口。在政治评价方面，《全民最大党》系列节目体现台湾民众对政治的意见和态度。

综艺节目具有娱乐和教益的功能，即"寓教于乐"。《全民最大党》系列政治模仿秀节目在提供政治信息之外，为观众提供娱乐。节目通过敌对、攻击、现实性、紧张、夸张、惊奇等幽默因素，达到政治喜剧的效果，从而使得观众的敌对、焦虑、挫败、不满等情绪得到释放，在笑声中得到暂时的解脱。在《全民最大党》系列节目中，观众可以通过 call-in 环节积极参与讨论，对政治人物进行批评，对权威进行解构。由于虚构的本质，节目对政治人物的批评是间接和含蓄的，所制造的也只是符号意义上的抵抗和快感。收视率和商业利益是节目生存的根本。节目中的价值观念和政治人物形象是对社会主流意识形态的再造，对社会文化普遍印象和既有价值的强化。

# 结　语

## 第一节　研究发现

### 一、台湾电视综艺节目与政治的互动

大众传播时代的政治很大程度上是一种媒介化政治。大众传播媒介是政治行动者与公众之间的沟通桥梁，建构政治的符号真实，并且影响公众对政治认知的主观真实。台湾是一个媒体密度极高的地区，也是一个政治运动极为频繁的社会。政治与媒体相互作用形成台湾特色的政治传播。

在台湾政治传播中，除了新闻媒体外，娱乐媒体也成为政治传播的渠道。台湾电视综艺节目对政治信息加以利用，创造出具有幽默和讽刺效果的政治娱乐形式，综艺节目甚至成为政治人物选举期间竞选宣传、吸收年轻群体选票的平台。台湾电视综艺节目与政治的互动缘起于20世纪80年代，节目制作人在综艺节目中加入新闻元素，将社会热点问题和常见媒体现象作为节目讨论的内容，用诙谐幽默的短剧讽刺社会现象。在台湾电视综艺节目与政治的互动中，出现一种以政治议题为主要内容、以政治人物为模仿对象的节目类型，即政治模仿秀，亦被称为"政论类综艺节目"。台湾地区中天电视"全民"系列政治模仿秀节目制作人王伟忠称这种节目类型为"新闻综艺"。政治模仿秀是政治信息娱乐化的一种产物，也是公众了解一个社会政治生态和媒体环境的窗口。在政治人物形象研究方面，以往的研究大多关注新闻媒体，特别是报纸，所塑造的政治人物形象。政治模仿秀是台湾电视综艺节目与政治结合最为紧密的一种节目类型，曾经是很受两岸观众欢迎的一种节目形式，其在塑造政治人物形象，建构政治现实方面的功能同样值得重视。政治模仿秀中的政治人物形象是台湾电视综艺节目与政治互动关系的一种具体体现，也是我们透视台湾政治文化与媒体文化特点的一面棱镜。

本书针对台湾政治传播中的特殊现象，台湾综艺节目与政治的互动，娱乐元素与政治信息的融合，进行探索性的研究。本书的创新之处体现在三个方面：

第一，本书关注台湾娱乐媒体（台湾电视综艺节目）在两岸政治传播中的功能和作用，以及政治和文化意义，在选题上具有创新性。

第二，在理论框架上，本书借鉴了政治传播学中的形象理论、框架理论，并将传统新闻媒体研究中的政治人物形象类目在反复调整、修改和添加之后，创新性地应用于娱乐媒体的政治人物形象研究当中。

第二，在研究方法上，本书将量化的内容分析和质化的符号学分析结合起来，既有广度上的总体性探讨，又有深度上的细节性分析。这种多方法结合的路径在媒体文本研究中是一种颇为有效的技巧。研究"由小见大"，通过台湾政治模仿秀节目这个观察的基点，看到台湾整个的政治生态和媒体生态，理解台湾的政治文化和媒体文化特点。

## 二、台湾电视政治模仿秀中的政治人物形象

本书对台湾电视综艺节目中政治人物形象的呈现进行量化考察，在此基础上对台湾电视综艺节目中的政治人物形象进行解读和评价。具体而言，本书以台湾地区中天电视《全民最大党》系列政治模仿秀节目作为切入口，以节目所塑造的马英九角色和蔡英文角色作为典型个案，分析台湾电视综艺节目中的政治人物形象以及台湾电视综艺节目与政治的互动关系，并以此考察台湾的政治文化和媒体文化。本书在梳理国外和台湾学界关于形象理论和政治人物形象研究的大量文献后，创造性地将形象理论应用于台湾电视综艺节目中的政治人物形象研究，并在前人成果和观看样本节目的基础上，归纳出适用于本书的形象类目体系。该类目体系包括：行政能力、领导力/魄力、政治风格、群众魅力、议题立场、政策施行、公共关系、与其他国家的关系、政党领袖、党内关系、媒体表现、沟通能力、竞选宣传、品德、个性、仪表、私生活、不适用，共18项。

通过量化内容分析和质化符号学分析，本书有以下发现：

以《全民最大党》为代表的政治模仿秀节目是台湾电视狂欢化的一种体现。节目从笑谑文化的角度，对现实政治世界进行模仿和再现，所创造的世界是有别于现实政治世界的第二世界。《全民最大党》还是台湾电视政论节目的一种戏仿，对政论节目的运作机制和弊病进行批评和揭露。从宏观、中观和微观三个

层面看，节目主要通过主题框架、冲突框架和角色框架呈现政治人物形象。

《全民最大党》所讨论的议题主要是台湾当时的热点政治事件和政治人物。以马英九角色和蔡英文角色为例，节目所塑造的角色形象与社会议题联系在一起。在马英九角色方面，节目突出马英九角色与李登辉、陈水扁、蔡英文的互动关系，并且在选举活动、经济形势、游行示威、体育赛事、两岸事务、经济政策、自然灾害等议题中呈现马英九角色形象。与马英九角色相关的议题最主要集中于马英九角色与李登辉、陈水扁、蔡英文、民众以及家庭成员的互动，其次是竞选活动。相关的议题类型更加多元，这是因为马英九角色时任台湾地区领导人，影响台湾社会的各个方面。在蔡英文角色方面，节目突出蔡英文角色与马英九、陈水扁、施明德的互动关系，并且在选举活动、游行示威、两岸事务等议题中呈现蔡英文角色形象。

《全民最大党》的主持人角色身份主要是政治人物、媒体明星。节目的人物设置模仿台湾政论节目的形式。在 116 期样本节目中，69.8% 的节目在人物设置方面体现蓝绿对立。与此正相关的是，节目的现场讨论部分也体现出冲突性，95.7% 的节目在内容方面体现出冲突性。

在这种冲突框架下，106 个提到马英九角色的讨论主题中，有关马英九角色的整体文意偏向有 62.3% 是中立的，35.8% 是负面的，仅有 1.9% 是正面的；24 个提到蔡英文角色的讨论主题中，有关蔡英文角色的整体文意偏向有 87.5% 是中立的，4.2% 是负面的，1.9% 是正面的；有些讨论主题同时提到马英九角色和蔡英文角色。讨论主题有关马英九角色的整体文意偏向负面的比重较大，出现这种现象是因为：（1）马英九角色的整体文意偏向与节目的人物设置、讨论主题的冲突性、节目内容的冲突性均显著负相关。在冲突框架中的政治人物更容易倾向于呈现出负面形象。（2）讨论主题提到马英九角色的节目样本数量超过 100 个，较能真实反映节目对人物的情感偏向。负面情感偏向也是台湾社会对马英九负面情绪的一种反映。（3）讨论主题提到蔡英文角色的样本数量在 30 个以下，可能不足以形成统计学意义上的规律。而且这些样本选举活动的议题居多，因此中立的情感偏向占多数，正面和负面的情感偏向都只占少数。

在主题和冲突框架之中，讨论主题中马英九角色的形象特征（每个讨论主题中最主要的那个形象特征），出现频率最多的是公共关系（24.5%），其次是议题立场（13.2%），再次是群众魅力（10.4%）。与此相对应的马英九角色的形象类型以领导者为主，也就是说马英九角色主要扮演领导者的角色。讨论主题中蔡英文角色的形象特征（每个讨论主题中最主要的那个形象特征），出现频率最多的是竞选宣传（25%），其次是政党领袖和党内关系（均为12%），再次是政治风格、议题立场和私生活（均为8.3%）。群众魅力、公共关系和沟通能力各出现1次（4.2%）。与此相对应的蔡英文角色的形象类型以政党代表为主，也就说蔡英文角色主要扮演政党领袖的角色。根据SPSS相关性统计结果，马英九角色的形象类型与其形象特征显著正相关，蔡英文角色的形象类型与其形象特征亦显著正相关。

18期出现马英九角色或蔡英文角色的节目，同样是在主题框架、冲突框架和角色框架下通过口头语言符号和视觉符号展现马英九角色和蔡英文角色形象的细节特点。马英久（马瑛九）的语言符号展现了其行政能力（政绩不佳）、议题立场（推动两岸发展、倡导节能减碳）、口才（良好）、仪表（温和）、品德（没有诚信）、个性（谦逊）、公共关系（与反对党、民众关系不佳）、私生活（在夫妻关系中处于弱势、有性取向方面的传闻）等方面的形象特点。马英久（马瑛九）的视觉符号则展现其作为领导者的角色和专业形象。蔡瑛文的语言符号展现了其沟通能力（英文不菜）、领导能力/魄力（领导台湾人民重新找回信心、有guts）、政治风格（硬起来）、政党代表（带领民进党走出谷底）、公共关系（与马英久针锋相对）、竞选宣传（打造专属香水）等方面的形象特征。蔡瑛文的视觉符号则展现其女性政党领袖的角色和专业形象，军绿色的着装体现其政治色彩，人物造型、肢体语言强化其外表特征，游行抗议的政治符号体现其政治运动组织者的形象。

通过比较《全民最大党》中的马英九角色/蔡英文角色形象与传记中的马英九/蔡英文形象，本书还发现前者与后者存在相似之处，也有差异。《全民最大党》对现实政治世界中的马英九/蔡英文外表、性格、政策等方面的特征进行选择和重组，以娱乐化的方式创造出虚构的马英九角色/蔡英文角色形象，在一定程度上强化现实政治世界中马英九和蔡英文的刻板印象。虚构的马英九角色/蔡英文角色形象是对现实中的马英九/蔡英文形象的反射、折射和创造。

### 三、台湾电视综艺节目的政治和文化意义

以《全民最大党》为代表的台湾政治模仿秀节目是台湾政治和媒体"自由化"和"民主化"发展到一定阶段的产物。该系列节目是台湾政治娱乐的一种经典形式，体现台湾的媒体文化和政治文化特点，反映节目创作者和民众对台

湾政治的认知和评价，同时也是民众政治情绪的一种表达。在政治认知方面，《全民最大党》系列政治模仿秀节目对台湾政治事件和政治人物的另类呈现和解读，体现了节目创作人员和民众对台湾政治的认知，这种认知是基于笑谑文化的视角。节目所塑造的大量政治人物、所传播的政治信息，是观众了解台湾政治生态的一个窗口。在政治情感方面，《全民最大党》系列节目是台湾民众表达政治情绪的一个出口。在政治评价方面，《全民最大党》系列节目体现台湾民众对政治问题的意见和态度。

从节目内容看，政治模仿秀节目所涉及政治内容包括虚构和事实两个层面。虚构层面指包含人物和情节的虚构故事层面，事实层面指现实世界中的人物和事件。台湾政治模仿秀通过重构政治议题，为人们提供一个思考所处时期社会政治环境的视角。因此，台湾政治模仿秀节目成为促进政治话语多元化的重要电视综艺节目形式，鼓励人们对政治现实进行批判和思考。从节目形态看，台湾政治模仿秀节目对电视政论节目形态进行戏仿，对新闻播报形式加以利用，揭露了台湾新闻媒体的运作机制以及存在的弊病，创新了台湾电视综艺节目形态。

概括起来，台湾电视综艺节目具有以下几方面的政治和文化意义。

第一，台湾电视综艺节目是台湾政治传播的一种媒介和载体。台湾电视综艺节目以娱乐化的方式传播政治内容，成为两岸观众了解台湾政治生态的管道。这种严肃政治话语和轻松娱乐结合的文化产品，创新了两岸政治传播的形式。

第二，台湾电视综艺节目采用戏剧化的框架和喜剧的方式塑造政治人物形象，反射、折射和创造政治现实。节目所呈现的政治人物形象、所建构的政治现实在很大程度上代表台湾民众的普遍看法。这种政治娱乐形式从感性和理性的层面影响观众对台湾政治的认知、情感和评价，具体的影响效果需要相关实证研究的进一步检验。

第三，台湾电视综艺节目中的政治讽刺和政治模仿秀，在提供娱乐的同时，以反叛和颠覆的视角揭露台湾现实社会和政治中存在的问题，激发观众对台湾社会现象进行批判性的思考，并且可能促进台湾民众参与公共生活，成为台湾民众参政议政的途径。

## 第二节　研究限制和建议

由于受到研究条件的限制，本书存在一些不足。

第一，由于作者时间、精力和经费的限制，以及节目停播改版的问题，本书仅以 2008 年 5 月 20 日至 2012 年 5 月 19 日马英九担任台湾地区领导人的第一任期四年为考察的时间范围，以该时间段内《全民最大党》讨论主题直接提到马英九角色或蔡英文角色的节目作为样本。研究未能对中天电视"全民"系列节目的所有版本进行量化考察和对比。

第二，节目样本的获取依赖于互联网资源，存在部分缺失的问题。在研究过程中，笔者曾经以书面信函的形式向《全民最大党》节目制作人王伟忠先生索要节目的文字材料和视频材料，但最终因为版权归属的问题，无法获取。《全民最大党》由王伟忠先生所在的中大制作公司和金星娱乐公司制作，先后在中天综合台和中天娱乐台播出，版权归属中天电视，笔者无法从制作公司获得部分缺失的样本节目。

第三，本书采用立意抽样的方法，选取出讨论主题直接提到马英九角色或蔡英文角色的节目。这种抽样方法符合本书的研究意图，但是由此得出的结论，只能推论节目总体中马英九角色和蔡英文角色的形象趋势，而不能推论其他政治人物的形象趋势。由于《全民最大党》是直播节目，直播部分没有字幕，116 期样本节目若要全部转录为文字，是个巨大的工程。因此，在内容分析部分，本书在完整观看 116 期节目的基础上，对讨论主题、人物设置、节目冲突性、讨论主题涉及的政治人物形象等进行量化分析，没有对 116 期节目全部内容进行逐字逐句的转录和分析。深度的逐字逐句分析针对 18 期出现马英九角色或蔡英文角色的场景。

第四，本书只关注《全民最大党》系列政治模仿秀节目的文本内容，而没有考虑其传播效果。后续的相关研究可以关注电视政治模仿秀节目或网络政治模仿秀视频的传播效果，探索政治模仿秀所塑造的政治人物形象和观众心目中的政治人物形象之间的关系，进一步推进台湾电视综艺节目与政治关系的研究。

总而言之，由于政治生态和媒体环境的差异，大陆学界对娱乐媒体与政治互动关系的研究尚不成体系。台湾"自由化"和"民主化"的政治体制，以及由市场竞争法则主导的商业化媒体体制，造就了台湾娱乐媒体的高度发达。娱乐媒体成为政治信息传播的管道之一。在台湾，已有学者对政治信息娱乐化现象进行研究，也有研究者从剧场、修辞等角度对政治模仿秀进行研究。但是，根据已有文献，目前台湾学界尚无将娱乐媒体（特别是电视综艺节目中的政治模仿秀）与政治人物形象结合起来进行研究的先例。本书在台湾电视综艺节目与政治的互动关系，尤其是台湾政治模仿秀与政治人物形象方面，进行了创新性的尝试和有益的探索。

娱乐媒体在政治传播中的作用经常被忽视。随着传播媒介的网络化和个人化，以娱乐形式呈现的政治内容，若触及传播的引爆点，往往能够在短时间内获得大量关注，特别是受到年轻受众群体的欢迎。制作精良的政治娱乐有可能成为一种有效的政治传播形式。在台湾社会中，通过电视综艺节目讽刺政治和社会现象已有三十多年的历史，娱乐媒体已经成为政治传播的一种有效途径。通过电视或网络传播的政治模仿秀节目（视频）值得政治传播学者进一步探索。未来的研究可以更多关注传播文本和受众之间关系。台湾电视综艺节目与政治互动关系的研究，有助于我们重新审视电视综艺节目在两岸政治传播中的地位和作用，以及娱乐媒体的政治和文化意义。

# 附　录

## 附录一　台湾地区中天电视《全民最大党》抽样节目列表

| 序号 | 日期 | 主持人 | 讨论主题 | 现场嘉宾 |
|---|---|---|---|---|
| 1 | 2008-08-12 | 高志朋（郭子乾） | "中华队"明天开打，绿说赛程恶搞台湾，输了要小马哥负责，你说到底谁在恶搞？ | 卡神杨惠如（邰智源），资深体育主播陈胜宏（许杰辉），民进党"立委"叶怡津（寇乃馨），奥运吉祥物福娃欢欢（白云），亚洲天王任贤骑（九孔） |
| 2 | 2008-09-01 | 吴国冻（郭子乾） | 呛马应该的，但吴国栋却骂×××。有人说南部人比较爱听，你甲不甲意听？ | 民进党"立委"张花贯（洪都拉斯），报料天王邱异（许杰辉），知名律师邱章（纳豆），本土歌手李丙辉（从从），两性专家董唅台（九孔） |
| 3 | 2008-09-04 | 胡中信（邰智源） | 扁讲话没人信，马讲话又跳票。前后任"总统"都这样，你们会不会想离家出走？ | 资深媒体人吴国冻（郭子乾），爆料天王邱异（许杰辉），前花莲地检署检察官李子椿（纳豆），民进党党主席蔡瑛文（寇乃馨），《海脚七号》男配角茂伯（洪都拉斯），爱国同心会会长周庆俊（九孔）、会员陈中华（陈汉典） |
| 4 | 2008-09-09 | 张国志（郭子乾） | 股价大涨又跌，大家又慌了，慌得骂小马，慌得要换"内阁"，你是不是太慌了？ | 前国民党"立委"雷茜（邰智源），政论名嘴金恒玮（九孔），民进党"立委"叶怡津（寇乃馨），本土歌手李丙辉（从从），泰国总理萨马（白云）、泰国警察（纳豆） |

| 序号 | 日期 | 主持人 | 讨论主题 | 现场嘉宾 |
|---|---|---|---|---|
| 5 | 2008-09-10 | 胡中信（邰智源） | 前"总统"太强势，现任太弱势。台湾要有什么领导风格，才能重振雄风？ | 资深媒体人吴国冻（郭子乾），爆料天王邱异（许杰辉），民进党"立委"张花贯（洪都拉斯），爱国同心会会长周庆俊（九孔）、会员陈中华（陈汉典），泰国总理萨马（白云）、泰国警察（纳豆） |
| 6 | 2008-09-23 | 周玉叩（邰智源） | 闻奶色变，闻马呛声，闻扁心酸。住台湾，是不是五味杂陈？ | "行政院院长"刘兆玹（九孔），爆料天王邱异（许杰辉），民进党"立委"叶怡津（寇乃馨），抬大荣誉教授李鸿喜（郭子乾），柏朗咖啡招牌柏朗先生（白云） |
| 7 | 2008-09-24 | 胡中信（邰智源） | 毒奶粉，搞的民众什么都不敢吃。小马哥是否该出来讲点话，或喝杯牛奶安定民心？ | "行政院院长"刘兆玹（九孔），资深媒体人陈力宏（许杰辉），民进党"立委"叶怡津（寇乃馨），"卫生署长"林方郁（九孔），《海脚七号》男配角贸伯（洪都拉斯） |
| 8 | 2008-10-06 | 许信凉（郭子乾） | 秋天到了，股票还在跌，阿扁还在乱，小马还在软，心凉的你如何取暖？ | "行政院院长"刘兆玹（九孔），爆料天王邱异（许杰辉），民进党"立委"张花贯（洪都拉斯），《海脚七号》配角马啦桑（陈汉典） |
| 9 | 2008-10-10 | 胡中信（邰智源） | "国庆日"，马说风雨过后必是晴天，你说台湾能不能也海角七号一下？ | "新闻局长"史亚坪（寇乃馨），革命先烈陆皓东（九孔），孙中山遗像（郭子乾），资深媒体人陈力宏（许杰辉），《海脚七号》配角贸伯（洪都拉斯）、马啦桑（陈汉典） |
| 10 | 2008-10-17 | 胡中信（邰智源） | 小马哥买鞋，"刘院长"买衣，政府带头血拼刺激买气，你被他刺激到了吗？ | "新闻局局长"史亚坪（寇乃馨），政论名嘴陈力宏（许杰辉），流氓教授林健隆（洪都拉斯），纹大教授姚力明（九孔） |
| 11 | 2008-10-21 | 郭掏（郭子乾） | 小马哥刚说两岸四年内没战争，不到四分钟客人就被打了，我们是不是太快开打了？ | 民进党市"议员"王定于（许杰辉），爱国同心会会长周庆俊（九孔），《海脚七号》男配角马茹龙（邰智源），塔罗牌算命师黄其（纳豆），国民党中常委连胜纹（白云） |

| 序号 | 日期 | 主持人 | 讨论主题 | 现场嘉宾 |
|---|---|---|---|---|
| 12 | 2008-10-27 | 郑鸿仪（郭子乾） | 1025游行完，小马哥入新厝，人民的声音，小马哥要怎么做才能睡得安稳？ | "行政院长"刘兆玹（九孔），爆料天王邱异（许杰辉），政论名嘴林健隆（洪都拉斯），《海脚七号》男配角马茹龙（邰智源），塔罗牌算命师黄其（纳豆） |
| 13 | 2008-10-30 | 胡中信（邰智源） | 现"总统"好像要判前"总统"贪污，前"总统"好像要判现"总统"死刑，我们历任"总统"好像处得很不好？ | 台南市"议员"王定于（许杰辉），抬大教授李鸿喜（郭子乾），民进党主席蔡瑛文（寇乃馨），中天骇客主持人赵少糠（九孔），塔罗牌算命师黄其（纳豆），本土歌手李丙辉（从从） |
| 14 | 2008-11-07 | 洪秀注（郭子乾） | 蔡英文说攻击人的是黑道，丢石头的是国民党，受伤要小马负责，你听了头上会不会有一堆问号？ | 民进党主席蔡瑛文（寇乃馨），前民进党"立委"王仕坚（邰智源），前民进党"立委"王叔惠（洪都拉斯），中天骇客主持人赵少糠（九孔），本土歌手李丙辉（从从） |
| 15 | 2008-12-04 | 金镁龄（郭子乾） | 45%新鲜人半年没工作，小马哥要大家多消费，就会关关难过关关过，你听了会不会有点难过？ | 台绩电董事长张中谋（邰智源），爆料天王邱异（许杰辉），政论名嘴金恒玮（九孔），命理大师林贞邑（洪都拉斯） |
| 16 | 2008-12-24 | 黎智瑛（邰智源） | 卸任"总统"新闻永远比现在"总统"多，你觉得这样的平安夜平安吗？ | 新洸医院副院长黄芳谚（郭子乾），中天骇客主持人赵少糠（九孔），前台北市副市长金浦聪（洪都拉斯），民进党"立委"蔡桐荣（许杰辉） |
| 17 | 2008-12-29 | 王仕坚（邰智源） | 小马全年无休，有人说要发动罢免。做到流汗被嫌到流口水，小马委屈吗？ | "第一夫人"周美清（郭子乾），资深媒体人程今兰（九孔），乡土剧女主角鸟莱嬷（白云），前民进党"立委"王叔慧（洪都拉斯），国民党"立委"李庆鞍（寇乃馨），前"第一公主"陈幸予（丫子）、护卫队（纳豆、陈汉典、大卫） |

| 序号 | 日期 | 主持人 | 讨论主题 | 现场嘉宾 |
|---|---|---|---|---|
| 18 | 2009-01-06 | 汪笨糊（邰智源） | 马团队是累了，还是没有魂。老是讲错话，是不是笑死人？ | "教育部长"郑瑞诚（郭子乾），资深媒体人陈力宏（许杰辉），无党籍"立委"李庆鞍（寇乃馨），乡土剧女主角鸟莱嬷（白云），前"教育部长"杜政胜（纳豆） |
| 19 | 2009-02-25 | 黎智瑛（邰智源） | 涉贪的扁"总统"说：李"总统"有收"阿共"的钱，马"总统"跟外国艺人有染。这样说起来我们"国家"好危险？ | 扁案关系人张玮珒（许杰辉），国民党"立委"李庆晔（郭子乾），乡土剧女主角鸟莱嬷（白云） |
| 20 | 2009-02-27 | 郝伯村（邰智源） | 阿扁想放回家哭了，光碟让小马笑不出来，台湾还有什么事让你哭笑不得？ | 民进党"立委"余添（郭子乾），政坛狠角色李熬（从从），民进党"立委"叶怡津（寇乃馨） |
| 21 | 2009-03-09 | 郝伯村（邰智源） | "台湾棒球输中国"，骂"总统"、骂政府、骂球团、骂球员、骂组头，是越骂越好，还是越骂越烂？ | 日本棒球巨星铃木一郎（九孔），爆料天王邱异（许杰辉），马家大姐马以楠（洪都拉斯），民进党"立委"叶怡津（寇乃馨） |
| 22 | 2009-03-19 | 周美清（郭子乾） | 公务员网络出槌，蓝"立委"说陆客嚣张，你说小马哥这"总统"是不是做得很累？ | 国民党"立委"黄召顺（洪都拉斯），政论名嘴金恒玮（九孔），民进党"立委"管碧伶（许杰辉），政坛狠角色李熬（从从） |
| 23 | 2009-04-14 | 林重馍（邰智源） | 老咖要回锅，呛马又要上街头，台湾政治是不是老狗变不出新把戏？ | 前"总统府秘书长"陈塘山（郭子乾），纹大教授姚力明（九孔），民进党"立委"李浚毅（许杰辉），马家大姐马以楠（洪都拉斯），民进党"立委"邱议萤（阿KEN） |
| 24 | 2009-04-27 | 王郁奇（郭子乾） | 蔡英文不满"江陈会"，要率众抗议。何不率众访问大陆，关起门来骂有用吗？ | 民进党"立委"管碧伶（许杰辉），前民进党"立委"蔡启芳（纳豆），马家大姐马以楠（洪都拉斯），本土歌手李丙辉（从从） |

| 序号 | 日期 | 主持人 | 讨论主题 | 现场嘉宾 |
|---|---|---|---|---|
| 25 | 2009-05-08 | 桃子（邰智源） | 母亲节，马英九要回家陪妈妈，阿扁想出去看妈妈。政治人物真要好好做，天下的妈妈更多。 | 前"中研院院长"李远折（九孔），国民党"立委"李庆晔（郭子乾），民进党"立委"翁金朱（许杰辉），民进党"立委"张花贯（洪都拉斯），民进党主席蔡瑛文（寇乃馨） |
| 26 | 2009-05-11 | 周锡纬（邰智源） | 就任满周年，马"总统"要成立部落格。如果你是他网友，你要跟他 MSN 什么？ | "卫生署长"叶金钏（郭子乾），民进党"立委"蔡同嵘（许杰辉），电影《金刚狼》主角休杰克慢（九孔），政坛狠角色李熬（从从），MASN 小绿人（纳豆） |
| 27 | 2009-05-14 | 苏真昌（郭子乾） | 主席、天王探视阿扁，阿扁还要筛选名单，你看阿扁是不是又变大了？ | 无党籍市"议员"郑新柱（邰智源），国民党"立委"黄召顺（许杰辉），乡土剧女主角鸟莱嬷（白云），至圣先师孔子（九孔） |
| 28 | 2009-05-15 | 胡自强（邰智源） | 517呛马，有人呛呷塞、"发球"、gàn。你觉得是有创意，还是有脏意？ | "前总统府秘书长"陈塘山（郭子乾），爆料天王邱异（许杰辉），民进党"立委"邱议萤（阿KEN），爱国同心会会长周庆俊（九孔），"台湾国"发起人王献及（纳豆），中天当家主播卢秀方（安心亚） |
| 29 | 2009-05-18 | 郝伯村（邰智源） | 517呛马也挺扁，绿大老（佬）说拿回政权，就把小马铐起来。你听了是好爽，还是好怕？ | "卫生署长"叶金钏（郭子乾），呛扁面具男段发匮（九孔），爆料天王邱异（许杰辉），本土歌手李丙辉（从从） |
| 30 | 2009-05-20 | 胡中信（邰智源） | 520发现新流感，前"卫生署长"涂醒哲说这是小马最好的贺礼，说这话是否生病了？ | "行政院长"刘兆玹（九孔），民进党"立委"涂醒折（郭子乾），民进党"立委"陈婷妃（寇乃馨），无党籍"立委"颜清镖（白云） |
| 31 | 2009-06-02 | 王郁奇（郭子乾） | 小马哥与希拉蕊相见25秒，还说我是台湾"总统"。你觉得这25秒很珍贵，还是没什么了不起？ | 民进党主席蔡瑛文（寇乃馨），国民党"立委"朱凤之（许杰辉），台中市市长胡自强（邰智源），高雄市市长陈掬（白云），内地艺人小沈阳（九孔） |

| 序号 | 日期 | 主持人 | 讨论主题 | 现场嘉宾 |
|---|---|---|---|---|
| 32 | 2009-06-10 | 胡中信（邰智源） | 小马哥建议两岸文字识正书简，认识繁体字，会写简体字。你觉得是 Good idea，还是 Stupid idea？ | 民进党"立委"张花贯（洪都拉斯），名人传真主持人张宗荣（郭子乾），政坛狠角色李熬（从从），高雄市市长陈掬（白云），始皇帝秦始皇（九孔）、宫女 |
| 33 | 2009-06-11 | 桃子（邰智源） | 邱议莹说马英九像女人，要当党主席说不要就是要，你认为女人都是这样吗？ | 民进党"立委"邱议莹（阿KEN），民进党"立委"涂醒哲（郭子乾），国民党"立委"朱凤之（许杰辉），军事专家张友晔（九孔），英语名师汤泥陈（洪都拉斯） |
| 34 | 2009-06-16 | 猪哥哓（郭子乾） | 小马哥生气，案子破了。"刘揆"生气，断桥修好了。有人要他们多多生气，你说小马哥会不会气死？ | "行政院长"刘兆玹（九孔），民进党"立委"管碧伶（许杰辉），本土歌手李丙辉（从从） |
| 35 | 2009-06-22 | 施明得（邰智源） | 小英决定救扁，沉寂一段时间的阿扁新闻又东山再起，你还有兴趣吗？ | 前"中研院院长"李远折（九孔），前"行政院长"苏真昌（郭子乾），爆料天王邱异（许杰辉），前民进党"立委"王淑惠（洪都拉斯） |
| 36 | 2009-06-26 | 黎智瑛（邰智源） | 小英连署救阿扁，大家怕。是怕放出来，台湾就会乱吗？ | 民进党主席蔡瑛文（寇乃馨），爆料天王邱异（许杰辉），前"中研院院长"李远折（九孔），前民进党"立委"蔡启方（纳豆），网路红人惠慈（郭子乾） |
| 37 | 2009-07-07 | 汪笨糊（邰智源） | 南韩总统政策跳票，捐薪水财产。有人叫小马哥也要捐，你认为还有谁该捐？ | "行政院长"刘兆玹（九孔），资深媒体人陈力宏（许杰辉），假富豪郭开原（白云） |
| 38 | 2009-07-16 | 嘿人（邰智源） | 高雄世运今天开幕，马"总统"致词，是不是帮台湾打了一个强心剂？ | 高雄市市长陈掬（白云），资深体育主播傅达人（许杰辉），民进党主席蔡瑛文（寇乃馨），世运举牌手徐咛（阿KEN） |

| 序号 | 日期 | 主持人 | 讨论主题 | 现场嘉宾 |
|---|---|---|---|---|
| 39 | 2009-07-22 | 郝伯村（邰智源） | 捷运频出包，游泳池不能用，又让马民调低。这夏天是不是郝龙斌的日全蚀，黑了？ | "总统府"发言人王郁奇（郭子乾），闯"总统府"女子曾爱慧（洪都拉斯），李前"总统"孙女李昆仪（九孔），本土歌手李丙辉（从从） |
| 40 | 2009-08-03 | 周锡纬（邰智源） | 叶金川辞"署长"选县长，国民党是选情比疫情重要，还是马主席有难言之隐？ | "卫生署长"叶金钏（郭子乾），民进党"立委"黄玮哲（洪都拉斯），民进党"立委"王倖男（九孔），前民进党"立委"萧镁琴（寇乃馨），政坛狠角色李熬（从从） |
| 41 | 2009-08-12 | 郑鸿仪（郭子乾） | "总统"不会说话，"院长"说气话，主持人飙葬话。是不是少说点话，Just do it！ | "监察院长"王建瑄（邰智源），民进党"立委"翁金铢（许杰辉），高雄市市长陈掬（白云），《海脚七号》男配角貿伯（洪都拉斯），亚洲小天王周杰轮（九孔） |
| 42 | 2009-08-17 | 周美清（郭子乾） | 民间传出，宁要A钱"总统"，也不要无能"总统"。你觉得这话很可怕，还是很可笑？ | "国宴"主厨房阿基师（邰智源），前"内政部长"苏嘉荃（郭子乾），国民党"立委"黄召顺（洪都拉斯），李前"总统"孙女李昆仪（九孔） |
| 43 | 2009-08-27 | 郑鸿仪（郭子乾） | 大陆赈灾慷慨解囊，绿营出考题邀达赖来台，小马哥这题要怎么解？ | "行政院长"刘兆玹（九孔），爆料天王邱异（许杰辉），民进党主席蔡瑛文（寇乃馨），民进党"议员"卢铜协（洪都拉斯） |
| 44 | 2009-11-17 | 林重馍（邰智源） | 小马哥从票房保证变票房毒药，绿营说躺着选都会赢，小马哥有这么逊吗？ | 云林县县长苏治分（洪都阿拉斯），爆料天王邱异（许杰辉），民进党"立委"蔡煌郎（纳豆），无党籍"立委"颜清镖（白云） |
| 45 | 2009-12-09 | 胡中信（邰智源） | 选举后小马哥被骂臭头，还被说会三连败，国民党真的会逊到底吗？ | 文化评论者南方蒴（郭子乾），军事专家张友哗（九孔），准国民党秘书长金浦聪（洪都拉斯），民进党"立委"蔡同嵘（许杰辉），民进党主席蔡瑛文（寇乃馨） |

| 序号 | 日期 | 主持人 | 讨论主题 | 现场嘉宾 |
|---|---|---|---|---|
| 46 | 2009-12-10 | 南方萌（郭子乾） | 小马哥找回金小刀做助手，你认为他应该再找谁，来帮他，帮台湾？ | 前"内政部长"苏嘉荃（许杰辉），美国高球名将老虎五兹（九孔）、虎嫂爱琳（若颖），综艺鬼才沈玉淋（洪都拉斯），亚洲舞王郭富成（阿KEN） |
| 47 | 2009-12-18 | 黎智瑛（邰智源） | 八卦袭（席）卷台湾，连"总统"的超友谊都被传。台湾变成"八卦国"，你觉得有助"国力"吗？ | 综艺鬼才沈玉淋（洪都拉斯）、未婚妻芽芽（Niko），灭绝师太黄小唬（郭子乾），金马奖最佳导演戴粒忍（九孔） |
| 48 | 2009-12-28 | 王郁奇（郭子乾） | 看《不能没有你》让小马哥学会苦民所苦，你还有什么片想推荐小马哥看一下？ | 金马奖最佳导演戴粒忍（九孔），戏剧之母周游（许杰辉），《海脚七号》男配角马茹龙（邰智源），性感主持人小潘番（寇乃馨） |
| 49 | 2010-01-12 | 涂醒折（郭子乾） | 胡市长说，批评"总统"若变成全民运动，"国家"会更糟。你觉得政府被骂到臭头，不敢做事了吗？ | 台中市市长胡自强（邰智源），台南市市长许添才（从从），综艺鬼才沈玉淋（洪都拉斯），宅男杀手摇摇（安心亚） |
| 50 | 2010-01-18 | 桃子（邰智源） | 小马哥一连五天请"立委"座谈，要听民间疾苦。如果请你，你要诉什么苦？ | 国民党发言人金浦聪（洪都拉斯），知名音乐人刘家锟（郭子乾），乡土剧女主角鸟莱嬷（白云），TVBAS记者黄千瑜（九孔），宅男杀手摇摇（寇乃馨） |
| 51 | 2010-01-25 | 王郁奇（郭子乾） | 有人说"我妈说对马英九没感觉了"，你建议马英九怎样才能找回感觉？ | 民进党"立委"叶怡津（寇乃馨），人肉沙包小范（从从），F是仔宰周瑜民（洪都拉斯），宅男杀手摇摇（安心亚） |
| 52 | 2010-02-08 | 桃子（邰智源） | 胡市长建议：每个"部长"轮流上节目，救小马哥民调。那你觉得官员们该上哪些节目？ | 综艺大哥大张非（郭子乾），前"国大代表"高嘉渝（许杰辉），前民进党前妇女主任许嘉甜（纳豆），性感主持人小潘番（寇乃馨），日本相扑横纲嘟青龙（白云） |

| 序号 | 日期 | 主持人 | 讨论主题 | 现场嘉宾 |
|---|---|---|---|---|
| 53 | 2010-04-26 | 王蓉容（邰智源） | 双英辩论，有人说小马从郭靖变成韦小宝，这样伶牙俐齿的小马哥你爱不爱？ | 前民进党"大老"沈副雄（郭子乾），民进党"立委"蔡同嵘（许杰辉），国民党"立委"赵丽云（九孔），无党籍"立委"颜清镖（白云） |
| 54 | 2010-06-08 | 贾柏斯（郭子乾） | 小马哥盼机场捷运再快点，网友盼KTV歌曲前奏再快点，你希望什么事再快点？ | 日本前首相夫妇鸠山由记夫（邰智源）、鸠山倖（从从），胡呱女婿李近良（九孔），政论节目主持人平秀林（寇乃馨），综艺鬼才沈玉淋（洪都拉斯） |
| 55 | 2010-07-29 | 马茹龙（邰智源） | 佛要金装，人要衣装，有人批小马穿着没气势，你建议小马哥该怎么穿才MAN？ | "总统夫人"周美清（郭子乾），《康熙莱了》主持人蔡康泳（许杰辉），时尚F是高以祥（九孔），色彩代表徐跃芝（洪都拉斯） |
| 56 | 2010-08-11 | 郑大市（邰智源） | 小马哥说，民进党执政八年，把台湾搞得像北韩，有这么严重吗？ | 国民党"立委"邱异（许杰辉），韩国师奶杀手裴泳俊（九孔），孙中山遗像（郭子乾），四大天王郭富成（阿KEN）、郭富成女友熊黛琳（寇乃馨） |
| 57 | 2010-09-20 | 郑鸿仪（郭子乾） | 马"总统"说，搞臭花博，台湾就输了。你觉得花博是香气逼人，还是臭气熏天？ | 台北市市长郝龙彬（许杰辉），行脚节目主持人廖馨学（白云），王伟中姐姐（王蓉容），玉女歌手林慧平（洪都拉斯） |
| 58 | 2010-09-23 | 郑鸿仪（郭子乾） | 小马说先救灾再究责，高雄水灾救完了吗？台北花博办好了吗？怎么这么多口水啊？ | 台北市市长郝龙彬（许杰辉），民进党"立委"邱议萤（阿KEN），爆红童星小小斌（纳豆），大禹（九孔），长腿姐姐马世利（安心亚） |
| 59 | 2010-10-05 | 罗叔蕾（邰智源） | 小马赞路平专案路很好，周年庆抢购潮代表经济大好，这位帅哥是不是自我感觉太良好？ | 台北市市长郝龙彬（许杰辉），命理大师林贞邑（洪都拉斯），行脚节目主持人廖馨学（白云），梁家妇女Amy梁（安心亚） |

| 序号 | 日期 | 主持人 | 讨论主题 | 现场嘉宾 |
|---|---|---|---|---|
| 60 | 2010–10–26 | 周美清（郭子乾） | 女大（学）生呛马，"总统"亲自打电话慰问。如果你接到小马来电，你想要跟他热线些什么？ | 民进党新北市市长候选人蔡瑛文（寇乃馨），香港资深艺人薛傢燕（邰智源），李前"总统"孙女李昆仪（九孔），美声高校生朱育升（阿KEN），《第四张画》男配角手枪仔（纳豆）、手枪仔朋友（陈汉典），舞蹈教父蓝菠（从从） |
| 61 | 2010–11–15 | 郑鸿仪（郭子乾） | 阿扁说缅甸在放人，台湾在关人，小马连缅甸军都不如，甘安呢？ | 民进党台中市市长候选人苏嘉荃（许杰辉），国民党"立委"罗叔蕾（邰智源），国民党高雄市市长候选人黄召顺（洪都拉斯），《与妻诀别书》作者林觉民（九孔） |
| 62 | 2010–12–01 | 彭淮喃（郭子乾） | 小马说明年经济成长，不要让大家无感，要让民众更有FU，你还希望FU到什么？ | 台湾之光杨叔君（迅猛龙）、杨叔君男友刘聪哒（邰智源），爆料天王邱异（许杰辉），民进党"立委"叶怡津（寇乃馨），新科高雄市"议员"夫妇陈至中（陈汉典）、黄叡靓（巧克力），包公（白云）、师爷（阿KEN）和衙役（安心亚、若颖） |
| 63 | 2010–12–02 | 猪哥哓（郭子乾） | "五都"选后，小马说要用更多诚意感动南部乡亲，你建议小马怎么跟他们搏感情？ | 台湾之光杨叔君（迅猛龙）、杨叔君男友刘聪哒（邰智源），爆料天王邱异（许杰辉），民进党主席蔡瑛文（寇乃馨），高雄县县长杨萩兴（从从），《芜米乐》主角昆滨伯（洪都拉斯） |
| 64 | 2010–12–24 | 黎智瑛（邰智源） | 名嘴建议小马，要跟年轻人搏感情，12/25先放假，你听了是不是很想按赞？ | 补教名师高国哗（许杰辉），建生中医中医师（郭子乾），闽南语歌王洪荣鸿（洪都拉斯），李小龙粉丝李肖龙（陈汉典），《爱情药不要》男女主角桀米（乔治）、梅基（迅猛龙） |
| 65 | 2010–12–27 | 王仕坚（邰智源） | 阿辉伯过生日，大骂小马没政绩，你觉得他骂得太好了？还是太狠了？还是他太老了？ | 孙中山遗像（郭子乾），民进党"立委"管碧伶（许杰辉），国民党秘书长金浦聪（洪都拉斯），"建国"百年吉祥物洛客（纳豆），消防猛男（白云、阿Ken）、消防靓女（迅猛龙、小虾） |

| 序号 | 日期 | 主持人 | 讨论主题 | 现场嘉宾 |
|---|---|---|---|---|
| 66 | 2011-01-19 | 刘宝桀（郭子乾） | 麻雀掉进水里，云母变成水母，你的脸是不是跟小马一样铁青？ | 军事专家张友哗（九孔），俏江楠集团董事长张澜（邰智源）、Dancer（迅猛龙，小虾），台北市"议员"庄瑞熊（许杰辉），"青辅会主委"王昱亭（从从），快打炫风主角凯迩（阿KEN）、春俪（安心亚）、本泗（纳豆） |
| 67 | 2011-02-08 | 马茹龙（邰智源） | 兔年年假短又短，今天开工，你是像小马一样很拼，还是像兔子一样懒懒？ | 秀场天王猪哥哓（郭子乾）、台湾碧昂斯王彩哗（从从），命理大师蔡上议（许杰辉），头香哥林天寿（九孔），宅男杀手摇摇（安心亚），大陆熊猫团团（白云）、圆圆（纳豆） |
| 68 | 2011-03-10 | 刘宝桀（郭子乾） | 小英确定参选，蓝说小英是搪瓷娃娃，绿说小马是软腿马，他们真的硬不起来吗？ | 爆料天王邱异（许杰辉），"打马悍将"王仕坚（邰智源），高雄市"议员"陈至中（陈汉典），搪瓷娃娃（乔治），《犀俐人妻》男女主角温瑞帆（阿KEN）、黎薇嗯（安心亚）、谢侒真（安唯绫）、蓝天尉（从从） |
| 69 | 2011-03-11 | 桃子（邰智源） | 小英表态选"总统"，小红荣登新首富，台湾郎在干嘛？ | 民进党党主席蔡瑛文（寇乃馨），宏哒电董事长王雪虹（郭子乾），本土剧演员秦阳（洪都拉斯），无党籍"立委"颜清镖（白云），民进党"立委"邱议莹（阿KEN），中国黄金剩女（陈汉典、袁艾菲） |
| 70 | 2011-03-30 | 朱哮天（邰智源） | 小马力宏对谈，力宏说当上"总统"，晚上先去飙个车，那你勒？ | 政坛名嘴沈副雄（郭子乾），民进党"立委"陈婷妃（寇乃馨），前民进党"立委"郑运朋（狄志杰），命理专家黄有甫（从从），两性专家苦伶（乔治） |
| 71 | 2011-04-05 | 周玉叩（邰智源） | 连假看小马上前线瞭民情，被呛到臭头。你觉得他是很窝囊，还是很有勇气？ | 国民党"立委"谢国梁（郭子乾），台北市"议员"庄瑞熊（许杰辉），民进党"立委"邱议莹（阿KEN），银行广告主角梦骑仕（从从、乔治），清高宗乾隆皇帝（九孔）、妃子（安心亚、袁艾菲、吴怡霈） |

| 序号 | 日期 | 主持人 | 讨论主题 | 现场嘉宾 |
|------|------|--------|----------|----------|
| 72 | 2011-04-18 | 郑鸿仪（郭子乾） | 施主席要小英出柜被骂翻，名嘴说他太下流，你觉得这是不是他的言论自由？ | 民进党前主席施明得（邰智源），政论名嘴钟年幌（洪都拉斯），高雄市市长陈掬（白云），《药命傚应》男女主角艾笛（九孔）、林蒂（安心亚） |
| 73 | 2011-04-26 | 施明得（邰智源） | 施主席要小英公布性向被骂翻，李大师要小马说明性向没人谯，那ㄟ差这多？ | 政坛狠角色李熬（从从），台北市市长郝龙彬（许杰辉）、花博发言人马芊惠（怡需），民进党"立委"叶怡津（寇乃馨），民进党"立委"邱议萤（阿KEN）、英国王子威濂（乔治）、英国王子未婚妻铠特（袁艾妃） |
| 74 | 2011-05-19 | 郭掬（郭子乾） | 小马在绿营大票仓，办记者会，你觉得他是很有guts，还是找骂挨？ | "打马悍将"王仕坚（邰智源），国民党"立委"朱凤之（许杰辉），前民进党"立委"郑运朋（狄志杰），惺海罗盘YA教授（洪都拉斯），烈火红唇（阿迪），篮球一姐钱微娟（从从） |
| 75 | 2011-06-09 | 刘宝桀（郭子乾） | 当官的常说错话，退休的也说错话，你觉得小马要不要改当消防队？ | 军事专家张友晔（九孔），知名艺人小娴（邰智源）、知名球星何守政（小虾），香港偶像歌手陈冠稀（陈汉典），最性感的妈妈李亚平（洪都拉斯），消防猛男（从从、袁艾菲） |
| 76 | 2011-06-20 | 苏真昌（郭子乾） | "总统大选"，九万配变九亿配，足足多了八亿多，小马是不是押对宝了？ | "行政院长"吴敦议（邰智源），军事专家张友晔（九孔），高雄市"议员"陈至中（陈汉典），音乐才子张洪亮（洪都拉斯） |
| 77 | 2011-06-21 | 施明得（邰智源） | 马吴配民调看涨，阿扁看衰，你是相信"外面"的民调，还是相信"里面"的专栏？ | 国民党"立委"朱凤之（许杰辉），资深媒体人吴国冻（郭子乾），资深媒体人赵少糠（九孔），高雄市"议员"陈至中（陈汉典） |
| 78 | 2011-07-05 | 施明得（邰智源） | 小马说再给我四年，我还不想换工作，各位老板，你想辞掉他吗？ | 台北市"议员"庄瑞熊（许杰辉），孙中山遗像（郭子乾），前"中研院院长"李远折（九孔）、泰国女总理盈啦（寇乃馨）、随从（陈汉典） |

| 序号 | 日期 | 主持人 | 讨论主题 | 现场嘉宾 |
|---|---|---|---|---|
| 79 | 2011-07-11 | 吴国冻（郭子乾） | 怎么不早说，小马蕉农对谈，又被断章取义，是小马活该，还是……？ | "行政院长"吴敦议（邰智源），军事专家张友晔（九孔），《芜米乐》主角昆滨伯（洪都拉斯），酥打绿主唱青蜂（从从），儿童节目主持人香焦哥哥（阿迪） |
| 80 | 2011-07-14 | 刘宝桀（郭子乾） | 阿辉伯问小马：台湾有几种香蕉你知道吗？咦！他怎么不去问蔡英文？ | 李前"总统"孙女李昆仪（九孔），"行政院长"吴墩义（邰智源），金曲歌王杨列（许杰辉） |
| 81 | 2011-07-21 | 猪哥嗳（郭子乾） | 大老（佬）要小马常去南部走动，票就会增加，甘有这好康？ | 台北市"议员"庄瑞熊（许杰辉），麻辣女教师曲傢瑞（九孔），综艺鬼才沈玉林（洪都拉斯） |
| 82 | 2011-07-26 | 吴国冻（郭子乾） | 很明显的，老宋参选"总统"，小英一定上，小马一定输，你有什么话想对老宋说？ | 前政论节目主持人汪笨糊（亲民党）（邰智源），前台北市"议员"王育成（洪都拉斯），资深媒体人赵少糠（九孔），前国民党"立委"游玥霞（许杰辉） |
| 83 | 2011-07-27 | 郭掏（郭子乾） | 亲民党刘"立委"骂国民党"马金体制"祸国殃民。噢！好凶喔！ | 前政论节目主持人汪笨糊（邰智源），民进党"立委"陈婷妃（寇乃馨），李前"总统"孙女李昆仪（九孔），篮球一姐钱微娟（从从），前电视主播陈苡真（怡需）、暂妹团（乔治、袁艾菲、丫子） |
| 84 | 2011-07-28 | 余添（郭子乾） | 阿辉伯讽小马，不如去当"公卖局长"，这……会不会讲的太狠了？ | 国民党"立委"邱异（许杰辉），旅日巨星金城五（九孔），前电视主播陈苡真（怡需） |
| 85 | 2011-08-19 | 桃子（邰智源） | 小英要让台湾1/10住户住进社会住宅，你觉得会盖高楼还是海市蜃楼？ | 资深媒体人吴国冻（郭子乾），资深媒体人陈艾茜（许杰辉），麻辣女教授曲傢瑞（九孔），命理大师林贞邑（洪都拉斯） |
| 86 | 2011-08-29 | 郑鸿仪（郭子乾） | 台风来，不上课要上班，小马脸书被灌爆，你说要怎样才不会被骂翻？ | 新北市市长朱力伦（九孔），综艺鬼才沈玉林（洪都拉斯），导演九把叨（从从），《我们这一家》锍爸（阿迪）、锍妈（白云）、柚仔（陈汉典）、橘仔（袁艾菲） |

| 序号 | 日期 | 主持人 | 讨论主题 | 现场嘉宾 |
|---|---|---|---|---|
| 87 | 2011-09-01 | 彭淮楠（郭子乾） | 小英副手难产，是没人选还是她太挑嘴，你想推荐谁让她挟去配？ | 台北市"议员"庄瑞熊（许杰辉），麻辣女教师曲傢瑞（九孔），《新还珠格格》尔糠（陈汉典）、小嚏子（怡需） |
| 88 | 2011-09-23 | 刘傢昌（郭子乾） | 小英出专辑，小马拍MV，候选人快变艺人，你有什么歌，推荐他们唱一下？ | 高雄市市长陈掬（白云），李前"总统"孙女李昆仪（九孔），剧场鬼才李掬修（陈汉典） |
| 89 | 2011-09-26 | 朱哮天（邰智源） | 拼选举，小英打造专属香水，你希望小马哥，出什么来拼一下？ | 民进党"总统"候选人蔡瑛文（寇乃馨），前"行政院长"苏真昌（郭子乾），全民咖啡好朋友篇阿拉比伕（九孔），"全民加油赞"执行长金浦聪（洪都拉斯） |
| 90 | 2011-10-05 | 吴国冻（郭子乾） | 马英九念成马英"gào"，NCC说是公然侮辱，你觉得会不会处理的太"Serious"？ | 民进党"副总统"候选人苏嘉荃（许杰辉），《向选民报告》节目主持人赵少糠（九孔），无党籍"立委"颜清镖（白云），宅男女神荳花妹（宝咖咖） |
| 91 | 2011-10-07 | 许信凉（郭子乾） | 小马庙口开讲，民众希望消费券再发一次。小马大笑，阿是在笑什么？ | 高雄市"议员"郑薪助（邰智源），全民咖啡好朋友篇阿拉比伕（九孔），综艺鬼才沈玉林（洪都拉斯），大笑之歌从从（从从）、需需（怡需）、迪迪（阿迪）、咖咖（宝咖咖） |
| 92 | 2011-10-17 | 吴国冻（郭子乾） | 马蔡宋全省跑透透，选战开始有点热度，你觉得有烧呒？ | 民进党"副总统"候选人苏嘉荃（许杰辉），《向选民报告》节目主持人赵少糠（九孔），资深媒体人陈晖文（白云），民进党"立委"陈婷妃（寇乃馨） |
| 93 | 2011-11-02 | 王仕坚（邰智源） | 35万连署，楚瑜要干了，小马下令不得批老宋，蓝营是不是gàn在心里口难开？ | 政论节目主持人郭掬（郭子乾），李艳楸（怡需），政坛狠角色李敖（从从），宅男女神荳花妹（宝咖咖） |

| 序号 | 日期 | 主持人 | 讨论主题 | 现场嘉宾 |
|---|---|---|---|---|
| 94 | 2011-11-18 | 吴国冻（郭子乾） | 农津贴加1000，小马借钱发好康，这样借下去，以后台湾变希腊，怎么办？ | "行政院长"吴敦议（邰智源），前民进党"立委"徐揖勇（洪都拉斯），中国性感美女朱崧花（袁艾菲），希腊三哲人柏拉图（乔治）、苏格拉底（小虾）、亚里士多德（九孔） |
| 95 | 2011-11-21 | 沈副雄（郭子乾） | 有人说小英像女罗宾汉，小马像约翰王子，台湾政坛还有啥"传奇"人物？ | "打马悍将"王仕坚（邰智源），《向选民报告》赵少糠（九孔），台湾罗宾汉廖添丁（洪都拉斯）、红龟（乔治）、三国第一美女貂蝉（安心亚），苦瓜篇全民先生（邱彦翔）、苦瓜阿桑（宝咖咖） |
| 96 | 2011-11-22 | 郑鸿仪（郭子乾） | 夜市出现小英小马飞镖靶，现在选情紧张……刺激……你想不想去射一下？ | 军事专家张友哗（九孔），前高雄市"议员"陈至中（陈汉典），全民夜市飞镖摊老板白董（白云）、女儿白菲菲（袁艾菲） |
| 97 | 2011-11-23 | 桃子（郭子乾） | 小马HOMESTAY，闻烂葱说很香，有人说他演技天然呆，谁能来教一下？ | 前民进党"立委"徐揖勇（洪都拉斯），政论节目主持人李艳秋（怡需），《哆拉A梦·真人篇》大熊（宝咖咖）、静湘（袁艾菲）、多拉A梦（九孔） |
| 98 | 2011-11-28 | 郭掏（郭子乾） | 小英商号挤爆，小马加油站热卖，这次大选是不是Fashion到不行？ | 金马影后叶德闲（邰智源），民进党"立委"陈婷妃（寇乃馨），超商广告代言人高以祥（九孔）、隋堂（宝咖咖），新生代歌手柯震冬（陈汉典），甜美教主翁翁兹曼（安心亚），人气偶像萧敬藤（洪都拉斯） |
| 99 | 2011-12-06 | 王仕坚（邰智源） | "酷酷嫂"终于出动拜票，小马最后王牌亮相，选情会不会热到爆？ | 赌神高近（九孔）、小跟班（无尊），无党籍"立委"颜清镖（白云），甜美教主翁兹曼（安心亚）、扑街少女禁欲（袁艾菲）、Karen（宝咖咖） |
| 100 | 2011-12-27 | 王仕坚（邰智源） | "酷酷嫂"说小马诚实让人安心，绿说情人眼里出西施让人恶心，你说是哪个心？ | "第一夫人"周美清（郭子乾），无党籍"立委"颜清镖（白云），民进党发言人陈棋迈（乔治），台北市"议员"应晓微（狄志杰），知名舞蹈老师KIMICO（宝咖咖） |

| 序号 | 日期 | 主持人 | 讨论主题 | 现场嘉宾 |
|---|---|---|---|---|
| 101 | 2012-01-03 | 周玉叩（邰智源） | "酷酷嫂"旋风扫全台，小英拍广告抢票，大选是不是变成女人间的战争？ | "第一夫人"周美清（郭子乾，民进党发言人陈棋迈（乔治），政论节目主持人李艳秋（怡霈），最性感的妈妈李亚平（洪都拉斯） |
| 102 | 2012-01-11 | 郑鸿仪（郭子乾） | 不让小马来探病，就是要挺蔡小英，小马碰到阿辉伯，是不是真的没法度？ | 前"中研院院长"李远折（九孔），禁烟大使孙岳（邰智源），民进党发言人陈棋迈（乔治），《新闻YA总会》主持人李艳秋（怡霈），樱桃小丸子华伦（狄志杰）、小钰（宝咖咖）、小丸仔（郭惠妮） |
| 103 | 2012-01-17 | 沈富熊（郭子乾） | 新"总统"还没上任，旧主席还没下台，就在谈2016谁接班，这……会不会太早了点？ | 新北市市长朱立轮（九孔），无党籍"立委"颜清镖（白云），最性感的妈妈李亚平（洪都拉斯），民进党"立委"叶谊津（寇乃馨），前电视主播陈以贞（怡霈） |
| 104 | 2012-02-23 | 徐展圆（郭子乾） | 豪小子大胜，小马哥说要振兴篮运，你说每个人都发个篮球好不好？ | 资深媒体人林潮鑫（洪都拉斯），民进党发言人林棋迈（乔治），宅男女神摇摇（安心亚），全民广告时间鲑鱼篇全民先生（邱彦翔）、MISS妮（郭惠妮），篮球小皇帝Laborn James（阿KEN） |
| 105 | 2012-02-29 | 谢震五（邰智源），谷怀宣（郭惠妮） | 小英交棒阿菊姐，改选就看电火球，旧瓶装"新"酒，有NEW到你吗？ | 前"行政院长"苏真昌（郭子乾），资深媒体人林潮鑫（洪都拉斯），台北市"议员"应晓微（狄志杰）、KOBBE体系广告王立宏（九孔）、KOBBE BRYANT（陈汉典） |
| 106 | 2012-04-12 | 李艳秋（怡霈），郭掏（郭子乾） | 小马：台湾电费太便宜，拿台湾跟非洲比，会不会太没说服力？ | 美国伟大发明家富兰克林（九孔），资深媒体人林潮鑫（洪都拉斯），秀逗俸山啊达（小虾） |
| 107 | 2012-04-17 | 王仕坚（邰智源） | 小马"外交"很有氧，百姓抗涨快缺氧，你的怒气，是不是跟小马肌肉一起zhǎng？ | 健身教练潘若笛（郭子乾）和助教咖咖（宝咖咖）、优优（小优）、电影《痞仔英雄》男主角赵又庭（九孔）、黄渤（大根），资深媒体人林潮鑫（洪都拉斯） |

| 序号 | 日期 | 主持人 | 讨论主题 | 现场嘉宾 |
|---|---|---|---|---|
| 108 | 2012–04–18 | 李艳秋（怡霈），郭掏（郭子乾） | 小马哥"回国"，说要戴着钢盔，面对涨价问题，你会去敲他钢盔吗？ | "行政院长"陈沖（邰智源），命理专家黄有甫（从从），秀逗傣山啊达（小虾）、老婆啊珍（白云），金马奖最佳新闻柯震冬（陈汉典） |
| 109 | 2012–04–23 | 郭掏（郭子乾） | 油电涨，有人送小马牛粪蛋糕表达愤怒，你还想送小马啥米有的没的？ | "国宴"主厨阿基师（邰智源），民进党"立委"陈婷妃（寇乃馨），省钱夫妻侯倡明（洪都拉斯）、曾亚兰（小优），购物专家斯蓉（乔治） |
| 110 | 2012–04–25 | 苏真昌（郭子乾） | 建仔绯闻抢版面，有人说他变王牌救援投手，救了小马哥，这……会不会想太多？ | "行政院长"陈沖（邰智源），老虎五兹（九孔）、桿弟（小虾），《新闻YA总会》节目主持人李艳秋（怡霈），知名港星陈冠稀（陈汉典） |
| 111 | 2012–04–30 | 苏真昌（郭子乾） | 鹿港补选，绿大赢，蓝大输。小马怎么这么笨，油电都不涨就好啦？ | 国民党"立委"罗叔蕾（邰智源），资深媒体人赵少糠（九孔），前民进党发言人陈棋迈（乔治），《新闻YA总会》节目主持人李艳秋（怡霈），台湾义贼廖添丁（洪都拉斯）、红龟（番薯） |
| 112 | 2012–05–02 | 汪笨糊（邰智源） | 小马哥"忏悔"，涨电价分三阶段，一次涨三次涨都被骂，你会不会有点同情他？ | 电影《刚铁人》男女主角刚铁人（九孔）、小辣椒（千又），"经济部长"施颜详（郭子乾），客家一哥小钟（洪都拉斯） |
| 113 | 2012–05–07 | 郭掏（郭子乾），李艳秋（怡霈） | 小马玩笑话"你该再吃第二个便当"，被讽像晋惠帝，你说该帮他叫屈吗？ | "国宴"主厨阿基师（邰智源），资深媒体人赵少糠（九孔），染发霜广告代言人潘怀棕（洪都拉斯）、高玉姗（番薯），前民进党发言人陈棋迈（乔治） |
| 114 | 2012–05–15 | 郭掏（郭子乾） | 小马老师说：台湾"总统"，是全世界最难的工作，这……有没有这么难做啊？ | 电影《刚铁人》男女主角刚铁人（九孔）、小辣椒（千又），"打马悍将"王仕坚（邰智源），购物专家斯蓉（乔治），学生歌手卢广众（小虾）、亚洲舞王罗志详（陈汉典）、亚洲天后杨丞林（怡霈） |

续表

| 序号 | 日期 | 主持人 | 讨论主题 | 现场嘉宾 |
|---|---|---|---|---|
| 115 | 2012-05-16 | 胡中信（邰智源） | 阿辉伯又开炮，叫小马不要当皇帝，你说小马哥像皇帝吗？ | 孙中山遗像（郭子乾），命理专家黄有甫（丛丛），亚洲舞王（罗志详）、亚洲天后杨丞林（怡霈） |
| 116 | 2012-05-18 | 罗叔蕾（邰智源） | 满意度大幅缩水，小马520就职，是不是有够呛？ | 电影《嘿影家族》男女主角柯林斯（九孔）、维多莉亚（邵庭），资深媒体人吴国冻（郭子乾），《新闻YA总会》主持人李艳秋（怡霈），老牌艺人脱腺（洪都拉斯） |

资料来源：作者根据节目视频自行整理。（被模仿的人物、机构、作品等名称均采用谐音字，括号里面是模仿者。）

# 附录二　内容分析编码表

《全民最大党》中的马英九角色和蔡英文角色形象

剧集编号：＿＿＿＿＿＿＿＿

编码员：＿＿＿＿＿＿＿＿

1. 播出日期：＿＿＿＿＿＿＿＿（年／月／日）
2. 主持人：＿＿＿＿＿＿＿＿
   2.1 主持人的性别：＿＿＿＿＿＿＿＿
   （1）男（2）女
   2.2 模仿者：＿＿＿＿＿＿＿＿
   2.3 模仿者性别：＿＿＿＿＿＿＿＿
   （1）男（2）女
3. 人物设置是否体现蓝绿对立：＿＿＿＿＿＿＿＿
   （1）是（2）否
4. 讨论主题属于哪种议题类型：＿＿＿＿＿＿＿＿
   （1）领导人／民进党代表人物
   （2）官员／民意代表
   （3）选举活动
   （4）游行示威
   （5）两岸事务
   （6）对外事务
   （7）经济形势
   （8）经济政策
   （9）食品安全
   （10）卫生防疫
   （11）自然灾害
   （12）交通／基础设施
   （13）社会福利
   （14）体育

（15）军事

（16）其他（请注明具体类型：_____）

4.1 讨论主题是否体现冲突：_____

（1）是（2）否

4.2 讨论内容是否体现冲突：_____

（1）是（2）否

5. 讨论主题提到的政治人物：_____

（1）只提到马英九角色（若选此项，转到变量 6-10）

（2）只提到蔡英文角色（若选此项，转到变量 11-15）

（3）同时提到马英九角色和蔡英文角色（若选此项，继续以下所有变量）

6. 讨论主题对马英九角色的称谓：_____

7. 讨论主题中形容马英九角色特征的短语：_____

7.1 短语偏向：_____

（1）正面（2）中性（3）负面

8. 讨论主题中有关马英九角色的整体文意偏向：_____

（1）正面（2）中性（3）负面

9. 讨论主题中有关马英九角色的形象特征：_____（可多选，你认为最重要的形象特征写在最前面，按重要性依次排列）

（1）行政能力

（2）领导力 / 魄力

（3）政治风格

（4）领袖魅力

（5）议题立场

（6）政策施行

（7）公共关系（请注明互动对象：_____）

（8）与其他国家的关系（请注明互动对象：_____）

（9）政党领袖

（10）党内关系

（11）媒体表现

（12）沟通能力

（13）竞选宣传

（14）品德

（15）个性

（16）仪表

（17）私生活

（18）以上选项皆不适用

10. 讨论主题主要涉及马英九角色的哪种形象类型：_____

（1）领导者　（2）政党代表　（3）传播者　（4）个人　（5）以上选项皆不适用

11. 讨论主题对蔡英文角色的称谓：_____

12. 讨论主题中形容蔡英文角色特征的短语：_____

12.1 短语偏向：_____

（1）正面（2）中立（3）负面

13. 讨论主题中有关蔡英文角色的整体文意偏向：_____

（1）正面（2）中立（3）负面

14. 讨论主题中有关蔡英文角色的形象特征：_____（可多选，你认为最重要的形象特征写在最前面，按重要性依次排列）

（1）行政能力

（2）领导力 / 魄力

（3）政治风格

（4）群众魅力

（5）议题立场

（6）政策施行

（7）公共关系（请注明互动对象：_____）

（8）与其他国家的关系（请注明互动对象：_____）

（9）政党领袖

（10）党内关系

（11）媒体表现

（12）沟通能力

（13）竞选宣传

（14）品德

（15）个性

（16）仪表

（17）私生活

（18）以上选项皆不适用

15. 讨论主题主要涉及蔡英文角色的哪种形象类型：_____

（1）领导者（2）政党代表（3）传播者（4）个人（5）以上选项皆不适用

注：除9、14特别说明外，其他所有类目均为单选。

# 附录三　内容分析编码须知

**《全民最大党》中的马英九角色和蔡英文角色形象**

分析单位：本研究以每一期抽样节目的文字摘要和视频作为分析单位，文字摘要包括节目的播出日期、主持人、讨论主题、现场嘉宾和内容梗概。

剧集编号：填写节目剧集的序号，对照附录一的节目序号列表。

编码员：标明当前编码表由哪位编码员进行编码，填写编码员姓名或编号。

1. 播出日期：每个样本节目播出的具体年月日。

2. 主持人：在节目开头自我介绍、统领贯穿整个节目、串联各个单元、组织现场讨论的人。《全民最大党》是一档政治模仿秀节目，节目主持人指虚构的主持人角色，指向现实世界中的某个政治人物或公众人物，采用与真实政治人物或公众人物相同发音的字（谐音字）命名。主持人的模仿者和被模仿者有时候会出现性别反串的情况。需要记录下主持人的姓名。

2.1 主持人的性别：指虚构的主持人角色 / 被模仿者的性别，通过主持人角色的着装和化妆进行判断，包括男或女两个选项。

2.2 模仿者：记录下模仿者的姓名。

2.3 模仿者性别：模仿者本人的性别，包括男或女两个选项。

3. 人物设置是否体现蓝绿：人物包括主持人和现场嘉宾。现场嘉宾指和节目主持人围绕节目主题进行讨论的人物，在节目开头由主持人介绍出场并进行自我介绍，其身份经常是知名政治人物和社会各界人士。现场嘉宾均为虚构的角色，采用与现实政治人物或公众人物相同发音的字命名。该类目的赋值为是或否。若人物来自政治立场对立的泛蓝阵营和泛绿阵营，判断为是；若人物属于泛蓝阵营和无党籍人士，或属于泛绿阵营和无党籍人士，或全部属于无党籍人士，需要判断无党籍人士的政治立场，再进行判断；若人物全部来自同一个阵营，或来自泛蓝阵营和中间阵营，或来自泛绿阵营和中间阵营，判断为否。来自大陆和国外的人物以及历史人物不归属蓝绿阵营，不作为判断对象。

泛蓝阵营指认同"九二共识"、坚持"一个中国"的台湾岛内政治团体，主要包括国民党、亲民党、新党及其支持者；泛绿阵营指不承认"九二共识"、或隐或显坚持"台独意识"的台湾岛内政治团体，主要包括民进党、"台联党""新国家连线""建国党"及其支持者。无党籍人士或节目未提到其党派归属的人物，若拥护泛蓝阵营的领导人，认同泛蓝阵营的政见，归入泛蓝阵营；若拥护泛绿阵营的领导人，认同泛绿阵营的政见，归入泛绿阵营；否则，归入"未明确表明政治立场"。

判断人物蓝绿的依据依次是有关人物说明的字幕、人物的自我介绍、人物的政见立场。首先，字幕明确说明人物是"国民党×××""行政院院长"等马团队人员，可判断其属于泛蓝阵营；字幕明确说明人物是"民进党×××"、"高雄市市长"、李登辉孙女等，可判断其属于泛绿阵营。其次，人物在自我介绍或对话中明确表示自己所属阵营，可据此判断，例如"我们绿营""我们国民党"。最后，人物在讨论中强烈抨击某个阵营的领导人物及其政治立场，可判断该人物属于对立阵营，例如自称"打马悍将"的人物可归入绿营。根据以上三点无法明确判断其立场的人物，归入"未明确表明政治立场"，在进行判断时不考虑其政治色彩。需要说明的是，本研究只根据节目明确表达的信息判断人物所属的蓝绿阵营，至于节目未明确表达、需进行延伸解读的隐含信息不作为判断的依据，节目人物角色所指涉的真实人物在现实世界中的政治色彩不在本研究的考虑范围之内，也不作为判断的依据。

4.讨论主题的类型：判断议题的类型。

讨论主题指节目所讨论的关于马英九角色或蔡英文角色的主要议题。讨论主题以陈述句和疑问句的方式，在节目开头由主持人引出，并经由字幕显示在屏幕下方。本研究将讨论主题分为：

## 政治类

（1）领导人/民进党代表人物：领导人指台湾地区历任领导人马英九、陈水扁、李登辉，民进党代表人物指民进党主席蔡英文、民进党重要人物苏贞昌和谢长廷、前民进党主席施明德。蔡英文的身份为样本选取时间2008—2012年所担任的主要职务，即民进党主席。施明德曾任民进党主席，后来退出民进党。此类目指对以上七位政治人物的评价、七位政治人物之间的互动关系以及七位政治人物的言论和活动，但其言论和活动不包括所有其他类目的议题，例如选举活动、游行示威、两岸事务等主题类型已单列出来，不在此类目范畴之内。若以上七位政治人物出现在选举或游行等活动中，则根据活动的类型进行判断。例如，"扁讲话没人信，马讲话又跳票"，归入此类目。

（2）官员/民意代表：有关台湾各级官员和民意代表的言论和活动的议题，例如，"马团队是累了，还是没有魂"，"老咖要回锅"。

（3）选举活动：有关台湾地区领导人选举和各级选举活动的议题，例如，"选举后小马哥被骂臭头，还被说会三连败"。

（4）游行示威：有关游行、示威、集会等社会运动的议题，例如，"830 呛马大游行"。

（5）两岸事务：有关台湾地区与祖国大陆的关系、海峡两岸交流活动和政策、两岸政治人物互动往来的议题。

（6）对外事务：有关台湾地区领导人到其他国家的参访活动、与外国领导人之间的互动往来，以及台湾地区对外国的政策。

## 经济类

（7）经济形势：有关台湾整体经济发展情况、未来走势的议题，例如，"国庆日，马说风雨过后必是晴天"；有关股市动态的议题，例如，"秋天到了，股票还在跌"；有关普通民众的消费情况、购买力，台湾当局刺激消费的做法等，例如，马英九买鞋带头刺激买气；有关毕业生就业情况的议题。此类目主要包括以上四个方面，不包括经济政策。

（8）经济政策：有关经济发展政策、措施的议题，例如，油电双涨问题。

## 社会类

（9）食品安全：有关食品质量、食品安全的议题，例如，毒奶粉事件。

（10）卫生防疫：有关公共卫生、疾病防疫的议题，例如，禽流感问题。

（11）自然灾害：有关自然灾害的议题，例如，风灾、水灾议题。

（12）交通/基础设施：有关交通建设、硬件设施和其他民生基础设施的议题。

（13）社会福利：有关老百姓生活保障、社会福利的议题，例如，保险、养老金、老农津贴等议题。

## 体育类

（14）体育：有关体育活动、赛事的议题，例如，奥运会、职业棒球比赛。

## 军事类

（15）军事：有关"国防"、军事的议题。

## 其他

（16）其他：除以上15项之外的其他议题。例如，"南韩总统政策跳票，捐薪水财产。有人叫小马哥也要捐，你认为还有谁该捐？"讨论的主要对象是"南韩总统""有人"，归入此类。

讨论主题的类型主要根据节目开头的字幕提示、主持人对讨论主题的背景介绍和解释进行判断。当节目提到多个议题时，根据节目的核心议题进行判断，核心议题是节目最主要的议题，例如，"闻奶色变，闻马呛声，闻扁心酸"，同时提到食品安全和领导人。由于核心议题是食品安全，领导人议题的提出是以此为背景的，因此根据核心议题编码为"食品安全"。

4.1 讨论主题是否体现冲突：主题是否反映了代表不同利益的阵营、个人、集体的不同意见？或是否一个阵营、个人、集体在攻击、斥责另一方？或主题是否呈现了对抗、冲突等？若对这三个问题的其中一个的回答是肯定的，则主题体现冲突。

4.2 讨论内容是否体现冲突：讨论内容指主持人和现场嘉宾围绕主题所进行的对话，不包括提前录制好的体现各种主题的短剧。判断的标准如下：讨论内容是否反映了代表不同利益的阵营、个人、集体的不同意见？或是否一个阵营、个人、集体在斥责另一方？或内容是否呈现了对抗、冲突、论战等？若对这三个问题的其中一个的回答是肯定的，则讨论内容体现冲突。

5. 讨论主题提到的政治人物：本研究选取马英九角色和蔡英文角色作为台湾政治人物的典型进行研究，因此设计了三个子类目：只提到马英九角色、只提到蔡英文角色、同时提到马英九角色和蔡英文角色，这三个选项能够将所有样本的讨论主题按政治人物进行分类。

6. 讨论主题对马英九角色的称谓：记录下马英九角色的称谓，例如，"马英九""马""小马哥""小马""马英九""马总统""总统"。

7. 讨论主题中形容马英九角色特征的短语：记录下描述马英九角色特征的短语，并判断短语的偏向。这些短语包括形容词和副词组合而成的短语，例如"太弱势"，也包括名词短语，例如"软腿马"。偏向指任何意见的表达或偏离中立，分为正面、中立和负面。

（1）正面：对马英九角色的描述是积极和有利的，表达正面情绪，对马英九角色持支持、肯定、赞扬的态度。

（2）中立：对马英九角色的描述是客观和中立的，不带有感情色彩和意见倾向。

（3）负面：对马英九角色的描述是消极和不利的，呈现对立、矛盾、冲突关系，表达负面情绪，对马英九角色持批评、攻击、否定、贬低的态度。

8. 讨论主题中有关马英九角色的整体文意偏向：综合考虑讨论主题中有关马英九角色的词语、短语、意见的偏向后进行判断，分为正面、中立和负面，判断标准参照第 7 条。

9. 讨论主题中马英九角色的主要形象特征：形象特征（image traits）指政治人物某些突出的、可识别的属性，是政治人物形象的构成内容。根据国内外研究成果，本研究将政治人物的形象特征分为：

（1）行政能力：马英九角色的做事能力和执行力，这些能力由政治人物的知识、技能、聪明才智和资源等因素决定。

（2）领导力 / 魄力：马英九角色的判断力、决策力、号召力、危机处理能力、用人哲学、与团队和下属的关系、魄力等。

（3）政治风格：马英九角色领导其团队和下属的方式以及政治行动取向，例如温和或攻击性、强势或弱势、强硬或软弱等。

（4）群众魅力：马英九角色在民众心目中的信任度和好感度，民众对政治人物的喜欢程度和民调的高低。

（5）议题立场：马英九角色对于公共议题的意见和立场，公共议题包括两岸事务、经济形势、消费、就业、卫生防疫等有关台湾政治、经济和社会的议题。

（6）政策施行：马英九角色所提出的旨在促进台湾社会发展和提高人民生活质量的各项政策，以及政策的实施情况，包括岛内政策和岛外政策。岛内政策包括经济政策、社会福利政策等。岛外政策包括两岸政策和对外政策。

（7）公共关系：马英九角色与普通民众的互动关系；马英九角色是否倾听民众声音，体察民间疾苦；马英九角色与所属政党之外的政界知名人士的互动关系。需要说明的是，李登辉原为国民党籍人士，2011年9月21日被国民党开除党籍，虽然是"台联党"的精神领袖，但并非该党党员，本研究将其视为支持主张"台独"的无党籍人士；陈水扁2008年因贪污弊案"退出"民进党，2013年恢复党籍，目前为民进党籍人士。

（8）与其他国家的关系：此类目为本研究根据需要自行设计，指马英九角色与外国政治人物的互动关系。

（9）政党领袖：马英九角色担任政党领导者的资质和能力；马英九角色对所属政党理念的表达，对所属政党利益的代表。

（10）党内关系：此类目为本研究根据需要自行设计，指马英九角色与党内成员的互动关系。

（11）媒体表现：马英九角色使用媒体进行政治传播的情况、马英九角色在媒体面前的表现情况，以及媒体对马英九角色的报道情况。

（12）沟通能力：马英九角色在特定活动和情境中使用恰当的语言进行沟通的能力，以及马英九角色的口才。

（13）竞选宣传：此类目为本研究根据需要自行设计，指马英九角色进行竞选宣传的手段和方式。

（14）品德：马英九角色的道德品质，例如正直、诚实、可靠、同情心、关心他人、道德模范等。

（15）个性：马英九角色的性格特征，例如忠厚、老实、勇敢、独立、软弱、强硬等。若只是提到政治人物的性格软弱或强硬，归入个性类目；若提到政治人物弱势或强势时，提到政治人物的领导风格，则归入政治风格。

（16）仪表：马英九角色的外显特征，包括外貌、着装、举止等。

（17）私生活：此类目为本研究根据需要自行设计，指马英九角色与家庭成员的互动关系、个人隐私和性别取向。

（18）以上选项皆不适用：讨论主题提到政治人物以上17项之外的形象特征；或者讨论主题只是陈述政治人物的活动，没有提到政治人物的形象特征；

或者讨论主题主要是关于其他政治人物，虽然提及马英九角色 / 蔡英文角色，但并未提到马英九角色 / 蔡英文角色的形象特征。

编码员根据每一集节目的讨论主题、文字摘要和节目视频进行判断。如果编码员认为讨论主题涉及马英九角色一种以上形象特征，则记录每一种形象特征。编码员认为最重要的形象特征排第一个，按重要性依次排列。例如，"涉贪的扁总统说：李总统有收阿共的钱，马总统跟外国艺人有染。这样说起来我们国家好危险？"该讨论主题主要提到马英九角色的私生活，同时涉及马英九角色的公共关系（与陈水扁的关系），同时记录这两种形象特征，（17）、（7）（互动对象：扁"总统"）。


10. 讨论主题主要涉及马英九角色的哪种形象类型：马英九角色的形象分为领导者、政党代表、传播者和个人四种类型。记录下马英九角色在讨论主题中所体现的主要形象类型。

领导者：与过去、现在、将来所担任的官方职务有关的形象属性，包括资格、履历、能力等。

政党代表：与担任政党领袖有关的形象属性，包括政治哲学、代表政党利益、党内关系等。

传播者：与作为传播者有关的形象属性，包括媒体使用、沟通能力等。

个人：与作为个人有关的形象属性，包括年龄、外表、举止、诚实、可靠、教育背景、家庭背景等。

以上选项皆不适用：当讨论主题没有提到马英九角色的形象特征时，归入此类目。


11. 讨论主题对蔡英文角色的称谓：记录下蔡英文角色的称谓，例如，"蔡英文""蔡""小英""主席"。

12. 讨论主题中形容蔡英文角色特征的短语：记录下描述蔡英文角色特征的短语，并判断短语的偏向。这些短语包括形容词和副词组合而成的短语，也包括名词短语，例如"搪瓷娃""女罗宾汉"。偏向指任何意见的表达或偏离中立，分为正面、中立和负面。

（1）正面：对蔡英文角色的描述是积极和有利的，表达正面情绪，对蔡英文角色持支持、肯定、赞扬的态度。

（2）中立：对蔡英文角色的描述是客观和中立的，不带有感情色彩和意见倾向。

（3）负面：对蔡英文角色的描述是消极和不利的，呈现对立、矛盾、冲突关系，表达负面情绪，对蔡英文角色持批评、攻击、否定、贬低的态度。

13.讨论主题中有关蔡英文角色的整体文意偏向：综合考虑讨论主题中有关蔡英文角色的词语、短语、意见的偏向后进行判断，分为正面、中立和负面，判断标准参照第12条。

14.讨论主题中蔡英文角色的主要形象特征：参照第9条有关马英九角色的形象特征分类和判断标准。

15.讨论主题主要涉及蔡英文角色的哪种形象类型：蔡英文角色的形象分为领导者、政党代表、传播者和个人四种类型，记录下蔡英文角色在讨论主题中所体现的主要形象类型；当讨论主题没有提到蔡英文角色的形象特征时，编码为"以上选项皆不适用"。

# 参考文献

**中文书籍**

1. 邹振东：《台湾舆论议题与政治文化变迁》，北京：九州出版社，2014年。

2. ［美］尼尔·波兹曼：《娱乐至死》，章艳译，桂林：广西师范大学出版社，2004年。

3. ［美］亨利·詹金斯：《融合文化：新媒体和旧媒体的冲突地带》，杜永明译，北京：商务印书馆，2012年。

4. ［美］哈罗德·拉斯韦尔：《社会传播的结构与功能》，何道宽译，北京：中国传媒大学出版社，2012年。

5. 陈阳：《大众传播学研究方法导论》，北京：中国人民大学出版社，2007年。

6. 李献文：《台湾电视文艺纵览》，北京：中国广播电视出版社，1997年。

7. 高鑫：《电视艺术学》，北京：北京师范大学出版社，1998年。

8. 陈炜：《俗世之镜：台湾综艺节目研究》，北京：中国电影出版社，2013年。

9. ［英］玛格丽特·A.罗斯：《戏仿：古代、现代与后现代》，王海萌译，南京：南京大学出版社，2013年。

10. 彭怀恩编著：《政治学辞典》，台北：风云论坛出版社有限公司，2004年。

11. ［美］W.兰斯·本奈特、罗伯特·M.恩特曼主编：《媒介化政治：政治传播新论》，董关鹏译，北京：清华大学出版社，2011年。

12. 杨光斌主编：《政治学导论》，北京：中国人民大学出版社，2000年。

13. ［美］约翰·费斯克等编撰：《关键概念：传播与文化研究辞典》（第二版），李彬译注，北京：新华出版社，2004年。

14. ［美］沃尔特·李普曼:《公众舆论》，阎克文、江红译，上海：上海人民出版社，2006年。

15. 臧国仁:《新闻媒体与消息来源——媒介框架与真实建构之论述》，台北：三民书局，1999年。

16. ［美］托德·吉特林:《新左派运动的媒介镜像》，张锐译，北京：华夏出版社，2007年。

17. ［美］盖伊·塔奇曼:《做新闻》，麻争旗、刘笑盈、徐扬译，北京：华夏出版社，2008年。

18. ［美］赛佛林、［美］坦卡德:《传播理论——起源、方法与应用》（第5版），郭镇之、徐培喜等译，北京：中国传媒大学出版社，2006年。

19. 彭增军:《媒介内容分析法》，北京：中国人民大学出版社，2012年。

20. ［美］里夫、［美］赖斯、［美］菲克:《媒介信息量化研究技巧》（第2版），嵇美云译，北京：清华大学出版社，2010年。

21. Ranjit Kumar:《研究方法：步骤化学习指南》（第二版），潘中道、胡龙腾译，台北：学富文化事业有限公司，2010年。

22. 周翔:《传播学内容分析研究与应用》，重庆：重庆大学出版社，2014年。

23. ［荷］L. van Zoonen:《女性主义媒介研究》，曹晋、曹茂译，桂林：广西师范大学出版社，2007年。

24. 赵毅衡:《符号学：原理与推演》（修订本），南京：南京大学出版社，2016年。

25. ［美］艾伦·赛特:《符号学、结构主义与电视》，见［美］罗伯特·C. 艾伦编:《重组话语频道》，麦永雄、柏敬泽等译，北京：中国社会科学出版社，2000年。

26. ［瑞士］费尔迪南·德·索绪尔:《普通语言学教程》，刘丽译，北京：中国社会科学出版社，2009年。

27. ［英］马尔科姆·巴纳德:《理解视觉文化的方法》，常宁生译，北京：商务印书馆，2005年。

28. ［美］阿瑟·伯格:《媒介分析技巧》，李德刚、何玉、董洁、周敏译，北京：清华大学出版社，2011年。

29. ［法］罗兰·巴尔特:《符号学原理》，李幼蒸译，北京：中国人民大学出版社，2008年。

30.［法］克里斯丁·麦茨等：《电影与方法：符号学文选》，李幼蒸译，北京：生活·读书·新知三联书店，2002年。

31.［美］伯格：《通俗文化、媒介和日常生活中的叙事》，姚媛译，南京：南京大学出版社，2000年。

32.［英］乔纳森·比格内尔：《传媒符号学》，白冰、黄立译，成都：四川教育出版社，2012年。

33.［英］斯托克斯（Stokes, J.）：《媒介与文化研究方法》，黄红宇、曾妮译，上海：复旦大学出版社，2006年。

34.彭芸：《政治传播：理论与实务》，台北：巨流图书公司，1986年。

35.［英］布赖恩·麦克奈尔：《政治传播学引论》，殷祺译，北京：新华出版社，2005年。

36.苗棣等：《美国经典电视栏目》，北京：中国广播电视出版社，2006年。

37.赵玉明主编：《中国广播电视通史》（第2版），北京：中国传媒大学出版社，2006年。

38.陈飞宝：《当代台湾传媒》，北京：九州出版社，2007年。

39.郑瑞城等：《解构广电媒体：建立广电新秩序》（初版），台北：澄社，1993年。

40.汪文斌、胡正荣：《世界电视前沿Ⅲ》，北京：华艺出版社，2001年。

41.王唯：《透视台湾电视史》，台北：中国戏剧艺术实验中心，2006年。

42.李献文、何苏六：《港澳台电视概观》，北京：北京广播学院出版社，2004年。

43.段鹏：《社会化的狂欢——台湾电视娱乐节目研究》，北京：中国传媒大学出版社，2013年。

44.王嵩音：《民众媒介使用动机与行为之变迁研究》，见张茂桂、罗文辉、徐火炎主编：《台湾的社会变迁1985—2005：传播与政治行为，台湾社会变迁基本调查系列之4》，台北："中央研究院"社会学研究所，2013年。

45.夏忠宪：《巴赫金狂欢化诗学研究》，北京：北京师范大学出版社，2000年。

46.王建刚：《狂欢诗学：巴赫金文学思想研究》，上海：学林出版社，2001年。

47.张杰编选：《巴赫金集》，上海：上海远东出版社，1998年。

48.［美］刘康：《对话的喧声：巴赫金的文化转型理论》，北京：北京大学出版社，2011年。

49.［法］昂利·柏格森：《笑：论滑稽的意义》，徐继曾译，北京：中国戏剧出版社，1980年。

50.［英］戴维·莫利（David Morley）：《电视、受众与文化研究》，史安斌主译，北京：新华出版社，2005年。

51.［美］艾尔·巴比：《社会研究方法》，邱泽奇译，北京：华夏出版社，2005年。

52.王石番：《传播内容分析法：理论与实证》，台北：幼狮文化事业公司，1991年。

53.李良荣：《新闻学概论》，上海：复旦大学出版社，2001年。

54.鲍海波、王敏芝编著：《新闻学基础理论》，西安：陕西师范大学出版总社，2015年。

55.［美］罗杰·D.维曼、约瑟夫·R.多米尼克：《大众媒介研究导论》，金兼斌等译，北京：清华大学出版社，2005年。

56.翁秀琪：《大众传播理论与实证》，台北：三民书局，2011年。

57.罗钢、刘象愚主编：《文化研究读本》，北京：中国社会出版社，2000年。

58.［美］詹姆斯·罗尔：《媒介、传播、文化——一个全球性的路径》，董洪川译，北京：商务印书馆，2005年。

59.［美］哈罗德·D.拉斯韦尔、亚伯拉罕·卡普兰：《权力与社会：一项政治研究的框架》，王菲易译，上海：上海人民出版社，2012年。

60. J. Fiske & J. Hartley：《解读电视》，郑明椿译，台北：远流出版事业股份有限公司，1993年。

61.［英］罗伯特·霍奇（Robert Hodge）、冈瑟·克雷斯（Gunther Kress）：《社会符号学》，周劲松、张碧译，成都：四川教育出版社，2012年。

62.李立：《国民党沉浮台湾：从蒋氏父子到连战马英九》，北京：台海出版社，2008年。

63.张潇文：《蔡英文：从谈判桌到"总统府"》，台北：城邦商业周刊，2015年。

64.［英］雷蒙德·威廉斯：《文化与社会》，吴松江、张文定译，北京：北京大学出版社，1991年。

65. ［美］道格拉斯·凯尔纳:《媒体文化：介于现代与后现代之间的文化研究、认同性与政治》，丁宁译，北京：商务印书馆，2004年。

66. 王文昌:《透过电视看台湾》，香港：未来文化出版有限公司，2003年。

67. ［美］约翰·费斯克:《理解大众文化》，王晓珏、宋伟杰译，北京：中央编译出版社，2001年。

68. 荆学民:《政治传播活动论》，北京：中国社会科学出版社，2014年。

69. ［美］威尔伯·施拉姆、威廉·波特:《传播学概论》，何道宽译，北京：中国人民大学出版社，2010年。

70. 王邦佐等编写:《政治学辞典》，上海：上海辞书出版社，2008年。

71. 景跃进、张小劲主编:《政治学原理》，北京：中国人民大学出版社，2015年。

72. 彭怀恩:《台湾政治发展》，台北：风云论坛出版有限公司，2003年。

73. ［美］加布里埃尔·A·阿尔蒙德、西德尼·维巴:《公民文化——五个国家的政治态度和民主制》，徐湘林等译，北京：东方出版社，2008年。

74. 史卫民:《解读台湾选举》，北京：九州出版社，2007年。

75. 阎立峰:《思考中国电视：文本、机构和受众》，西安：陕西人民教育出版社，2009年。

76. ［英］罗宾·乔治·科林伍德:《艺术原理》，王至元、陈华中译，北京：中国社会科学出版社，1985年。

77. 商务印书馆编辑部编:《辞源：建国60周年（纪念版·修订本）》（上册），北京：商务印书馆，2009年。

78. 约翰·里克曼编:《弗洛伊德著作选》，贺明明译，成都：四川人民出版社，1986年。

79. ［德］弗里德里希·席勒:《审美教育书简》，冯至、范大灿译，北京：北京大学出版社，1985年。

80. ［美］梅尔文·赫利泽:《喜剧技巧》，古丰译，南京：南京大学出版社，2003年。

81. 罗钢:《叙事学导论》，昆明：云南人民出版社，1994年。

82. ［荷］丹尼斯·麦奎尔:《麦奎尔大众传播理论》（第五版），崔保国、李琨译，北京：清华大学出版社，2010年。

83. ［美］欧文·戈夫曼（Erving Goffman）:《日常生活中的自我呈现》，冯钢译，北京：北京大学出版社，2008 年。

84. 胡佛：《政治学的科学探究（四）政治变迁与民主化》，台北：三民书局，1998 年。

85. 佟文娟：《过程与分析：媒体与台湾政治民主化（1949—2007）》，厦门：厦门大学出版社，2009 年。

86. 谢岳：《大众传媒与民主政治：政治传播的个案研究》，上海：上海交通大学出版社，2005 年。

87. 王乐理：《政治文化导论》，北京：中国人民大学出版社，2000 年。

88. 祝基滢：《政治传播学》，台北：三民书局，1983 年。

89. ［英］尼古拉斯·阿伯克龙比：《电视与社会》，张永喜、鲍贵、陈光明译，南京：南京大学出版社，2000 年。

90. ［英］大卫·麦克奎恩：《理解电视：电视节目类型的概念与变迁》，苗棣、赵长军、李黎丹译，北京：华夏出版社，2003 年。

91. ［英］尼克·史蒂文森：《认识媒介文化：社会理论与大众传播》，王文斌译，北京：商务印书馆，2001 年。

92. 张茂桂、罗文辉、徐火炎主编：《台湾的社会变迁 1985—2005：传播与政治行为，台湾社会变迁基本调查系列三之 4》，台北："中研院"社研所，2013 年。

93. Robert K. Yin：《个案研究设计与方法》，周海涛、李永贤、张蘅译，台北：五南图书出版股份有限公司，2009 年。

94. ［德］哈贝马斯：《公共领域的结构转型》，曹卫东、王晓珏、刘北城、宋伟杰译，上海：学林出版社，1999 年。

95. ［美］韦尔伯·斯拉姆等：《报刊的四种理论》，中国人民大学新闻系译，北京：新华出版社，1980 年。

中文期刊

96. 陈旭光：《电视综艺节目的现状与对策》，《当代电视》，2001 年第 7 期。

97. 陈世敏：《候选人形象与选民投票行为》，《新闻学研究》，1992 年第 46 集。

98. 金溥聪：《报纸的形象设定效果研究》，《新闻学研究》，1997 年第 55 集。

99. 陈阳：《框架分析：一个亟待澄清的理论概念》，《国际新闻界》，2007 年第 4 期。

100. 梁世武:《一九九四年台北市长选举之预测——"候选人形象指标"预测模式之验证》,《选举研究》,1994 年第 1 卷第 2 期。

中文学位论文

101. 黄秀:《政治人物在大众传播媒介中的形象研究——以台视、中视、民视及无线卫星电视台对陈水扁报导为例》,台北:台湾政治大学硕士论文,1999 年。

102. 李郁青:《媒介议题设定的第二面向——候选人形象设定效果研究》,台北:台湾政治大学硕士论文,1996 年。

103. 游秀龄:《大学生对"我国"新起政治人物的印象研究——以台籍政治人物邱创焕、林洋港、李登辉为研究对象》,台中:中兴大学硕士论文,1982 年。

104. 胡淑裕:《大众传播媒介塑造政治人物形象之研究——孙运璿、林洋港、李登辉之个案研究》,台北:中国文化大学硕士论文,1987 年。

105. 林芳如:《2008 年"总统"电视竞选广告符号学分析——以马英九和萧万长为例》,台北:台湾师范大学硕士论文,2010 年。

106. 钟知君:《2012 年"总统大选"影音广告符号学分析——以民进党"总统"候选人蔡英文为例》,台北:台湾师范大学硕士论文,2014 年。

107. 赵钏玲:《〈全民大闷锅〉之节目产制研究》,新北:台湾艺术大学硕士论文,2007 年。

108. 郭昊钧:《电视模仿秀〈全民大闷锅〉表演形式与内容之研究——以布莱希特的社会性姿态与批判性模仿分析》,新北:台湾艺术大学硕士论文,2009 年。

109. 吴佳玲:《谈"共同"的想象建构:从政论节目到谐仿节目〈全民大闷锅〉》,新竹:台湾交通大学硕士论文,2010 年。

110. 江显东:《台湾电视模仿秀之剧场元素分析:以〈全民最大党〉为例》,新北:台湾艺术大学硕士论文,2008 年。

111. 王秋婷:《政治模仿秀之幽默语艺分析:以〈全民最大党〉为例》,台北:世新大学硕士论文,2010 年。

112. 米若羲:《台湾电视综艺节目中政治娱乐化现象之动因分析》,北京:中国传媒大学硕士论文,2009 年。

113. 杨婷婷:《台湾电视综艺节目的政治娱乐化现象》,长春:吉林大学硕士论文,2011 年。

114. 王悦：《台湾电视娱乐脱口秀节目〈连环泡〉研究》，沈阳：辽宁大学硕士论文，2011 年。

115. 张彦婷：《台湾"全民"系列节目研究》，济南：山东大学硕士论文，2014 年。

116. 黄舜忠：《电视类型、后设文本与电视经济：以〈2100 全民乱讲〉为例》，嘉义：南华大学硕士论文，2004 年。

117. 连珊惠：《从报纸呈现之候选人形象看编辑之守门行为》，台北：世新大学硕士论文，1999 年。

118. 陈信助：《候选人形象研究》，新北：淡江大学硕士论文，2000 年。

119. 梁心乔：《候选人形象设定效果——以 2002 年台北市长选举为例》，新北：淡江大学硕士论文，2003 年。

120. 胡馨云：《报纸呈现候选人形象变化研究——以 1998 与 2002 年台北市长候选人马英九为例》，台北：台湾政治大学硕士论文，2004 年。

中文研究报告

121. 王泰俐：《政治模仿秀的潜在涵化效果：一个实验途径的探究》，台北："行政院国家科学委员会"专题研究计划成果报告，2003 年。

122. 王泰俐：《资讯娱乐化的概念诠释研究》，台北："行政院国家科学委员会"专题研究计划成果报告，2005 年。

123. 王泰俐：《数位传播时代"资讯娱乐化"的媒介形式：以电视新闻"感官主义"之探究为例研究成果报告》（精简版），台北："行政院国家科学委员会"专题研究计划成果报告，2008 年。

中文其他文献

124. 李廉等编纂：《新闻年鉴》，台北：台北市新闻记者工会，1971 年。

125. 彭清等编纂：《新闻年鉴》，台北：台北市新闻记者工会，1981 年。

126. 羊汝德等编纂：《新闻年鉴》，台北：中国新闻学会，1991 年。

127. 彭怀恩等编纂：《新闻年鉴》，台北：中国新闻学会，1996 年。

128. 李廉等编纂：《电视年鉴（1961 年至 1975 年）》，台北：电视学会，1976 年。

129. 石永贵等编纂：《电视年鉴（1984 年至 1985 年）》，台北：电视学会，

1986 年。

130. 钟湖滨等编纂:《电视年鉴·第五辑（1986 年至 1987 年）》，台北：电视学会，1988 年。

131. 武士嵩等编纂:《电视年鉴·第六辑（1988 年至 1989 年）》，台北：电视学会，1990 年。

132. 王家骅等编纂:《电视年鉴·第七辑（1990 年至 1991 年）》，台北：电视学会，1992 年。

133. 石永贵等编纂:《电视年鉴·第八辑（1992 年至 1993 年）》，台北：电视学会，1994 年。

134. 张家骧等编纂:《电视年鉴（1994 年至 1995 年）》，台北：电视学会，1996 年。

## 英文书籍

135. John Hartley, *Tele-ology: Studies in Television*, New York: Routledge, 1992.

136. Jonathan Gray, *Television Entertainment*, New York and London: Routledge, 2008.

137. Simon Dentith, *Parody*, New York: Routledge, 2000.

138. Michael Holquist (ed.), *The Dialogic Imagination: Four Essays by M. M. Bakhtin*, Austin: University of Texas Press, 1981.

139. Kenneth L. Hacker (ed.), *Candidate Images in Presidential Elections*, Westport: Pareger, 1995.

140. Dan Nimmo and Robert L. Savage, *Candidates and Their Images: Concepts, Methods, and Findings*, Pacific Palisades, California: Goodyear Publishing Company, 1976.

141. Erving Goffman, *Frame Analysis: An Essay on the Organization of Experience*, Boston: Northeastern University Press, 1986.

142. Shanto Iyengar, I*s Anyone Responsible: How Television Frames Political Issues*, Chicago and London: The University of Chicago Press, 1991.

143. Steve Neale and Frank Krutnik, *Popular Film and Television Comedy*, London and New York: Routledge, 1990.

144. Bernard Berelson, *Content Analysis in Communication Research*, New

York: Hafner Press, 1984.

145. Ole R. Holsti, *Content Analysis for the Social Sciences and Humanities*, Reading, Massachusetts: Addison-Wesley Publications, 1969.

146. Klaus Krippendorff, *Content analysis: An Introduction to Its Methodology*, Thousand Oaks, California: Sages, 2004.

147. Lynda Lee Kaid and Christina Holtz-Bacha (eds.), *Encyclopedia of Political Communication*, Thousand Oaks, California: Sage, 2008.

148. Geoffrey Craig, *The Media, Politics and Public Life*, Crowns Nest: Allen and Unwin Academic, 2004.

149. Mikhail Bakhtin, *Problems of Dostoevsky's Poetics*, Minneapolis & London: University of Minnesota, 1984.

150. R. Lance Holbert (ed.), *Entertainment Media and Politics: Advances in Effects-based Research*, London and New York: Routledge, 2015.

151. Karl Erik Rosengren, *Advances in Content Analysis*, Beverly Hills and London: Sage Publications, 1981.

152. Geoffrey Baym and Jeffrey P. Jones (eds.), *News Parody and Political Satire across the Globe*, London and New York: Routledge, 2013.

153. Ann N. Crigler (ed.), *The Psychology of Political Communication*, Ann Arbor: The University of Michigan Press, 1998.

154. Gladys Engel Lang and Kurt Lang, *Politics and Television Re-viewed*, Beverly Hills, London and New Delhi: SAGE Publications, Inc., 1984.

英文析出文献

155. Michael X. Delli Carpini, "Entertainment Media and the Political Engagement of Citizens", in Holli A. Semetko and Margaret Scammell (eds.), *The Sage Handbook of Political Communication*, Los Angeles, London, New Delhi, Singapore & Washington DC: SAGE, 2012.

156. John Street, "Popular Culture and Political Communication", in Holli A. Semetko and Margaret Scammell (eds.), *The Sage Handbook of Political Communication*, Los Angeles, London, New Delhi, Singapore & Washington DC: SAGE, 2012.

157. Dan Nimmo, "The Formation of Images in Presidential Campaigns",

in Kenneth L. Hacker (ed.), *Candidate Images in Presidential Elections*, Westport: Pareger, 1995.

158. John E. Bowes and Herbert Strentz, "Candidate Images: Stereotyping and the 1976 Debates", in Brent D. Ruben (ed.), *Communication Yearbook 2*, New Brunswick, New Jersey: Transaction Books, 1976.

159. James W. Tankard, Jr., "The Empirical Approach to the Study of Media Framing", in Stephen D. Reese, Oscar H. Gandy Jr. and August E. Grant (eds.), *Framing Public Life: Perspectives on Media and Our Understandnig of the Social World*, Mahwah, New Jersey: Lawrence Erlbaum Associates, 2001.

160. Jim A. Kuypers, "Framing Analysis from a Rhetorical Perspective", in Paul D'Angelo and Jim A. Kuypers (eds.), *Doing News Framing Analysis: Empirical and Theoretical Perspectives*, New York: Routledge, 2010.

161. Michael X. Delli Carpini and Bruce A.Williams, "Let Us Infotain You: Politics in the New Media Environment", in W. Lance Bennett and Robert M. Entman (eds.), *Mediated Politics: Communication in the Future of Democracy*, Cambridge, UK: Cambvridge University Press, 2001.

162. Jonathan Gray, Jeffrey P. Jones and Ethan Thompson, "The State of Satire, the Satire of State", in Jonathan Gray, Jeffrey P. Jones and Ethan Thompson (eds.), *Satire TV: Politics and Comedy in the Post-network Era*, New York and London: New York University Press, 2009.

163. Jeffrey P. Jones, "Will All Due Respect: Satirizing Presidents from Saturday Night Live to Lil' Bush", in Jonathan Gray, Jeffrey P. Jones and Ethan Thompson (eds.), *Satire TV: Politics and Comedy in the Post-network Era*, New York and London: New York University Press, 2009.

164. Donaald R. Kinder, "Presidential Character Revisited", in Richard R. Lau and David O. Sears (eds.), *Political Cognition*, Hillsdale, New Jersey: Lawrence Erlbaum Associates, 1986.

165. John Corner, "Mediated Persona and Political Culture", in John Corner and Dick Pels (eds.), *Media and Restyling of Politics: Consumerism, Celebrity and Cynicism*, London: Sage, 2003.

## 英文期刊

166. Jason T. Peifer, "Palin, Saturday Night Live, and Framing: Examining the Dynamics of Political Parody", *The Communication Review*, vol. 16, no. 3 (2013).

167. John C. Merrill, "The Image of the United States in Ten Mexican Dailies", *Journalism and Mass Communication Quarterly*, vol. 39 (1962).

168. Joseph E. McGrath and Marion F. McGrath, "Effects of Partisanship on Perceptions of Political Figures", *The Public Opinion Quarterly*, vol. 26, no. 2 (Summer 1962).

169. Leonard Shyles, "Defining 'Images' of Presidential Candidates from Televised Political Spot Advertisements", *Political Behavior*, vol. 6, no. 2 (1984).

170. Roberta S. Sigel, "Effect of Partisanship on the Perception of Political Candidates", *The Public Opinion Quarterly*, vol. 28, no. 3 (Autumn, 1964).

171. Kenneth L. Hacker, Walter R. Zakahi, Maury J. Giles and Shaun Mcquitty, "Components of Candidate Images: Statistical Analysis of the Issue-persona Dichotomy in the Presidential Campaign of 1996", *Communication Monographs*, vol. 67, no. 3 (September 2000).

172. Zhongdang Pan and Gerald M. Kosicki, "Framing Analysis: An Approach to News Discourse", *Political Communication*, vol. 10, no. 1 (1993).

173. William A. Camson, "The 1987 Distinguished Lecture: A Constructionist Approach to Mass Media and Public Opinion", *Symbolic Interaction*, vol. 11, no. 2 (Fall 1988).

174. Robert M. Entman, "Framing: Toward Clarification of a Fractured Paradigm", *Journal of Communication*, vol. 43, no. 4 (Autumn 1993).

175. Dietram A. Scheufele, "Framing as a Theory of Media Effects", *Journal of Communication*, vol. 49, no. 1 (Winter, 1999).

176. William A. Gamson and Andre Modigliani, "Media Discourse and Public Opinion on Newclear Power: A Constructionist Approach", *The American Journal of Sociology*, vol. 95, no. 1 (July, 1989).

177. Paul D'Angelo, "News Framing as a Multiparadigmatic Research Program: A Response to Entman", *Journal of Communication*, vol. 52, no. 4 (December, 2002).

178. Jisuk Woo, "Television News Discourse in Political Transition: Framing the 1987 and 1992 Korean Presidential Elections", *Policical Communiction*, vol. 13, no. 1 (1996).

179. R. Lance Holbert et al, "The West Wing and the Depictions of the American Presidency: Expanding the Domains of Framing in Political Communication", *Communication Quarterly*, vol. 53, no. 4 (2005).

180. Geoffrey Baym and Jeffrey P. Jones, "News Parody in Global Perspective: Politics, Power, and Resistance", *Popular Communication*, vol. 10, no. 1-2 (2012).

181. R. Lance Holbert, "A Typology for the Study of Entertainment Television and Politics", *American Behavioral Scientist*, vol. 49, no. 3 (2005).

182. Neal R. Norrick, "Intertextuality in Humor", *Humor*, vol. 2, no. 2 (1989).

183. Chuck Tryon, "Pop Politics: Online Parody Videos, Intertextuality, and Political Participation", *Popular Communication*, vol. 6, no. 4 (2008).

184. Richard Henry and Deborah F. Rossen-Knill, "The Princess Bride and the Parodic Impulse: The Seduction of Cinderella", *Humor*, vol. 11, no. 1 (1998).

185. Robert Hariman, "Political Parody and Public Culture", *Quarterly Journal of Speech*, vol. 94, no. 3 (2008).

186. Jonathan S. Morris, "The Daily Show with Jon Stewart and Audience Attitude Change during the 2004 Party Conventions", *Political Behavior*, vol. 31, no. 1 (2009).

187. Jörg Matthes & Adrian Rauchfleisch, "The Swiss 'Tina Fey Effect': The Content of Late-night Political Humor and the Negative Effects of Political Parody on the Evaluation of Politicians", *Communication Quarterly*, vol. 61, no. 5 (2013).

188. Arhlene A. Flowers and Cory L. Young, "Parodying Palin: How Tina Fey's Visual and Verbal Impersonations Revived a Comedy Show and Impacted the 2008 Election", *Journal of Visual Literacy*, vol. 29, no. 1 (2010).

189. Jay G. Blumler & Dennis Kavanagh, "The Third Age of Political Communication: Influences and Features", *Political Communication*, vol. 16, no. 3 (1999).

190. Amy B. Becker, "Playing with Politics: Online Political Parody, Affinity for Political Humor, Anxiety Reduction, and Implications for Political Efficacy", *Mass Communication and Society*, vol. 17, no. 3 (2014).

191. Hanna Adoni and Sherrill Mane, "Media and the Social Construction of Reality: Toward an Integration of Theory and Research", *Communication Research*, vol. 11, no. 3 (1984).

192. Daniel Rifle, Stephen Lacy, Jason Nagovan and Larry Burkum, "The Effectiveness of Simple and Stratified Random Sampling in Broadcast News Content Analysis, *Journalism & Mass Communication Quarterly*, vol. 73, no. 1 (1996).

193. John C. Merrill, "How Time Stereotyped Three U.S. Presidents", *Journalism Quarterly*, vol. 42, no. 1 (1965).

194. Fred Fedler, Mike Meeske and Joe Hall, "Time Magazine Revisited: Presidential Stereotypes Persist", *Journalism Quarterly*, vol. 56, no. 2 (1979).

195. Maxwell McCombs, Juan Pablo Llamas, Esteban Lopez-Escobar and Federico Rey, "Candidate Images in Spanish Elections: Second-level Agenda-setting Effects", *Journalism & Mass Communication Quarterly*, vol. 74, no. 4 (1997).

196. James A. McCann, "Changing Electoral Contexts and Changing Candidate Images during the 1984 Presidential Campaign", *American Politics Quarterly*, vol. 18, no. 2 (1990).

197. Yun Jung Choi and Jong Hyuk Lee, "The Role of a Scene in Framing a Story: An Analysis of a Scene's Length, Position, and Proporttion", *Journal of Broadcasting & Electronic Media*, vol. 50, no. 4 (2006).

198. Paul R. Brewer and Emily Marquardt, "Mock News and Democracy: Analyzing The Daily Show", *Atlantic Journal of Communication*, vol. 15, no. 4 (2007).

199. Gabriel A. Almond, "Comparative Political Systems", *The Journal of Politics*, vol. 18, no. 3 (1956).

200. Peter Vorderer, Christoph Klimmt and Ute Ritterfeld, "Enjoyment: At the Heart of Media Entertainment", *Communication Theory*, vol. 14, no. 4 (2004).

201. Fred Fedler, Ron Smith and Mike Meeske, "Time and Newsweek Favor John F. Kennedy, Criticize Robert and Edward Kennedy", *Journalism Quarterly*, vol. 60, no. 3 (1982).

202. Doris Graber, "The Press as Opinion Resource during the 1968 Presidential Campaign", *The Public Opinion Quarterly*, vol. 35, no. 2 (1971).

203. Leonard Shyles, "Profiling Candidate Images in Televised Political Spot

Advertisements for 1984: Roles and Realities of Presidential Jousters at the Height of the Reagan Era", *Political Communication*, vol. 5, no. 1 (1988).

204. Liesbet van Zoonen, "Imagining the Fan Democracy", *European Journal of Communication*, vol. 19, no. 1 (2004).

205. David H. Weaver, "Thoughts on Agenda Setting, Framing and Priming", *Journal of Communication*, vol. 57, no. 1 (2007).

206. Moniek Buijzen and Patti M. Valkenburg, "Developing a Typology of Humor in Audiovisual Media", *Media Psychology*, vol. 6, no. 2 (2004).

207. Heather Lamarre, "When Parody and Reality Collide: Examing the Effects of Colbert's Super PAC Satire on Issue Knowledge and Policy Engagement across Media Formats", *International Journal of Communication*, vol. 7, no. 1 (2013).

208. Jay D. Hmielowski, R. Lance Holbert and Jayeon Lee, "Predicting the Consumption of Political TV Satire: Affinity for Political Humor, The Daily Show, and The Colbert Report", *Communication Monographs*, vol. 78, no. 1 (2011).

209. Amy B. Becker, "Humiliate My Enemies or Mock My Friends? Applying Disposition Theory of Humor to the Study of Political Parody Appreciation and Attitudes toward Candidates", *Human Communication Research*, vol. 40, no. 2 (2014).

210. Kees Brants, "Who is Afraid of Infotainment?", *European Journal of Communication*, vol. 13, no. 3 (1998).

211. Patricia Moy, Michael A. Xenos and Verena K. Hess, "Communication and Citizenship: Mapping the Political Effects of Infotainment", *Mass Communication & Society*, vol. 8, no. 2 (2005).

英文网络资源

212. R. Lance Holbert and Dannagal Goldthwaite Young, "Exploring Relations between Political Entertainment Media and Traditional Political Communication Information Outlets", http://onlinelibrary.wiley.com/doi/10.1002/9781444361506. wbiems127/abstract;jsessionid=C4DB049BAF7A76410214C343C31B5BD9.f04t02.

213. Saturday Night Live, "About the Show", http://www.nbc.com/ saturday-night-live.

214. Spitting Image TV, "Spitting Image 101", https://www.youtube.com/

watch?v=pw9-n2vR58U.

215. Mahouachi Alaeddine, "Les Guignols de l'info - 10-09-2014", https://www.youtube.com/watch?v=HeXcDQVA00k.

216. JibJab. JibJab.com, "This Land!", https://www.youtube.com/watch?v=z8Q-sRdV7SY.

217. Jib Jab, "He's Barack Obama", https://www.youtube.com/watch?v=kVFdAJRVm94.

218. Funny Or Die, "Republicans Debate for Donations with Tom Bergeron", https://www.funnyordie.com/2015/10/29/17728240/republicans-debate-for-donations-with-tom-bergeron.